日本鎮魂考

歴史と民俗の現場から

岩田重則

青土社

日本鎮魂考　目次

はじめに　13

I

第一章　甦る死者

1　死者から派生するなにか　19
祈念と記念／死者と仏教／死者と政治

2　死者がホトケになること――物神崇拝の形成　24
「葬式仏教」／中世の火葬／「お墓」参りの形成／幕藩体制と「葬式仏教」／近世の葬送儀礼／位牌と卒塔婆

3　死者がカミになること――人格神の形成　36
超越的人格神の創出／超越的人格神の政治性／人格神の展開

4　ひとりひとりが甦る　44
ホトケとなる幽霊／ホトケとなる生まれかわり／大量死の観念

第二章 「葬式仏教」の形成

1 「葬式仏教」理解 51
マイナスイメージの「葬式仏教」／仏教史研究における「葬式仏教」再検討

2 「葬式仏教」形成前史 54
葬送儀礼と仏教との習合／墓制と仏教との習合／近世「葬式仏教」との異相

3 江戸幕府の仏教統制 59
小農家族の形成／民間寺院の急増／江戸幕府の寺院政策／本末制度／諸宗寺院法度／寺請制度

4 宗門人別帳の形成 70
宗門改帳／人別帳／宗門人別改帳／宗門改帳と人別帳

5 寺檀制度の形成 80
制度化以前の寺檀関係／一家複数寺檀関係／一家複数寺檀関係研究史／寺檀関係の形成と一家複数寺檀関係

6 寺檀制度と民間の葬送儀礼 90
偽文書「御条目宗門檀那請合之掟」／寺檀制度と庶民／戒名と位牌・仏壇の定着／民間の葬送儀礼と先祖祭祀／「葬式仏教」の現代的課題

第三章　人格神の形成――「靖国問題」の基層
1　死者を祭神とする神社　101
創建年代の新しさ／権威としての神社
2　政治的人格神の特徴　104
死のケガレを忌避しない神社／味方が造った神社／常駐する祭神
3　人格神の創建　108
創建の契機／民間の「大権現」と「大明神」
4　靖国神社のとらえ方　113
第四章　明治政府新造の人格神――墓を抱え込んだ神社と脱落させた靖国神社
1　近現代の人格神　115
2　湊川神社・豊国神社・招魂社　116
神仏分離／湊川神社新造／楠正成戦死の記憶／豊国神社再建／京都の招魂社新造
3　ケガレ解消の政治決定　126
4　靖国神社の原型　128

東京の招魂社新造／会津戦争・函館戦争の明治政府軍墓地／墓地のない東京の招魂社

Ⅱ

第五章 「未完成の霊魂」と大量死——逆縁

1 大量死の視点から 137

2 戦死者の親 138
乃木希典と「裏門校長」／阿南惟幾／東郷茂徳／戦死した子の母親／B・C級戦犯の母親

3 春洋をなくした折口信夫 147
硫黄島戦死者の父親／室生犀星がみた折口信夫と春洋／「民族史観における他界観念」／「未完成の霊魂」

4 東日本大震災犠牲者の親 157
子を亡くした親／一家全滅／子を亡くした若い親／集団仮埋葬

5 「未完成の霊魂」の継承 164
「復興」とは？／大量死を背負う／「未完成の霊魂」になる可能性

第六章　戦争犠牲者と戦死者の個人性

1　死生観における個人性　169

2　戦争犠牲者の個人性　171

東京都慰霊堂／「罹災死体処理要綱」／東京大空襲／仮埋葬／仮埋葬からの改葬・火葬／東京都空襲犠牲者名簿

3　戦死者の個人性　181

ひめゆり平和祈念資料館／月ヶ丘軍人墓地／月ヶ丘軍人墓地の戦死者像／コンクリート製戦死者像

4　戦死者表象の異質性　192

戦死者墓地／兵士としての個人性の保存

第七章　地域における「英霊」の記憶

1　戦死者たちを素通りする「靖国問題」　195

戦後の出発点とは？／政治的記憶と社会的記憶

2　社会的記憶のなかの「英霊」　199

家のなかの「英霊」／地域のなかの「英霊」

3　戦死者戒名のなかの「英霊」　205
『忠霊録』編纂／戦死者戒名と「英霊」
4　戦死者たちからの出発　216
「靖国問題」の「問題」／ＢＣ級戦犯の遺書

第八章　戦死者多重祭祀論

1　瀬川清子「花嫁の喪服」　221
2　戦死者たちの多重祭祀　224
レイテ沖の特攻機／特攻隊員の多重祭祀
3　靖国神社への収斂　228
靖国神社批判の論理／靖国神社への思考の固定化
4　多重祭祀から単一祭祀へ　232
戦死者たちを取り戻す／靖国神社と民俗的世界についての誤理解

第九章　生活のなかの戦死者祭祀
1　父が戦死した子　237
調査地トラブル／現金収入と遺族年金
2　夫が敗戦後死去した妻　240
調査地での歓迎／生活のなかの戦死者

Ⅲ

第一〇章　安丸良夫の文献史学方法論
1　三つの分析視点　247
2　「通俗道徳」の方法　248
「通俗道徳」の「生産力」／「通俗道徳」と「民俗的世界」／ハレの重視
3　「周縁的現実態」の方法　255
「周縁的現実態」と「民俗的なもの」／「天皇制」の位置／ルン・プロ変革主体論
4　「生産力」について　263

「講座派マルクス主義」批判／神がかりの両義性

第一一章　民俗学と差別――柳田民俗学の社会政策的同化思想および「常民」概念

1　折口信夫と赤松啓介　269
折口信夫「ものゝかげ」／赤松啓介「非常民」

2　差別研究と被差別部落研究の異相　275

3　同化政策としての柳田民俗学　278
柳田国男の被差別部落民研究／為政者としての柳田民俗学／柳田民俗学の無転換

4　関係概念としての「常民」　285
「常民」とそうならざる人々／柳田民俗学の「常人」／関係概念「常民」⇕被差別部落民

5　文化概念としての「常民」　290
関係概念「常民」（大和民族）⇕山人（先住民族）／「常民」（大和民族）の稲作農耕文化

6　「常民」概念と差別の研究　294
精神的同化のための柳田民俗学／差異と差別

第一二章　『風土記日本』の現代的課題
1　民衆社会史の視点　299
『風土記日本』と『日本残酷物語』／『風土記日本』『日本残酷物語』のマルクス主義文献史学批判／「民衆史」とフィクション
2　場からの民衆社会史　304
風土と地理／自然条件からの民衆社会史／経済・産業からの民衆社会史
3　「自然に加えた人間の愛情」　311
おわりに――二〇一一・三・一一　東日本大震災の記憶　315
花束／ゼロ泊一日／仮設住宅／子を亡くした母／妻を亡くした夫／仮埋葬／遺骨の安置――陸前高田市／震災犠牲者の葬儀と法要――陸前高田市／死を認めたくない気持ち――陸前高田市／遺骨の安置――大槌町／震災犠牲者の葬儀と法要――大槌町／死を認めたくない気持ち――大槌町／一年後の三・一一／震災と震災後の記憶
参考文献　337
あとがき　360
初出一覧　362

日本鎮魂考　歴史と民俗の現場から

はじめに

死者は鎮魂《ちんこん》される。また、鎮魂されるべきである。

死者の鎮魂をめぐり、その歴史と文化の諸相を、かいま見ることができないだろうか。また、それを通して、遺された者たちが死者に込めた想い・願いを、聞きとることができないだろうか。意図的なメッセージだけではなく、無意識的なそれをも含めて。

わたしたちは、死について、高齢まで生きたうえでの、看とられた「畳の上での死」を、半ば無自覚な基準とする。

しかし、現実には、そうではない死も多い。

事故死、自然災害による死、犯罪被害者としての死、そして、戦争による死など。これらの多くは、予期せぬ死であり、生の中断でもあった。

一九八五年（昭和六〇）八月一二日、群馬県多野郡上野村御巣鷹《おすたか》の尾根に、日航機一二三便が墜落した。死者五二〇人、生存者四人であった。死者のなかには、歌手坂本九《さかもときゅう》（一九四一－八五）もいた。地元上野村では、消防団などが救出活動にあたった。凄惨な事故現場であったという。あれから三〇年余が経過した。救出活動にあたった消防団員なども高齢化した。墜落事故を知らない世代も増えた。

いっぽう、事故前は原生林に近かった御巣鷹の尾根まで、山道が整備された。麓の上野村楢原《ならはら》には「慰霊の園」もある。

一九六六年（昭和四一）九月二五日、静岡県安倍郡梅ヶ島村《うめがしま》（現静岡市葵区梅ヶ島）、山あいの梅ヶ島温泉を台風二六号が襲った。温泉旅館が土砂崩れで流され、死者二六人を数えた。旅館の人たち、宿泊客が犠牲となった。あれから五〇年余が経過した。梅ヶ島温泉は復活し、土砂災害の激しかった地点は整備され駐車場となった。慰霊碑もある。しかし、それに気づく人は少ない。毎年九月、慰霊祭が行なわれてきた。しかし、被害・犠牲者のあった旅館とそうではない旅館との間には、微妙な意識のずれがみられるという。

「畳の上での死」ならざる死は、予期せぬ突然死が多い。また、いちどきに多くのいのちが喪われる大量死も多い。

現代日本では、こうした死のもっとも多いケースは、事故死と自然災害による死であろう。かつては戦争による死もあった。戦争による死は、政治的暴力による。一定程度は予測される死でもあり、事故死や自然災害による死とはその性格を異にする。しかし、大量死については類似する。また、その大量死の規模は事故死や自然災害による死と比べて、大規模になることが多い。

しかし、このような突然死・大量死であったとしても、その死は歳月とともに忘却される。生者には復興が必要であり、死の現場を生のための空間へと甦らせなければならない。現場はきれいになる。凄惨な現場には、慰霊碑など追悼施設も整備される。それは日常風景のなかに溶け込みさえする。そこで起こったできごとは抽象化していく。

突然死・大量死であろうとも、死者はひとりひとりの人間であった。また、遺された者たちもひとりひとりの人間である。抽象化された全体としての死者ではない。また、抽象化された全体としての遺族ではない。彼ら・彼女らを、再び、尊厳を持つひとりひとりとして存在させることができないだろうか。

世界を見渡せば、二〇一七年（平成二九）現在、シリア、南スーダンなど、内戦・地域紛争による大量死はあとを絶たない。わたしたちが知らない、あるいは、知らされない事実も多かろう。その死をめぐって、人間の尊厳が脅かされる現実が、この二一世紀において存在する。

死者を鎮魂すること、それは人間の尊厳を確認することにほかならないのではないか。単なる追悼ではない。死者の鎮魂とは、人間の回復、そのような意味も含まれるように思われてならない。

＊特に注記しない資料は筆者調査によるものである。また、写真はすべて筆者撮影のものである。写真については、キャプションのなかに、その撮影年を明記した。

Ｉ

生き乍《なが》ら
瘠《や》せはてにける
み仏《ほとけ》を
己《おの》れみづから
拝《をろが》みまをす

島木赤彦（一九二六年）

第一章　甦る死者

1　死者から派生するなにか

祈念と記念

現代日本に存在すると思われる死者をめぐる観念を確認するところからはじめたい。もちろん多様性があるが、最大公約数として次の三つを指摘できるのではないだろうか。

一つは、死者を生者であることを停止した無機物としてではなく、そこから派生するなにかによって認識しようとする観念である。それは、死者の肉体と霊魂とを別物として霊魂を認め、それをなにかによって表現していると考えることができるかもしれない。たとえば、現代に建立される「お墓」は死者に祈念する場所と認識され、また、「お墓」それじたいと墓碑銘はその存在を記念する機能を果している。この「お墓」をみるだけでも、現代日本には人間をその死をもって終焉とするのではなく、そこから派生するなにかとして認識しようとする観念が存在することを示している。それを霊魂と認識しなくとも、死者を生者とは異なる次元のなにかとして認識しようとする観念が存在しているのではないか、ということである。

二つは、死者をめぐる観念に対する既成宗教としての仏教の影響である。キリスト教・神道・新宗教など他の既成宗教もあり、また、仏教教団も単一ではなく地域的偏差もあるが、日本の死者をめぐる観念に仏教が与えてきた影響は大きい。たとえば、現在でも、死者のことをホトケと呼ぶばあいがある。『広辞苑』第六版の「仏《ほとけ》」はその説明を「悟りを得た者」からはじめるが、七項目におよぶ説明の四つめは「死者またはその霊」とする〔新村編 二〇〇八：二五九九頁〕。テレビの刑事ドラマなどでも、死者をホトケと呼ぶのを見たことがないだろうか。死者が仏教の仏《ほとけ》から派生した記号＝ホトケによって表現される(1)。

また、「檀那《だんな》」制度が(2)政治制度として存在した近世はいうまでもなく、そうではなくなった近現代社会でも、寺檀関係は慣習として継続する。寺檀関係を持たない人々も多く、過疎地域では、無住寺院が増加し、複数の寺院をひとりの住職が兼務するばあいも増え、存続が困難な寺院もある。しかし、現代日本の寺院の基本は寺檀関係にあり、「檀那」の死はそれを顕在化させる。仏教行事の盆や春秋の彼岸に、それじたいは寺院とは無縁の霊園墓地を訪れてみてもよい。「お墓」への参拝が激増している。たとえば、日本初の公営霊園でもあり、代表的な霊園墓地、都営青山霊園など、春秋彼岸の中日には、休日ということもありにぎわい、交通整理すら行なわれる。

こんな光景に出くわすことがないだろうか。路傍にある花束や地蔵である。

写真1は伊豆半島東海岸にある交通事故現場、三三体の地蔵を祀る。ここは、この地域の幹線道路の脇、横は断崖絶壁で、天気のよい日には、洋上に伊豆大島・利島・新島・式根島をのぞむことができる。一九六九年（昭和四四）夏、ここでひとりの中学生が交通事故死した。当時、ここは町の中心

部にある中学校への通学路であった。三三人の同級生があり、彼ら・彼女らはひとり一体ずつ地蔵を作り、この現場に安置した。亡くなった中学生の「お墓」は、集落内の寺院境内墓地にあるが、いっぽうで、その事故現場の地蔵により祀られた。この少年は、その「お墓」とこの三三体の地蔵によって二重に祀られ、その「お墓」よりもこの三三体の地蔵により人目にふれ甦っている。同級生たちが作ったという地蔵であるが、それを厳密な仏教教義といえるかどうかは別として、なにげないこのような現在の路傍にも、仏教の影響が及んでいる。

このように、現代日本では死と仏教との関係は濃厚である。濃厚であるがゆえに自明視され、それに無自覚であるとさえいえる。

こうした現実を見すえたとき、死者をめぐる観念の分析は、仏教との関係性を重視する必要があることはいうまでもなかろう。こうした現実がありながら、これまでその研究対象の設定は、単なる他界観念の抽出、柳田国男（一八七五－一九六二）の民俗学における先祖祭祀研究にみられるような、仏教の排除が多かった。しかし、社会的現実を見すえたとき、死者をめぐる観念の分析は、方法論的にも既成宗教との習合のなかで分析を行なうべきであった。

（1）死者をホトケと呼ぶことについて、仏教の影響をことさらに排除しようとした柳田国男《やなぎたくにお》（一八七五－一九六二）は、『先祖の話』（一九四六）のなかで、ホトケの語源を、仏《ほとけ》ではなく食物容器のホトキに求めた［柳田 一九四六：一三三－一三八頁］。これについては、有賀喜左衛門《あるがきざえもん》（一八九七－一九七九）の『一つの日本文化論――柳田国男に関連して』（一九七六）による批判がある［有賀 一九七六：九－一九頁］。

（2）現在ではふつう「檀家」と呼ばれるが、それが近世の幕藩体制下、政治制度であった時代には、「檀家」という語彙の使用は少なく、「檀那」がふつうである。通常「檀家」制度と呼ばれるが、それが政治制度として存在していた近世についていえば、「檀那」という語彙により、「檀那」制度の方が適切であるように思われる。

特に、この方法論的課題は、フランス社会史のフィリップ・アリエスの死者祭祀・墓制研究を参照する必要性もあろう〔フィリップ・アリエス（伊藤・成瀬訳）一九八三：一五一－一七七頁〕〔フィリップ・アリエス（成瀬訳）一九九〇a：二三－七七頁〕〔フィリップ・アリエス（福井訳）一九九〇b：五－五〇頁〕。比較史的検討ではなく、その研究がキリスト教の死者祭祀・墓制への浸透と関連させられて論じられたという意味において、また、ジャック・ル・ゴフの聖王ルイ研究も聖遺物の形成がキリスト教的であったという意味で〔ジャック・ル・ゴフ（岡崎他訳）二〇〇一：三七一－三七五頁〕、死者祭祀研究は既成宗教との関連でとらえられるべき方法論的必要性を教えてくれる。

そして、こうした仏教との習合の社会的現実をふまえたうえで、はじめて、一つめの、死者をそこから派生するなにかとして認識しようとする観念についての、正確な分析を行なうことができると思われるのである。

死者と政治

三つめは、死者をめぐる観念に対する政治権力の影響力である。二つめの仏教の影響についても、近世の「檀那」制度についていえば、江戸幕府による宗教統制が末端の村落レベルにまで実行された結果であった。それのみならず、政治権力が突出した死者を祭祀対象とすることも多い。日本国憲法の政教分離の原則により、現在では神社は政治権力とは分離しているが、たとえば、近現代国家の国家神道が戦死者たちを祭祀対象とした靖国神社・護国神社、平安神宮（桓武天皇）・明治神宮（明治天皇・皇后一条美子《はるこ》）・乃木神社（乃木希典《まれすけ》）・東郷神社（東郷平八郎）などは典型例であろう。これらの神社は、死者の生前の意志とはかかわりなく祭神とされたばあいも多い。靖国神社・護国神社の祭祀対象は近現代日本の戦死者たちであるが、彼らは自動的に祭神とされてきた。

忠君愛国の代表者とされた乃木希典（一八四九－一九一二）でさえも、一九一二年（明治四五・大正一）九月の自死に際して、遺書の最後「第十」では、みずからの死体を「医学校」へ寄付し「墓下ニハ毛髪爪歯（義歯共）ヲ入レテ充分ニ候」という（乃木神社宝物殿展示による）。恬淡としている。東京都港区赤坂、自死した旧邸横にみずからを祭神とする乃木神社が創建され、忠君愛国と美談の代表者にされるとは思ってもみなかったのではないか。死者に対する政治権力の介在は、死者の意志とはかかわりなく、その死をひとり歩きさせる。その死は政治利用され、それによって、その死者は復活した。

写真1　交通事故死者を祀る（静岡県賀茂郡河津町見高）2012年

もっとも、現在の乃木神社には、その遺書を含め遺品などを展示した展示室があるいっぽうで、社殿では結婚式、また、「乃木」坂に由来する女性アイドルグループの成人式が行なわれる。忠君愛国と世俗が渾然一体である。しかし、これもまた、一つめの、死者から派生するなにかとしてとらえることができよう。

そして、この点で課題とされなければならないことは、二つめのような死者がホトケになるのではなく、死者がカミとして祭祀対象とされていることであった。

これら、現代日本で死者をめぐる観念としておおむね確認できる三点を基本線として、ほんらいは、聖とは真逆に位置し、忌避の対象であったはずの死者が、あるときにはホトケとして、またあるときにはカミとして、どのように甦るようになったのか、その観念を概観してみることにしよう。

それは、突出した思想家が論理的に構築した思想と呼べるほど体系性を持たず、庶民思想あるいは観念の領域にとどまるかもしれない。

時代的には、現在に直接連続するものとして、近世・近現代のそれを対象とする。

具体的手順としては、二つめの死者祭祀と仏教との習合によるホトケの形成、三つめの死者祭祀と政治権力との関係をふまえてのカミの形成、これらを分析対象として、一つめの死者から派生するなにかをめぐる観念について、歴史的経緯をふまえてとらえてみよう。

2　死者がホトケになること――物神崇拝の形成

「葬式仏教」

死者祭祀と仏教とが習合した形態が、日本社会とその生活のすみずみにまで浸透したのは近世幕藩体制下においてであった。いわゆる「葬式仏教」の形成による。しかし、この現実に対して、かつての辻善之助（一八七七－一九五五）をはじめとする仏教思想・仏教史研究は近世仏教を否定的にとらえ、(3)いっぽう、さきに指摘したように柳田民俗学による葬送儀礼・墓制研究は「固有信仰」を重視し仏教の影響をことさら排除したために［柳田 一九三一：二四七－二五四頁］［柳田 一九四六：一三六－一五九、一六九－一七五頁］、その研究は現実に存在する「葬式仏教」それじたいから乖離していた。しかし、大桑斉《ひとし》・尾藤正英［大桑 一九八九：二五九－二八〇頁］［尾藤 一九九二：一〇九－一四〇頁］、近年では末木文美士《ふみひこ》などが、こうした研究史上の固定観念を再検討し、(4)「葬式仏教」の形成を含め近世仏教を再評価しようとする問題提起を行なっている。

墓制を含めた死者祭祀を仏教との習合のなかでとらえようとする研究の急増も、近年の傾向といってよいだろう。特に、それは、「葬式仏教」が本格的に形成された近世よりも、中世を対象とした研究にいちじるしい。林幹彌《みきや》・大石雅章・細川涼一による律宗僧侶・齋戒衆《さいかいしゅう》の死者祭祀への関与の解明［林幹彌 一九八〇：四三二－四八八頁］［大石 一九八五：一一五－一三二頁］［細川 一九八七：一－四〇、八三－九九頁］、松尾剛次《けんじ》による遁世僧《とんせそう》の死者祭祀への関与と死穢の超剋の解明［松尾 二〇一〇a：四－二七、七二－九三頁］［松尾 二〇一〇b：一四二－一五二頁］［松尾 二〇一一：七〇－一〇九頁］、山田邦和・勝田至・高田陽介による仏教と死者祭祀・墓制との関係性の解明［山田 一九九六：一八－二三頁］［勝田 二〇〇三：一六六－二一二頁］［勝田 二〇〇六：一六三－三一五頁］［高田 一九八六：五七－六五頁］［高田 一九九六：三一－三八頁］、

（3）辻善之助は、『日本仏教史 第九巻 近世篇之三』（一九五四）のなかで近世中期に「仏教の復興」を認めながらも「本末制度」「寺院僧侶の階級格式」「檀家制度と宗門改」「新義異義の禁止」の四点をとりあげて「仏教の形式化」とし［辻 一九五四：一－二八四頁］、『日本仏教史 第一〇巻 近世篇之四』（一九五五）は近世後期を「仏教の衰微と僧侶の堕落」とし、全一〇巻にわたる『日本仏教史』を終わっている［辻 一九五五：四〇四－四八九頁］。

（4）末木文美士は『日本仏教史――思想史としてのアプローチ』（一九九六）・『日本宗教史』（二〇〇六）で、近世仏教の民衆への定着を肯定的に叙述し［末木 一九九六：二三五－二四五頁］［末木 二〇〇六：一三六－一三八頁］、また、『近世の仏教――華ひらく思想と文化』（二〇一〇）では、単なる近世仏教堕落論ではなく、辻善之助の主張が近代仏教の停滞を視野に入れたものであったのではないかと指摘し、近世仏教の再検討を提起している［末木 二〇一〇：一－一八頁］。

藤澤典彦・狭川真一の中世墓制の考古学的研究〔藤澤 一九八九：一三－二五頁〕〔狭川 二〇一一：一八一－二〇二頁〕など、死者祭祀・墓制を仏教との習合のなかでとらえる視点はふつうとなっている。

これらの研究により、中世後期、室町時代終わりから戦国期までの段階で、死者祭祀と仏教との習合が一般化したことが明らかにされてきた。それを、近世から現代までを射程に入れて、具体的に整理すれば、第一に重要な点は、古代・中世はじめまでは死穢を忌避していた寺院・僧侶のなかから、死穢に接触し死者祭祀に積極的に関与する寺院・僧侶が登場してきたことであった。死者祭祀という観点からみたとき、仏教が死者祭祀と習合する前提条件が形成されたという意味で、中世後期は大きな転換点であった。

中世の火葬

第二には、中世の葬送・墓制の中心は、遺体埋葬ではなく火葬による火葬骨埋葬であったことである。遺体埋葬もあり、死体遺棄（あるいは遺棄葬）もあるが、中世では火葬が多く、日本列島の墓制が、遺体埋葬から現代の火葬へ変容したと理解されてきた固定観念が、事実誤認であったことが明らかにされた。

図式化すると、

中世＝火葬骨埋葬・槨納葬（遺体埋葬・死体遺棄もあり）

↓

近世・近代＝遺体埋葬（近畿地方・北陸地方・都市部などで火葬もあり）

↓
現代＝火葬骨埋葬・槨納葬

という葬送・墓制の変遷である。

しかし、中世にはいまだ「お墓」の建立はない。現代に見ることができる「お墓」の誕生は、近世・近代＝遺体埋葬の一般化とともにあった〔岩田 二〇〇六：九三－一四六頁〕。そこには、死者に対する特定の観念の形成があったことを推測させてくれる。

図1　『餓鬼草紙』（東京国立博物館所蔵）

「お墓」参りの形成

第三には、近世・近代から現代まで続く「お墓」は、中世ではいまだ存在しなかった。その前史として木製塔婆・五輪塔の建立があり、五輪塔下部への僧侶の納骨も確認されている。死者を他のなにかにより記憶しようとする物体が生まれている。図1は、中世の墓域の光景を推測させるとして知られる、一二世紀の『餓鬼草紙』の一枚「疾行餓鬼」である。盛り土の上に木製塔婆・五輪塔、また、植樹（と推測される）があるいっぽうで、死体遺棄（葬）が描かれる〔角川書店編集部 一九六〇：五四－五五頁〕。現代のわたしたちが知る、「お墓」の前提条件が形成されつつあった。とはいっても、中世では、いまだ現代のわたしたちが見ることのできる板碑状また角柱型の「お墓」は存在しない。それでもこれが、近世・近代から現代まで続く、死者に祈念、また、死者を記念する観念の起点であった。

それでは、中世後期までに形成されてきたこのような死者祭祀と仏教との習合が、近世・近代から現代まで、どのように継承されてきたのであろう。

いまある現実の「お墓」から確認してみてよう。

写真2は、**写真1**の交通事故死した中学生の「お墓」があるのと同じ寺院境内墓地の一角である。寺院境内からその背後に石塔が林立する。ありふれた光景であるが、寺院境内墓地が成立していることじたい、寺院・僧侶が死穢を忌避していないことを示す。そして、この**写真2**の家の墓域を観察すると、次のような三種類の石塔を見てとることができる。一つは、手前に並ぶ石塔群で「〇〇居士」「〇〇大姉」など死者の戒名を刻む。この集落の墓域では、こうした石塔に刻まれた戒名が、一名ではなく二名ないしは三名のものもあり（二名は夫婦墓と推定される）、かならずしも石塔一基につき一名ではない。これは、他の「お墓」でも目にする光景である。二つは、背後中央の「〇〇家之墓」と刻まれた角柱型の先祖代々墓で、近年の建立である。三つは、その左側の戦死者の石塔である。他でもおおむねそうであるが、戦死者の石塔は他に比べてやや大型で、正面に戒名ではなく軍人としての位階と実名、側面に戦歴を刻むことが多い。

写真2　いまある「お墓」（静岡県賀茂郡河津町見高）2012年

死者は死によって終わったのではなく「お墓」として甦っている。戒名という生前の名前とは異なる死者名を与えられ、それによりホトケになった。「お墓」のない中世までは、遺体・遺骨が朽ち果てれば、五輪塔などの建立もあったが、それで終わりであった。しかし、遺体・遺骨とは別に、このような「お墓」を建立し仏教式の死者名である戒名をそこに刻み（現代では「〇〇家之墓」と刻む先祖代々墓が一般化したが）、死者は「お墓」に甦ることになった。

そもそも、現代に「お墓」と認識されている石塔とは、「石」製の「塔」婆であり、その「塔」とはサンスクリット語のstūpa（ストゥーパ）が原義とされる。死者のために仏教的な「塔」を建立し、それを「お墓」として認識する観念が誕生している。

もうすこし現代の「お墓」を見てみよう。

写真3　遺骨埋葬地点と「お墓」（山梨県西八代郡市川三郷町黒沢）2011年

写真3は、山梨県富士川中流域のある寺院境内墓地で目にすることができた「お墓」である。中央に新しい先祖代々墓があり、墓域の整備により、古い石塔をその周囲に配置する。その前面には、割竹で円柱状にかこい、内部に野位牌と枕石を置く。「お墓」下部に納骨空間を整備する前は、遺体・遺骨を埋葬したのち、その上部にこのような施設を作っていた。遺体埋葬地域の墓制には、このような地上施設が多いが、重要な点は、「お墓」はその背後にあり、遺体・遺骨を埋葬したその上部に、「お墓」が建立されていないことであった。遺体・遺骨埋葬地点上には、仏教の戒名を刻んだ「お墓」の建

立はない。そして、「お墓」参りは、ふつうその下部に遺体・遺骨のない「お墓」に対して行なわれ、遺体・遺骨そのものは跪拝されない。遺体・遺骨の処理と、その死者を仏教式に「お墓」でホトケとして祭祀することにはずれがあり、仏教と習合した死者祭祀は、遺体・遺骨ではなくそれとはずれた位置にある「お墓」に対して行なわれている。

近世・近代以降、死者が仏教的なホトケとして甦ることは、遺体・遺骨それじたいとは異なる次元で展開していた。(3) ホトケとは、死者の遺体・遺骨そのものではなく、「お墓」など、それから派生したなにかを祭祀対象とする観念の形成であり、またそれは、死者が遺体・遺骨とともに終焉するのではなく、死者をめぐりなんらかの物体を作り、跪拝の対象とする物神崇拝の形成でもあった。しかし、死者は、これによりひとりひとりのホトケになることが可能となり、生者によって祈念と記念の対象とされるようになった。

幕藩体制と「葬式仏教」

それでは、このように死者がホトケとして甦るようになった歴史的経過はどのようなものであったのだろう。

すでに述べたように、中世までに、仏教は死者祭祀と習合をとげていた。近世には、それが一般化するとともに、江戸幕府の政治体制のなかにも組み込まれる。仏教的なホトケの観念の形成と、それの「葬式仏教」としての実体化は、このあと第二章で述べるように、仏教側からすれば寺院の地域社会への浸透を、地域社会側からすればそれを受容し経済的にも支えることのできる村落社会の形成を、前提条件とし、また、政治的には江戸幕府が中世寺院を再編成し、それを統制した秩序を形成することにより進行していった。戦国期から江戸初期までに地域社会での寺院設立が急増し〔圭室諦成 一九六三：一－三三頁〕〔竹田 一九七一：三七－八七頁〕、また、村落社会ではそれを支えることのできる小農自立による本百姓の連合体としての近世村落が形成され〔竹田 一九七五：二七五－二七八、二九五－二九九頁〕、政治的には幕府が統制する本末制度（本山・末寺制度）と非キリシタンであることを証明する寺請《てらうけ》制度の確立が、仏教的なホトケと「葬式仏教」を形成させていた。

江戸幕府による寺請制度の形成は、一六三五年（寛永一二）の寺社奉行設置、一六四〇年（寛永一七）の宗門改役設置ごろから実施されるようになり〔千葉乗隆 一九六七：五一－五五頁〕〔藤井 一九六七：一四六－一五七頁〕〔圭室文雄 一九七一：七四－八九頁〕〔圭室文雄 一九七二：二六－三一頁〕、寛文年間（一六六一－七三）までには日本列島全域で完成した〔福田 一九七六：三二－三三頁〕〔大桑 一九七九a：九八－九九頁〕〔西脇 一九七九：二七－四一頁〕〔圭室文雄 一九八七：一七五－一九一頁〕〔圭室文雄 一九九九：一七八－一九八頁〕。もともと、寺請制度は寺院による宗門改め（文書としては「宗門改め帳」）だけであったのに対して、それとは別の戸籍機能をもつ人別改め（文書としては「人別改め帳」）が合体することにより、宗門人別改め（文書としては「宗門人別帳」）として実行され、寺院が地域社会の末端で政治的に人間を把握する担当者ともなった。寺院が政治的に村落支配の末端に位置づけられ、庶民統制の機能を果すようになっていた。

（5）いっぽうでは、現在でも近畿地方・北陸地方などの浄土真宗の火葬地域では本山納骨、東北地方では霊山納骨がみられ、遺骨重視の死者祭祀がみられる。これは、中世的火葬、近世以前の残存と思われる。浄土真宗地域の火葬による墓制については、蒲池勢至《かまいけせいし》『真宗と民俗信仰』（一九九三）の指摘がある〔蒲池 一九九三：三四－七四頁〕。

寺檀関係の形成とは、このような政治性を持ったものであった。

寺請制度が完成しつつあった寛文年間ごろ、「御条目宗門檀那請合之掟《ごじょうもくしゅうもんだんなうけあいのおきて》」と呼ばれる偽の法令が出された。年号は「慶長一八年」（一六一三年）と記され、明治初年司法省が編纂した『徳川禁令考』におさめられたが、現在では偽文書《ぎもんじょ》であることが明らかにされている［豊田 一九三八：一一五頁］［圭室諦成 一九七一：八四頁］［圭室文雄 一九八七：一八三－一八四頁］［福田 一九七六：三五－三六頁］。

「御条目宗門檀那請合之掟」は、たとえば、その三ヶ条めで「頭檀那成共《かしらだんななるとも》、祖師忌仏忌《そしきぶっき》盆彼岸先祖命日に、絶《たえ》て参詣不仕者《つかまつらざるもの》ハ、判形《はんぎょう》を引、宗旨役所江断《ことわり》、急度可遂吟味事《きっとぎんみをとぐべきこと》」、一二ヶ条めで「先祖之仏事他寺へ持参致し、法事勤申事、堅《かたく》禁制」する。寺院がその「檀那」に対して、寺院への参詣とその寺院での先祖祭祀を強制している。また、その十ヶ条めで「死後死骸に頭剃刀を与へ戒名を授る事、是ハ宗門寺之住持死相を見届て、邪宗《じゃしゅう》にて無之段《これなきだん》、慥《たしか》に受合《うけあい》之上にて可致引導《いんどういたすべき》也、能々可遂吟味事《よくよくぎんみをとぐべきこと》」といい［石井編 一九五九b：七八－七九頁］、僧侶がキリスト教徒ではないことの確認を行なうとともに、死者名としての戒名の授受を強制する。

仏教寺院が、庶民に対しての死者祭祀、仏教的先祖祭祀および戒名の授受・死の確認を強制していた。現在一般化している先祖祭祀は、仏教寺院が偽文書によりそれを庶民に強制した結果でもあった。

近世の葬送儀礼

そして、このように形成されてきた「葬式仏教」の具体的内容を、葬送儀礼に限って見てみると次のようなものであった。幕府の右筆《ゆうひつ》屋代弘賢《やしろひろかた》（一七五八－一八四一）が、一八一三年（文化一〇）ごろ、各地の儒者・知人に依頼した「諸国風俗問状《しょこくふうぞくといじょう》」の「答」には、仏教と習合した葬送儀礼の状態が、次のように記される。

> 在中農家にては死者有之《これある》家へ、菩提寺参り読経相済《あいすみ》次第、其家の前より嫡子は位牌を持、近親類遠縁のものまで仏具仏器等の品々を持、女は棺前に先立候て縁の綱と申《もうす》木綿を引はへ、是に取付行列いたし、村方は勿論近村までも打寄《うちよせ》老人念仏を唱《となえ》、鉦《かね》太鼓にて野辺送りいたし、旦那寺《だんなでら》引導相済次第墓所へ葬申候《ほうむりもうしそうろう》（「奥州白川風俗問状答」）。〔中山編 一九四二：一六九頁〕

> 死人御座《ござ》候へば旦那寺へ申遣《もうしつかわし》、早速参り亡者へ授け事仕《つかまつり》、血脈を相授け経読仕候。（中略）亡者沐浴《もくよく》仕《つかまつり》　髪を剃り、瓶《かめ》或は桶に入、終日終夜親子兄弟厚親類、真言念仏相唱、葬送時刻に旦那寺参り内にて勤仕《つとめ》、夫《それ》より葬礼場へ参り、旦那寺並他僧共相侍居《あいじしおり》申候。葬送行列は分限に応じ申候」（「備後《びんご》浦崎村風俗問状答」）。〔中山編 一九四二：四七九頁〕

葬送儀礼が仏教的であるだけではなく、寺院・僧侶が葬送儀礼に関与し、生者から死者への移行を、寺院・僧侶の読経と引導が主導している。これらは、現在の民俗調査で知ることのできる葬送儀礼と大きくかわるものではなく、こうした葬送儀礼によって、生者は「お墓」や位牌によって、先祖として祀られるようになった。

寺請制度が、江戸幕府の政治制度となり、寺院と「檀那」との間の寺檀関係が密接になるなかで、「御条目宗門檀那請合之掟」という偽文書さえも出され、寺院・僧侶が生者を死者に移行させる葬送儀礼に関与することが社会的習慣となっていた。

それが、ふつうの死者をホトケとして甦らせるようにさせていたのである。すでに、中世までに仏教は葬送・墓制と習合し、小農自立と地域社会での寺院建立も、幕府の仏教政策が本格化する以前からすすんでいたので、仏教的なホトケの観念と、このような「葬式仏教」の形成を、江戸幕府の政治のみに求めることはできない。しかし、このようなホトケの形成は、江戸幕府の仏教政策によって正式に認められていた。

位牌と卒塔婆

それはまた、ホトケを具象化させた「お墓」や位牌に対する物神崇拝の形成でもあった。

江戸時代の歌舞伎に次のような場面がある。一七五三年（宝暦三）初演、並木正三《しょうぞう》（一七三〇－七三）の『幼稚子敵討《おさなごのかたきうち》』では、父母を殺害されたお松・梅吉の姉弟が、その父の奴《やっこ》であった随戸平《ずんどへい》と出会う。お松が取り出した父母の位牌に向かい、随戸平が語りかける場面である。「随戸平、位牌を二つ共に上座へ直し、其側《そば》へ兄弟が手を取、連れ行据へ、下座に直り手を突て」、次のようにいう。

> 旦那様、奥様、随戸平めでござります。四角な形《なり》に成りなされたのふ。（中略）おのれやれ、敵《かたき》奴《め》を引捉《ひっとら》へ、喉《のど》から桶据までにじり切りにして、御本意を遂げさせませふと、駆廻りても御行衛《おゆくへ》は知れず、握拳《にぎりこぶし》の爪は甲へ通り、眼の飛出る程、無念で〱。
>
> ［浦山他校注 一九六〇：二三八頁］

随戸平にとってはかつての主人であり、お松・梅吉にとっては父母であった人間が、位牌という仏教的物体によってとってかわられていた。その位牌に向かい随戸平は語っていた。

お岩の幽霊で有名な一八二五年（文政八）初演、四世鶴屋南北（一七五五－一八二九）の『東海道四谷怪談』には、小仏小平という奉公人の幽霊が登場する。幽霊として出てかつての主人に薬をとどけようと、「よふ〳〵手に入《いる》この薬。夫《それ》にて全快なしたうへ、どふぞ首尾よく本望の、門出有《かどである》よふ旦那さま」という。しかし、主人から切りつけられ消える。残ったのは卒塔婆であった。主人は次のようにいう。「手討になせしと思ひしに、姿は幻消失《まぼろしきえうせ》て、はすにきつたは此そとば」［鶴屋・河竹校訂一九五六：二二八－二二九頁］。

小仏小平の幽霊は仏教的供養の物体、卒塔婆の分身であった。

このように、仏教は死者をホトケとして、「お墓」・位牌・卒塔婆などの物体に具象化させ、生者が死者に祈念、また、死者を記念するようになっていた。そして、子孫は先祖をこれらの物体に仮託し、ひとりひとりを祭祀対象とするようになった。

先祖祭祀とは、柳田国男のいうような「固有信仰」ではない。このような仏教的死者祭祀としてのホトケに対する祭祀であり、近世社会史のなかでの形成であった。

3　死者がカミになること――人格神の形成

超越的人格神の創出

死者をホトケとする観念を形成させた時代は、それと照応するかのように、突出した死者をカミとする時代でもあった。佐藤弘夫が、中世仏教、なかでも浄土宗・浄土真宗・日蓮宗に、釈迦を超越的人格神とする思想形成があったことを［佐藤 一九八七：五二－六〇、一八八－一九四、二四三－二七〇頁］［佐藤 一九九八：一七－五一頁］、大桑斉が、吉田兼倶《かねとも》（一四三五－一五一一）の吉田（唯一）神道に、超越的な最高神を求める思想があったことを［大桑 一九八九：三－二七頁］、明らかにし、また、末木文美士がこうした一神教的な宗教観念形成過程を整理したように［末木 二〇〇六：一〇六－一二二頁］、中世末までに、超越的な人格神を構想する思想が、仏教および吉田神道に形成されてきていた。

吉田兼倶は、『唯一神道名法要集《ゆいいつしんとうみょうほうようしゅう》』（成立年未詳）で、次のようにいう。

国は是れ神国也。道は是れ神道也。国主は是れ神皇也。太祖は是れ天照大神也。一神の威光、遍《あまね》ク百億の世界ヲ照らし、一神の附属、永ク万乗《ばんじょう》の王道ニ伝ふ。天ニ二《ふたつ》ノ日無く、国ニ二ノ主無し。故ニ日神天に在《ましま》すの時、月・星は光を双《なら》べず。唯一天上ノ証明是れ也。［大隅編 一九七七：二四六頁］

多神教社会の日本で、神国観とも連動した唯一神の思想が形成されてきていた。

そして、その具体的実践は、戦国時代末期から進行する。織田信長（一五三四－八二）は、その生前に、みずからの神格化をはかったといわれる(6)［朝尾 一九九四：一二一－三一頁］［石毛 二〇〇四：一三九－

一五七頁〕〔曽野原 二〇〇八：一四－一八頁〕。一五八二年（天正一〇）、ルイス・フロイス（一五三二－九七）は、イエズス会総長あて書簡で、次のように記す。

安土山の寺院には神体はなく、信長は己自《おのれ》らが神体であり、生きたる神仏である。世界には他の主なく、彼の上に万物の創造主もないと言ひ、地上において崇拝されんことを望んだ。

〔村上訳 一九六九：二〇八頁〕

しかし、本能寺の変（一五八二）による死後、信長が人格神として祭祀対象とされることはなかった。

信長を承けた豊臣秀吉（一五三六－九八）は、豊臣家の政治的権威の創出と継続のために、その死（一五九八）後、カミとして祀られる〔宮地 一九二六：三一〇－三八二頁〕〔千葉栄 一九五五：一八五頁〕〔三鬼 一九八七：二〇二－二〇四頁〕〔北川 一九八九：二二〇－二二二頁〕〔河内 一九九四：六七－七〇頁〕。死の翌年、朝廷が秀吉に「神号」豊国大明神号と正一位を与え、豊国社に祀られた〔続群書類従完成会編 一九八四：四三頁〕。豊国大明神は、吉田神道に依拠し、神道思想が特定の死者を絶対的なカミとする観念のなかにあった〔尾藤 一九九二：一三七頁〕。仏教がふつうの死者をホトケとするいっぽうで、神道は死者となった政治的支配者をカミとする現実を発生させている。もっとも、一六一五年（慶長二〇・元和《げんな》一）

（6） この織田信長神格化については、かつて、三鬼清一郎「戦国・近世初期における国家と天皇」（一九七六）によって、資料的な制約があるとして、否定的見解も提出されている〔三鬼 一九七六：二五頁〕。

大坂夏の陣で豊臣氏が滅亡させられたあと、豊国大明神を祭神とする豊国社は荒廃させられた。

これに対して、一六一六年（元和二）に亡くなった徳川家康（一五四二－一六一六）も、最初、その遺体は静岡の久能山《くのうざん》東照宮におさめられたが、翌年、朝廷は家康に「神号」東照大権現号と正一位を与え、日光東照宮に祀られた［黒板編 一九三〇：一二〇頁］。『徳川実紀』は、最初、家康が久能山におさめられる場面では、その遺骸と棺を「尊体」「霊柩」と表現するが［黒板編 一九三〇：九五頁］、翌年、「神号」を請けたあとは「神霊」「神柩」と表現するばあいがある［黒板編 一九三〇：一二〇頁］。これは、吉田神道ではなく天台宗系の山王一実《さんのういちじつ》神道によった。その「神号」が大権現号となった経緯、日光東照宮造立については多くの研究が明らかにしている［宮地 一九五七：三二七－三四一頁］［辻 一九五三：一一〇－一三七頁］［高柳 一九五三：四三－四七頁］［北島 一九七四：六－一二頁］［曽根原 二〇〇八：五六－六〇頁］［野村 二〇一五：八九－一一二頁］。日光東照宮への庶民の参詣［秋本 一九七五：一三－二八］、各地に勧請され中・上層の農民によって祭祀された東照宮もあった［中野 二〇〇八：二〇－一四二頁］。

家康をカミとして東照宮に祀った江戸幕府の政治性、その権威の正当性の根拠を創出しようとした政治的意図は達成されたといってよいだろう。

超越的人格神の政治性

そして彼ら、秀吉と家康がこのようにカミとして祀られた事実を、死者祭祀の観点からみると、そのもっとも重要な点は、それら政治性の強い人格神の創出に、神道思想がかかわっていることであった。秀吉は吉田神道、家康は山王一実神道である。歴史的には、それ以前も、八幡神社（応神天皇など）・天満宮（菅原道真）など、人間が祭神とされることはあった。しかし、豊国大明神と東照大権現がそれらと異なるのは、神道思想が政治的支配の正当性の根拠、その権力と表裏一体となる権威の創出と連動していたことであり、さらには、それらが絶対的な唯一神として構想されたことであった。それは御霊《ごりょう》信仰による人間に対する死者祭祀がかならずしも政治性を持たず、崇られた敵対者がその怨霊を鎮めるために祭神とすることは異質である。

死者をホトケとする観念の浸透だけではなく、死者をカミとする観念の発生も、織豊政権を承けた近世幕藩体制の政治からはじまっていた。そして、ホトケが「お墓」や位牌という物体に具象化されるようになったのに対して、カミは神社の荘厳な社殿に具象化された。これまた、ホトケとは異なる形態の物神崇拝の形成であり、生者が死者に祈念し、また、記念するもうひとつの様式の形成でもあった。

さらにまた、これらのカミのばあいも、吉田神道にせよ山王一実神道にせよ、仏教がそうであったように、死穢を忌避しない神道思想の生成でもあった。仏教だけではなく神道も、死穢をケガレとせず、死とその霊魂の管理に積極的にかかわるようになった。ふつうの死者は、仏教思想によりホトケとなり、特別な死者は神道思想によりカミとして、それぞれが死者でありながら、なんらかの物体によって甦り祭祀対象となる、そのような観念が形成されていた。

人格神の展開

近世社会は、豊国大明神・東照大権現に代表されるように、神道思想に基づき政治的支配の正当性の根拠をもとめて、死者を絶対的な唯一神として構想していただけではない。

多くの死者が、その生前の人格によって、カミとして祀られる。非業の死をとげた死者を鎮魂し和霊に転換させるために、彼らが祭祀対象とされた。御霊信仰の系譜に位置するといってよいだろう。もっとも、こうした非業の死者に対する御霊信仰的祭祀と、吉田神道による豊国大明神、山王一実神道による東照大権現など政治的人格神とは、時代が下るほどに、その人格神としての質的異同を判別することが難しくなる。

百姓一揆の「義民」祭祀が、その典型例であろう。「義民」については、すでに多くの研究により、その伝承・物語の再編成が明らかにされたように〔児玉 一九五八：一一–一四頁〕〔横山 一九七三：一〇–八八頁〕〔横山 一九七七：七七–八八頁〕〔横山 一九八五：五五–一九五頁〕〔保坂 二〇〇六：二四八–三三六頁〕、一揆から歳月を経て義民祭祀・顕彰がくりかえされる。それにより、百姓一揆の指導者・犠牲者が祭神となった。

代表例はなんといっても佐倉惣五郎（?–一六五三?）である。下総堀田領の惣五郎が処刑されたのは一六五三年（承応二）とされるが、その後、堀田氏の改易などが惣五郎の怨霊による祟りとされる伝承・物語が形成された。事件から約九〇年後の一七四六年（延享三）、この堀田氏の弟の子孫が佐倉領主になり、口ノ明神（千葉県佐倉市大佐倉）に祀ったために、惣五郎は領主公認の人格神となり、一八五二年（嘉永五年）には歌舞伎の『東山《ひがしやま》桜《さくら》荘子《そうし》』が初演となり流布していった。惣五郎はこの口ノ明神だけではなく、宗吾霊堂（千葉県成田市宗吾）・宗吾殿（東京都台東区寿《ことぶき》）をはじめ他地域にも勧請されている。

この義民佐倉惣五郎が人格神として祀られた経緯、怨霊の祟りは、宝暦年間（一七五一–一七六四）から文化年間（一八〇四–一八）までに成立したとされる〔児玉 一九五八：六二–六三頁〕。それは、口ノ明神の由来を語る『地蔵堂通夜物語』によれば、次のようなものであった。

その妻と男子四人とともに処刑された惣五郎が、領主堀田氏の妊娠した妻のもとに怨霊となり出てくる。「奥の間の障子一度にくわらくわらと引破る声毎夜のこと」「御居間に押よせ奥方様を引起し、連れ行かんとする体、曲者《くせもの》よと侍中刀おっとり生きたる心持もなく切ってかかれば、そのまま姿はっと消え、奥方にも夢の心持、暫《しばら》く御息さし苦しく、女中、侍中にも身の毛もよだって恐ろしといふばかりなり」。堀田氏の妻は妊娠したままこの怨霊の祟りによって死んでしまう。しかし、その後も怨霊が出るので、堀田氏は口ノ明神に佐倉惣五郎を祀った〔大野編 一九七八：九二－九三頁〕。『地蔵堂通夜物語』は次のように続ける。

凡夫の霊を祭り明神という事、冥利に叶《かない》たるにや。〔大野編 一九七八：九四頁〕

かつて、豊臣秀吉が豊国大明神であったが、佐倉惣五郎も明神とされた。佐倉惣五郎は御霊信仰によって人格神に昇華したが、それの中心的祭祀者は領主堀田氏であり、明神という神道思想にのっとった「神号」によっていた。御霊信仰と吉田神道とが混淆している。

病気に苦しみ死んだ庶民が明神となった例もある。

佐渡奉行・江戸町奉行などを歴任した根岸鎮衛《やすもり》（？－一八一五）が、天明年間（一七八一－八九）から一八一四年（文化一一）まで、実話・奇譚を書きとめた『耳袋《みみぶくろ》』「巻の八」は、「霜幸大明神の事」という、江戸牛込で痰疾《たん》に苦しみ死んだ幸左衛門・お霜夫妻が霜幸大明神として祀られた話を載せる。夫は「我死して後、痰を愁うる人我を念ぜば、誓いて平癒なさしめん」、妻も「我も痰を愁うる人を平癒なさしめん」と言って亡くなったが、その後、夫妻の名前の一文字ずつをとり霜幸大明神とされ、小祠が建立され、近隣の者たちが参詣に訪れているという〔根岸・鈴木編注 一九七二b：一三〇－一三一頁〕。

特定の病気に苦しみ死んだ庶民が、その病気治癒のためのカミとなった例は多い。もう一例だけ『耳袋』からあげると、「巻の四」に「痔《じ》の神と人の信仰おかしき事」という話がある。江戸のある町で生前痔疾に苦しんだ酒屋の手代が、その死に際して、「我死しなば、世の中の痔病の分は誓いて救うべし」と言い残した。やがて小堂が建立され参詣する者がいるという〔根岸・鈴木編注 一九七二a：二八八－二八九頁〕。

非業の死をとげた人物が、カミになり現代にまで祀られている例も多い。たとえば、徳島県美馬市脇町の山彦《やまひこ》大明神は、アジア太平洋戦争中出征兵士の無事と武運長久でにぎわったが、この祭神は正徳年間（一七一一－一六）に、不思議なことをする（妖術を使うともいわれた）ある武士が処刑され、その後、この領主の家に不幸が続いたために、山彦大明神に祀られるようになったという。権現としてカミになった死者もいる。静岡県庵原《いはら》郡由比《ゆい》町の藤八《とうはち》権現は、集落の背後の山中に鎮座し、アジア太平洋戦争中出征兵士の安全祈願で大流行したが、これは寛政年間（一七八九－一八〇一）に実在したとされる藤八という並外れた霊力を持った人物が、その死にのぞみ自分をその地に祀れば集落の安全を見守る、と言い残したことがきっかけであった。死後天狗になったとも伝承されている。その藤八という人物が権現となり祭神とされていた〔岩田 二〇〇三：一六九－一七三頁〕。

このように、近世以降現代にいたるまで、非業の死をとげた人物が、カミとなり甦るようになっていた。「神号」がないばあいもあるが、明神（権現もある）として吉田神道的（権現のばあいは山王一実神道的）な「神号」がつけられていた。菅原道真の天神の形成をひもとくまでもなく、近世以前にも御霊信仰によって死者が祭神とされることはあった。しかし、政治的意図による豊国大明神・東照大権現の神道思想が、近世社会では庶民レベルの御霊信仰と習合し、死者を明神・権現として甦らせていた。御霊信仰と神道思想の習合による、死者をカミとする人格神の形成である。そのような意味でも、豊国大明神・東照大権現の形成は、カミを誕生させる観念において、大きな影響力を及ぼすものであった。

もっとも、庶民レベルでも氾濫するようになったこうした人格神としてのカミは、中世末までに形成されてきた唯一神の構想、豊臣政権（吉田神道）・江戸幕府（山王一実神道）が意図した、草創者を絶対的唯一神とする思想を換骨奪胎させてもいる。人格神の形成とその氾濫は、カミをも多神教的存在とし絶対性を剥奪する。日本のカミは、キリスト教・イスラム教のような超越的なGodにはなり得ないまま現代にいたっている、というのが実際ではないだろうか。

なお、これまで紹介してきた死者がカミとして甦る観念の形成、吉田神道・山王一実神道および御霊信仰、さらには、両者の習合について、これらと連動するのかしないのか明言できない学説上の問題がある。それは、折口信夫（一八八七－一九五三）のまれびと論(7)と、堀一郎（一九一〇－七四）の遊行《ゆぎょう》神《しん》を中心にした民間信仰研究(8)である。いずれも、神道思想・御霊信仰以外によって、日本の神観念の原初的形態を抽出しようとし、神を擬人化された存在としてとらえる。彼らが原初的形態としてとら

（7）折口のまれびと論はその学問の基底に貫かれているが、その代表的論考として、「古代生活の研究——常世の国」（一九二五）・「常世及び「まれびと」」（一九二九）・「春来る鬼」（一九三一）などがある。

（8）堀一郎の遊行神論はその集大成的著作、『遊幸思想——国民信仰之本質論』（一九四四）・『我が国民間信仰史の研究（二）宗教史編』（一九五三）・『我が国民間信仰史の研究（一）序編 伝承説話編』（一九五五）にまとめられている。

えた日本の擬人化された神と、ここで論じてきた歴史的展開のなかで形成された、死者が人格神としてのカミとなる観念とが関係性を持つか否か、それは課題として残されるであろう。

4　ひとりひとりが甦る

ホトケとなる幽霊

ホトケになる死者は、ふつうの死者であった。それに対して、カミになったのは、特別な死者であった。いっぽう、ホトケにもカミにもならなかった死者がいる。たとえば、幽霊である。幽霊はホトケとしてでもなくカミとしてでもなく、此界と他界のあいだでさまよいつつ、強烈な個性によって再生する。

さきに、歌舞伎に登場する幽霊を紹介したが、歌舞伎だけではなく、近世の世間話・奇譚・怪談などには、多くの幽霊が登場する。怨みをのんで死んだ霊魂が特定の人物に対して、あるいは、特定の場所で祟りをもたらす［池田 一九五九：四五－一三三頁］。幽霊には怨念が込められている。現代でも幽霊譚は多いが、近世の幽霊は現代とは異なり、仏教的色彩が強い。

近世初期までに成立した、仏教者鈴木正三《しょうさん》（一五七九－一六五五）の門弟による『片仮名本・因果物語』（一六六一）・『平仮名本・因果物語』（成立年未詳）をはじめ、編者未詳『曾呂利物語』（一六六三）・浅井了意編『伽婢子《おとぎぼうこ》』（一六六六）・編者未詳『諸国百物語』（一六七七）・荻田安静編『宿直草《とのいぐさ》』（一六七七）などをひもとくと、その内容は、仏教説話集とでもいうべき怪談集であり、また、教訓説話でもある。そこに登場する多くの幽霊は、怨念をもって生者に襲いかかる。死してホトケにもカミにもなることのできない死者が、幽霊として生者をあやめ怨みをはらす。

たとえば、『宿直草』のなかの幽霊譚「幽霊、偽りし男を眤《さし》ころす事」は、男に偽られた若い女が、死後、幽霊となり男を呪い殺す話である。

ある夜、彼の窓の障子に光の影映《うつ》らふ。男、事ありげに脇差取りて彼の窓にむかふ。(中略)二十《はたち》ばかりの女、白き装束《そうぞく》に乱れ髪にて、苦しげに立ち、鉄漿《かね》黒き口より、息吐く度に火焔《かえん》出でたり。此の光にぞ窓も移らふて見えし。初めの程は畑の中に有りしが、漸々《ぜんぜん》に近付き、漸《ようよ》う二間《けん》程になりて、我が男の方《かた》を睨《にら》みつけてありしかば、恐ろしさいふばかりなし。男の側に寄り、「あれ何ものぞ」と云へど、男返事もせず、ただ嘆息《ためいき》ばかりになりて、つい俯《うつぶ》しに倒る。隣りなど起こして呼び、生け薬など与ふれど、其の甲斐なく空しくなる。ああ、睨み殺されしなり。

〔高田編・校注 一九八九：一一一頁〕

男は、幽霊となった女によって、睨み殺されていた。

しかし、幽霊は怨念さえはらせば成仏していた。幽霊は、最初ホトケでもカミでもないのだが、最後は仏教的なホトケとなる。

これらのうち、『伽婢子』は中国の説話文学の影響が強いが、近世の幽霊小説集として有名な上田秋成《あきなり》(一七三四－一八〇九)の『雨月《うげつ》物語』(一七七六)もそうであった。『雨月物語』のなかでも名作とされる、自らの生命を絶ち霊魂が飛び約束を果す「菊花の約《ちぎり》」、夫を待ち死んだ妻の霊魂が夫と再会する「浅茅《あさぢ》が宿」、夫に裏切られた亡妻が夫を怨み殺す「吉備津《きびつ》の釜」は、幽霊譚でもある〔中村校注 一九五九：四七－七〇、八六－九七頁〕。鬼女となった亡妻が、夫の屍をずたずたに引き裂く「吉備津の釜」のエンディングはおどろおどろしい。しかし、それにより亡妻の怨念も雲散霧消し物語も終わる。

幽霊は、最初、ホトケにもカミにもなることのできない死者であった。しかし、怨念をはらせば幽霊ではなくなりホトケになった。歌舞伎にせよこうした世間話・奇譚・怪談にせよ、それを単なるフィクションとかたづけることはできない。近世におけるこれらの氾濫は、仏教の浸透という意味も含めて、たとえ最初は幽霊であっても最後はホトケになる、そうした観念が庶民レベルにまで浸透していたことを意味する。

写真4 勝五郎の墓（東京都八王子市下柚木 永林寺）2017年

ホトケとなる生まれかわり

生まれかわりも同様である。

たとえば、国学者平田篤胤《あつたね》（一七七六－一八四三）が記した『勝五郎再生記聞』（一八二三）は、一八一〇年（文化七）、武蔵国多摩郡程窪《ほどくぼ》村（東京都日野市程久保）で、六歳で死去した藤蔵という少年が、一八一五年（文化一二）、同郡中野村（東京都八王子市東中野）で、勝五郎という少年として生まれかわり、八歳になった一八二二年（文政五）ごろから、前世と生まれかわりの状況を語ったというものである。

勝五郎がいうには、藤蔵は死に際して幽体離脱し、みずからの葬儀・埋葬を見学、そのあと家にいたが、白髪で黒い着物の翁にともなわれ、その指示のままに家に入り、勝五郎として生まれかわった［平田・子安校注 二〇〇〇：三六三－三七二頁］。

六歳で夭折した死者は、ホトケにならずに翁とともにさまよい再生していた。幽霊とは異なるが、完全な死者となることができず、現世に戻ってきた。

再生した勝五郎は、目籠《めかご》の仲買を営みながら農業により生活し、一八六九年（明治二）、五五歳で死去した［勝五郎生まれ変わり物語探求調査団編 二〇一五：一三一頁］［勝五郎生まれ変わり物語探求調査団編 二〇一六：四頁］。早世の時代の五五歳であるから、天寿をまっとうし、最後はホトケになったといってよいだろう。**写真4**が、現在に残る生まれかわりの勝五郎の墓、戒名は「譚底潜龍居士《たんていせんりゅうこじ》」である。(9)

さまよう死者も、最終的にはそのひとりひとりがホトケとなる、仏教の庶民レベルまでの浸透にもとづき、そうした観念が形成されていた。

（9） 勝五郎および藤蔵の墓については、日野市郷土資料館のご教示による。現在、勝五郎の墓は永林寺境内墓地（東京都八王子市下柚木）にあり、藤蔵の墓は高幡不動尊金剛寺境内墓地（東京都日野市高幡）にある。一九六六年（昭和四一）、日本心霊科学協会が、この地域の宅地開発前の環境下、勝五郎と藤蔵の墓の所在地調査を行なっている。それによると、両者ともに、現在地ではなく、それぞれの生家の墓域内あった。その墓域は、この地域特有のなだらかな里山に位置していたと考えられる［勝五郎生まれ変わり物語探求調査団編 二〇一五：六一－六二、六五－六六頁］。

大量死の観念

このようにみると、死者をホトケにする観念とは、死者を集合的な群としてではなく、ひとりひとりをホトケとして甦らせる観念の形成でもあった。それは、個人としての死ともっとも対極にある大量死をみてもうかがうことができよう。

自然災害・戦争・飢饉・伝染病などにより、多くの人間が一時に死ぬ大量死は、歴史的にはたいへん多い。人間の死を個人として把握することができるふつうの死に対して、大量死は死者を個人として把握することを物理的に不可能にし、その死者を祭祀対象とすることを麻痺させることが多い。また、それによって死んだ彼ら・彼女らは、天寿をまっとうしない非業の死であるため、ふつうのホトケになるには条件がととのっていない。そうしたとき、死者をホトケとし、あるいは、カミとする観念を形成した近世以降の日本社会は、大量死にどのように向き合ってきたのであろう。また、物理的条件が整ったとき、日本社会は大量死の死者をどのように甦らせようとしてきたのであろう。

凄惨な大量死であった例から検証してみよう。

写真5　東京都慰霊堂秋季慰霊祭（東京都墨田区横網）2012年9月1日

写真6　東京空襲犠牲者名簿（東京都墨田区横網）2012年

写真5は、毎年九月一日関東大震災の日、東京都慰霊堂で行なわれる秋季慰霊祭の様子である。関東大震災は、一九二三年（大正一二）であったから、すでに九〇年余が経過した。それでも、この日は午前中に仏教式の慰霊祭が、震災が起こった午前一一時五八分には黙とうが行なわれ、多くの人々が慰霊堂内で香や花束をたむける。この東京都慰霊堂は、震災時被服敞《ひふくしょう》跡と呼ばれ、被災者が避難したものの大量死した現場であり、一九三〇年（昭和五）に建設され、震災犠牲者五万八〇〇〇人の遺骨を安置する。

また、この東京都慰霊堂は、一九四五年（昭和二〇）三月一〇日の東京大空襲をはじめとする東京空襲の犠牲者一〇万五〇〇〇人、合計一六万三〇〇〇人の遺骨を安置し、毎年三月一〇日には春季慰霊祭を行なっている［東京都編 二〇一四：六頁］。東京空襲犠牲者については、記憶論的視点から遺体仮埋葬から慰霊堂への納骨過程・仮埋葬地の記憶、慰霊をめぐる政治性に着目した研究があるので、(10)詳細はそれらに譲るが、大量死であった「戦災」死は、災害ではなく政治的暴力による死であった。自然災害とはその原因を異にする。しかし、大量死という意味では同じであった。

（10）戦争犠牲者の慰霊をめぐる政治性に注目したものに、山本唯人「「東京都慰霊堂」の現在——東京空襲と「戦災死没者慰霊制度」の創設」（二〇〇二）・「「分断の政治」を超えて——東京大空襲・慰霊堂・靖国」（二〇〇五）・「ポスト冷戦における東京大空襲と「記憶」の空間をめぐる政治」（二〇一〇）がある。また、戦争犠牲者の記憶を重視したものに、木村豊「「東京大空襲の死者と遺族——〈個別化〉／〈一般化〉の志向性のあいだで」（二〇一一）・「東京大空襲死者の記憶と場所——「仮埋葬地」写真という実践を通して」（二〇一二）がある。

（11）戦争による死者については、戦死者たちを祭神とする靖国神社がある。これは戦死者ひとりひとりを祭祀対象とするという、実際には、多くの戦死者を個人としてではなく群として抽象的な集合としている。これについて、池上良正「靖国神社の個人性」（二〇〇六）が、靖国神社の戦死者祭祀がこのような実態であっても、遺族にとっては個人を重視する志向がみられることを指摘している。

東京都慰霊堂に安置されている関東大震災・東京大空襲の遺骨は、それが短時間による凄惨な大量死であったために、個人を確定できないものが大多数である。物理的条件がそうすることをやむなくさせていた。しかし、逆にそうであるがゆえに、ひとりひとりの個人への尊重は強い。東京都慰霊堂敷地内にある「東京空襲犠牲者を追悼し平和を祈念する碑」の内部には、写真6のような、東京大空襲を含む東京都内の空襲犠牲者ひとりひとりの名前を記した名簿が安置されている。各地にある自然災害の犠牲者の祈念碑・戦争犠牲者の祈念碑でも、ひとりひとりの個人名を刻むばあいが多い。個人としての遺骨の確定が、物理的に不可能であるとしても、個人を重視しようとする志向は強い[11]。

アジア太平洋戦争末期、一九四五年（昭和二〇）、沖縄戦の凄惨さは知られる。糸満市摩文仁《まぶに》の丘には、「平和の礎《いしじ》」とともに沖縄県民犠牲者ひとりひとりの氏名が刻まれ、府県別の慰霊塔が並ぶ。そして、糸満市伊原のひめゆり平和祈念資料館、第四展示室「鎮魂――REQUIEM」には、沖縄師範学校女子部・沖縄県立第一高等女学校の教職員・女学生犠牲者二二七人、ひとりひとりの顔写真が並ぶ。氏名、死亡年月日・死亡場所・死亡状況とともに、その性格、人となりを記す。死亡状況には「自決」も多く、生存の最終確認年月日のあと「以後消息不明、死亡」も多い。それでも、この祈念館は、犠牲になった教職員・女学生を群としてではなく、ひとりひとりの個人として甦らせている。

大量死を含め、非業の死であっても、死者をひとりひとりとしてなにかによって甦らせる観念、それが現代までに形成された日本の死者をめぐる一般的観念ではないか、そのような結論をもって、ここでのひとまずの結びとしたいと思う。

第二章 「葬式仏教」の形成

1 「葬式仏教」理解

マイナスイメージの「葬式仏教」

一九九〇年代以降、日本の葬送儀礼は、ビジネスとしての葬祭業とも大きく関係するようになった。現代日本の葬送儀礼は、仏教と葬式が混淆した「葬式仏教」として存在しているだけではなく、資本主義的経営、営利を求めるビジネスとしての性格をも持つ。寺院は経営的性格をも持ち、法人などによる墓園・霊園経営も一種の不動産業とさえいえる。また、葬祭業者が関与することが当然のようになった現在の葬儀、斎場で行なわれる通夜・告別式は、そのほとんどが葬祭業者によってリードされている。

現代日本の「葬式仏教」はけっして衰退しつつあるのではない。「葬式仏教」はビジネスとしての葬祭業と結びつき、さらなる展開をはじめている。

葬送儀礼と濃厚に結びつき、日本社会のすみずみにまで浸透した日本の仏教、そのありようは、この「葬式仏教」の言葉に象徴的に示されてきた。

そして、この言葉はマイナスイメージをもってとらえられている。しかも、現代日本の「葬式仏教」がビジネスとしての性格をも持つようになったために、そのマイナスイメージはいっそう増幅されているかのようである。

仏教史研究においても、たとえば、辻善之助の全一〇冊におよぶ古典的著作『日本仏教史』は、その第九巻近世篇之三（一九五四）では近世仏教を「仏教の形式化」（第八節－第一一節）、第一〇巻近世篇之四（一九五五）では「仏教の衰微と僧侶の堕落」（第一七節）としてマイナス評価をくだし、「葬式仏教」の形成に大きくかかわる「檀家制度と宗門改」を「仏教の形式化」の要因のひとつとした〔辻一九五四：一－二八四頁〕〔辻一九五五：四〇四－四八九頁〕。こうしたマイナス評価のためであろうか、研究史上においても、「葬式仏教」はサブ領域に位置づけられてきたと思われる。

仏教史研究における「葬式仏教」再検討

社会的にもマイナスイメージで、仏教研究史上においてもサブ領域に位置してきた「葬式仏教」であった。しかし、日本の仏教は、近世に「葬式仏教」として形成されたために、社会生活のすみずみにいたるまで浸透したことも、まぎれもない事実であった。近世仏教の「葬式仏教」としての定着こそが、現在にいたる日本の仏教のありようを規定しているといっても過言ではない。

こうした歴史的事実に対して、仏教史研究においては、中世後期までに仏教と葬送儀礼が習合していたことを論証した圭室諦成《たまむろたいじょう》「中世後期仏教の研究――とくに戦国期を中心として」（一九六二）が「葬式仏教」を仏教研究の対象とし〔圭室諦成一九六二：一－一五頁〕、「葬式仏教」化した近世仏教を「仏教の形式化」とした辻『日本仏教史』を、おのずと批判していた。また、竹田聴洲《ちょうしゅう》『民俗仏教と祖先信仰』(一九七二)の一六世紀後半から一七世紀にかけての民間寺院設立についての研究は〔竹田 一九七一：三八－八七頁〕、日本仏教の社会生活への浸透を庶民サイドからとらえた研究でもあり、その「葬式仏教」の社会的形成の重要視は、辻の仏教史研究に対する批判となり得ていた。こうした研究の成果であろう、現在では、辻のようなマイナス評価を所与の前提とすることは少なくなった。近年では、末木文美士『日本仏教史——思想史としてのアプローチ』(一九九六)・『日本宗教史』(二〇〇六)・『近世の仏教——華ひらく思想と文化』(二〇一〇)が、日本の仏教思想史の全体像のなかで近世「葬式仏教」の定着を重視している〔末木 一九九六：二三五－二四五頁〕〔末木 二〇〇六：一三六－一三八頁〕〔末木 二〇一〇：一－一八頁〕。

ここではこうした、圭室諦成および竹田の実証的研究、また、仏教思想史からの末木の指摘、これらを継承しつつ、近世社会における「葬式仏教」としての日本仏教の形成過程を、明らかにしていきたい。その際、「葬式仏教」形成において大きな要因のひとつでもあった、幕藩領主権力による寺請制度と寺檀制度の形成過程を視野に入れつつ、同時に、「葬式仏教」を形成させた社会的条件をも考慮し、その全体像を明らかにする。さらには、「葬式仏教」を「仏教」側からだけではなく、「葬式」側からもとらえなおすことにより、「葬式仏教」とはどのようなものであるのか、その実態を確認したいと思う。

2 「葬式仏教」形成前史

成された。しかし、それ以前、中世までに、すでに仏教と葬送儀礼は習合していた。政治としてではなく、社会の現実として、死をめぐる葬送儀礼は、近世以前に仏教と習合をとげていた。

まずは、この「葬式仏教」形成の前史、古代・中世における仏教と葬送儀礼との習合を概観してみよう。

葬送儀礼と仏教との習合

「葬式仏教」の形成は、明らかに近世である。幕藩体制の政治に大きく影響を受けつつ、それは形成された。

仏教は、外来宗教・思想として、古代の日本列島に伝来した。しかし、仏教が持った最初の社会的機能は、葬送儀礼としてのそれではなかった。「葬式仏教」化した現代日本に生活するわたしたちの感覚からすると、仏教は伝来の当初から葬送儀礼と習合していたかのような錯覚を持つが、そうではない。仏教伝来の時点では、仏教と葬送儀礼とは分離していた。

両者が習合する起点はどこにあったのであろう。

その最大の契機は、平安時代の浄土信仰の広がりにあった。たとえば、源信（九四二－一〇一七）『往生要集』（九八五）の「巻中」の「臨終の行儀」では、「臨終の時に、十たび弥陀仏を念ずれば、決定《けつじょう》してかの安楽国に往生す」とされた〔石田校注 一九七〇：二一一頁〕。このような平安時代の浄土信仰が、やがて鎌倉仏教、たとえば、法然の浄土宗、さらには、浄土真宗・臨済宗・曹洞宗などにも継承されていった〔圭室諦成 一九七七：九八－一三〇頁〕。すくなくとも上層の貴族社会では、平安時代末から鎌倉時代までには、浄土信仰に基づいた仏教と葬送儀礼がすでに習合をとげていた〔水藤 一九九一：一－

四七頁〕。

鎌倉時代はじめ、一二〇四年（建仁四・元久二）に死んだ藤原俊成《しゅんぜい》（一一一四―一二〇四）の死と葬儀をめぐり、藤原定家《ていか》（一一六二―一二四一）の『明月記《めいげつき》』は次のように記した。一一月二六日、高齢の俊成が重体となり、法性寺に身柄を移した。三〇日、「小僧」などの念仏のなか、俊成は息をひきとり、翌一二月一日、「籠僧」などによって遺体が入棺され、棺は墓穴に埋葬された〔早川純三郎編 一九一二：三九一―三九四頁〕。

こうした仏教と葬送儀礼との習合は、貴族社会だけではなかった。一二世紀前半成立と推定される『今昔物語集』「巻第二十七」の「於播磨国印南野《はりまのくにいなみのにして》、殺野猪語《くさゐなぎをころすこと》 第三十六」は、次のように伝える。京へ上ろうとする男が日が暮れてしまい、小さな小屋にもぐり込み泊まっていた。夜も更けたころ、鉦の音と念仏が聞こえてきた。その方向を見ると、多くの人がかがり火を焚き、僧侶などが鉦をたたき、念仏を唱えていた。やがて、墓を築き卒塔婆を立てるのが見えた。その墓の周辺には鬼がうろついていた〔森校注 一九九六：一五七―一六〇頁〕。『今昔物語集』は説話集であるから、実話とは限らないが、農民のものと思われる葬送儀礼が、僧侶の関与により仏教式で行なわれている。

墓制と仏教との習合

一二世紀後半に成立したと考えられる『餓鬼草紙』は、その「疾行餓鬼」と「食糞餓鬼」が、中世の墓制を示す図柄として知られる。これらについても、当時の現実そのままを伝えているとは限らないが、うろつく餓鬼とともに、「疾行餓鬼」には遺体が埋葬された土盛の上に五輪塔・卒塔婆が置かれた墓を見ることができ、また、「食糞餓鬼」でも土盛の上に卒塔婆が立てられた情景を見ることができる〔角川書店編集部　一九六〇：五四―五五頁〕。五輪塔・卒塔婆が墓に置かれたことは、すでに一二世紀までの段階で、庶民レベルの葬送儀礼にまで仏教が浸透していた可能性を示唆する。

もっとも、『餓鬼草紙』の「疾行餓鬼」には、遺体が遺棄されたままのものもあり、そのなかには、白骨化し散乱した遺体もあり、また、遺体が埋葬された土盛の上に、五輪塔・卒塔婆がないものもあるので、すべての葬送儀礼に仏教が関与していたかどうか、疑問を持たなければならない点もある。しかし、『今昔物語集』と『餓鬼草紙』が成立した一二世紀までには、上層の貴族社会だけではなく庶民レベルの葬送儀礼にまで、仏教が浸透していたことはほぼ確実であろう。

鎌倉・室町時代になると、仏教と葬送儀礼との習合は、より一般的となる。たとえば、一四世紀半ば明経道《みょうぎょうどう》を家職とする中原師守《もろもり》（?―?）の日記『師守記』には、遺体を墓に埋葬するとともに、寺院で仏教的な供養が行なわれる様子が記録されている〔伊藤　一九七七：五〇一―五〇五、五一四―五一七頁〕。宗派別にみれば、僧侶の葬送儀礼を僧侶以外にも適応させた曹洞宗・臨済宗などの禅宗が、仏教と葬送儀礼との習合を展開させ、それにより教団・教線を拡大させていた〔圭室諦成　一九七七：一二一―一三〇頁〕〔末木　二〇〇六：一一六―一一七頁〕。また、一三世紀から一五世紀にかけて、律宗寺院・僧侶が非人とともに、葬送儀礼に大きく関与するようになった〔網野　一九七八：一五三―一六三頁〕〔林幹彌　一九八〇：四三二―四五二頁〕〔大石雅章　一九八五：一一五―一二八頁〕。律宗寺院・僧侶および非人が葬送儀礼にかかわるという指摘は、網野善彦の非農業民・被差別民研究の影響もあろう、一九七〇年代後半から八〇年代にかけて積極的に明らかにされた。たとえば、細川涼一『中世の律宗寺院と民衆』（一九八七）は、律宗寺院の下層僧侶が、僧侶および庶民の葬送儀礼に関与していることを、唐招提寺西方院などの斎戒衆の例により論証している〔細川　一九八七：一一―一二〇頁〕。

室町時代末、一六世紀に入ると、律宗寺院が惣墓と思われる墓地の管理を積極的に行なうようになった。細川によっても紹介されている事例であるが、一五三二年（享禄《きょうろく》五・天文《てんぶん》二）、唐招提寺末尼崎大覚寺では、「定於尼崎墓所条々事」（大覚寺文書）により、「尼崎墓所」での火葬・埋葬についての規定を決めている［尼崎市役所編 一九七三：四二六－四二七頁］。葬送と墓地をめぐる取り決めを、律宗寺院の大覚寺が行なっていた。

そして、一六世紀の仏教と習合した葬送儀礼の具体的内容は、次のようなものであった。一五六五年（永禄八）、キリスト教宣教師ルイス・フロイスは、京都から送った書簡で、彼が見聞したものであろう、当時の上層階級のものと思われる仏教式の葬送儀礼をえがいた。灰色の服を着たものが松明を持ち、死者の親戚・友人の女性は白絹の着物を、男性は上等の着物を着て、剃髪した僧侶も法服を着て白い頭巾をかぶり、火葬場まで行く。そして、僧侶が鉦をならし読経を行なったのち、火葬を行ない、翌日には火葬骨を家族・親族が拾い集め、このときにも僧侶がきている［村上訳 一九二七：一九三－一九九頁］。

近世「葬式仏教」との異相

このように、鎌倉時代から室町時代末までに、日本の仏教はすでに葬送儀礼と習合をとげていた。このような現実が、近世「葬式仏教」形成の前提としてあり、近世を迎える。

とはいっても、近世「葬式仏教」と中世までのそれとは、大きく異なる要素があった。

第一には、中世までは寺檀制度がなかったことである。近世「葬式仏教」が寺院・僧侶と小農の家との固定的関係、寺檀制度の上に成立しているのに対して、中世までは、小農じたいの未成立という条件もあり、いまだ、そうした関係は成立していなかった。中世までは、「葬式仏教」の基盤にある寺檀制度によってではなく、たとえば、律宗下層僧侶・非人が葬送儀礼に関与するといったように、下層僧侶または漂泊民的僧侶などが、葬送儀礼、遺体処理を行なうというのが現実ではなかったかと思われる。先にみた藤原俊成の法性寺のように、上層の貴族などが、寺院の外護者《げごしゃ》となり、一族として寺院・僧侶と固定的関係を持つこともあったが、庶民のばあい、そうした事例は稀であったと思われる。

第二には、第一の寺檀制度の未成立を仏教教団の側からみれば、それに対応する本山－末寺のヒエラルキー的システム、本末制度が成立していなかったことである。中世の仏教教団は、単なる宗教集団ではなく、強大な政治勢力でもあった。それが、織田信長による、一五七一年（元亀《げんき》二）比叡山焼き打ち、一五七六年（天正四）から八〇年（天正八）にかけての石山戦争、一向一揆制圧など、中世的仏教教団解体を経て、豊臣秀吉により、一五八二年（天正一〇）からの比叡山復興、本願寺との協調、さらには方広寺《ほうこうじ》大仏殿建立などが行なわれ、仏教教団の再編成がすすめられた。中世的仏教教団の解体と再編成が織豊政権によって行なわれたことにより、江戸幕府の寺院統制の前提条件が整えられた。こうした織豊政権の仏教政策の歴史的意味については、圭室諦成『日本仏教史概説』（一九四〇）・千葉乗隆「政治と宗教」（一九六七）などの古典的著作により指摘されてきた［圭室諦成 一九四〇：三一九－三三一頁］［千葉乗隆 一九六七：二八－四〇頁］。中世的仏教教団の解体により、江戸幕府の寺院統制のひとつとしての本末制度が成立した。そして、この本末制度のヒエラルキーのなかに位置づけられた、いずれかの宗派・教団に属する寺院に対して、小農の家が寺檀関係を結ぶことになる。

第三には、中世までは、近世以降「葬式仏教」形成の影響を受けて成立してくると思われる先祖祭祀が未成立であったことである。下人などの隷属民を持つ中世までの大農経営では、小農の家が未成立であったこともあり、現代に直接連続する先祖祭祀は成立していない。また、中世でも、五輪塔・木製卒塔婆の建立はあったとはいえ、戒名を記す位牌・石塔が一般化するのは近世以降である。戒名とは、法名《ほうみょう》にとどまらず、寺檀制度に基づき仏教寺院が「檀那」の死者に対して発行する死者名でもあり、それを記した位牌・石塔への祭祀は、先祖祭祀の典型例である。それが、小農自立とともに形成されてくるのが近世であった。先祖祭祀とは、近世「葬式仏教」形成とともに成立した観念であった。

このように、中世末までに仏教の葬送儀礼との習合はすすんだが、それは、現代に直接連続する「葬式仏教」の前史にすぎなかった。やがて、これから述べる小農自立と幕藩領主権力による仏教政策のなかで、「葬式仏教」が形成される。

3　江戸幕府の仏教統制

小農家族の形成

織豊政権は日本列島の政治的統一だけではなく、荘園などの土地制度、荘園領主でもあり政治勢力でもあった仏教寺院の解体と再編成、社会経済的改編をも行なった。特に、豊臣秀吉による一五八二年（天正一〇）からはじまる太閤検地と一五八八年（天正一六）からはじまる刀狩（兵農分離）は、中世的土地制度を否定し、領主と新たに成長してきた小農との直接的関係を成立させる決定的契機であった〔安良城 一九五九：一八一―一九一頁〕。やがて、江戸幕府の成立により、一七世紀後半までに、支配者としての領主と被支配者としての小農を中心とする幕藩体制の社会的基盤、本百姓体制が整えられる〔佐々木 一九六三：二〇九―二一三頁〕。

小農は、家族としてのみならず、その直系家族による小規模な農業経営単位としても存在する。中世までのような隷属農民を持つ家ではなく、夫婦一対の単婚小家族が家の基本となり農業経営を行なう。この江戸時代の小農は、一般的には、一六四九年（慶安二）慶安御触書《おふれがき》のイメージ、幕藩領主権力の苛斂誅求に苦しめられていたイメージが強いが、幕藩体制は小農からの年貢徴収を基本とする本百姓体制が基幹であり、そのような意味でいえば、幕藩領主の権力基盤は、中世末から近世初頭にかけて成長してきた年貢納入者でもあるこの小農にあった。

こうした近世の小農と彼らの家の連合体としての近世村落、それが中世的世界を払拭し成立してくるのが寛文年間（一六六一―七三）ごろまでであった。たとえば、大規模な用水工事をともない開発された信濃国北佐久郡（長野県）の五郎兵衛新田《ごろべえしんでん》（佐久市）・御影新田《みかげしんでん》（小諸市）・塩沢新田《しおざわしんでん》（立科町）・八重原新田《やえはらしんでん》（東御市《とうみ》）は、戦国時代の土豪の末裔が指導者となり開発された。五郎兵衛新田を例とすれば、このころまでに四〇軒余の本百姓（一打百姓《いちうち》）体制が固定化する。その後、次三男などの分家また来住者が「抱百姓《かかえ》」と呼ばれる層を形成するが、これは飽和状態になった近世村落において、一軒前（一戸前）ではない百姓が本百姓の周辺を形成するものであり、中世的隷属農民とは性格が異なっていた〔大石慎三郎 一九六八：一〇五―一七〇頁〕。また、下総国香取郡小野（千葉県香取市下小野）は、寛文年間から延宝《えんぽう》年間（一六七三―八一）ごろまでに成立する小農の屋敷と耕地を確保するために、集落を移動させ近世的集落を完成させた。大農を中心とする塊村《かいそん》的な中世村落から、小農の屋敷と耕地が分散する路村《ろそん》的な近世村落が成立するのがこの時期であった［木村礎 一九六九：三四三－三四五頁］。

このように、一七世紀後半の寛文年間ごろまでに、屋敷と耕地を保有し、水田・畑地による農業経営を行なう小農家族が成立し、彼らの多くが本百姓として、幕藩体制を根底から支える階層を構成する。

民間寺院の急増

いっぽう、織豊政権による中世的仏教寺院の解体と、本末制度を中軸とする江戸幕府による寺院統制がすすむこの一六世紀後半から一七世紀にかけては、民間寺院の設立がもっとも広範に行なわれた時代でもあった。この時期、地域社会のいたるところに寺院が設立され、寺院が飛躍的に増加し、それにより、本末制度が成立することができたといってもよいかもしれない。

たとえば、元禄年間（一六八八－一七〇四）に成立した浄土宗の『蓮門精舎旧詞《れんもんしょうじゃきゅうし》』を分析した竹田聴洲によれば、寺院設立年代がわかる全三二六五寺院のうち、天正年間（一五七三－九二）から寛永年間（一六二四－四四）にかけての設立が二一六四寺院（六六・三％）を占め、全体の「三分ノ二は天正から寛永に至る実年数七〇年程の極めて限られた時期に集中」するという［竹田 一九七一：七二頁］。また、東本願寺の『申物帳』を分析した大桑斉によれば、寺号免許授受がわかる全一六二一寺院の内訳は、元和年間（一六一五－二四）に二五九寺院（一六・〇％）と比較的多いが、その後、承応《じょうおう》年間（一六五二－五五）から寛文年間までの約二〇年間余に八三五寺院（五一・五％）であった［大桑 一九七九a：六〇－六一頁］。これについて、大桑は、民間寺院設立が浄土宗に比べて時期的遅れがみられる浄土真宗では、すでに設立されていた道場が地域の寺院として自立するピークが寛文年間にあったからではないかと推定する。また、仏教諸宗派による違いをも留意した圭室諦成も、各宗派とも民間寺院の設立あるいは再興の多くが、一四六七（文正《ぶんしょう》二・応仁一）の応仁の乱から一六六五年（寛文五）の諸宗《しょしゅう》寺院法度《じいんはっと》制定のまでの期間であることを、近世編纂の地誌類などにより論証している［圭室諦成 一九六二：一―七頁］。

仏教およびその担い手である僧侶・寺院は非生産者であるので、彼らを存在させるためには、彼らを社会経済的に支える社会的階層を必要とする。一六世紀後半から一七世紀にかけて、織豊政権期から江戸中期までに、小農を基盤とする幕藩体制が整えられ、この小農に支えられた地域社会の僧侶・寺院が一般化した。近世以降の庶民と仏教との関係は、寺請制度と寺檀制度に代表される政治的視点からのみとらえられがちであるが、竹田聴洲の指摘のように、それらの政治システムが受容される前提条件として、すでに仏教は葬送儀礼と習合し、また、農業経営単位としての小農の存在、さらには、それにより社会経済的に支えられた地域社会における民間寺院の広範な形成があった［竹田 一九七五：二六五―二七八頁］。

江戸幕府の寺院政策

「葬式仏教」の形成は、こうした、小農家族の形成と民間寺院普及を基本的条件として、江戸幕府の政策を大きなテコとして進行する。

その政策とは、第一には、本末制度、仏教諸宗派の寺院を、本山―末寺のヒエラルキーとして整備し、幕府が本山を中心に寺院統制を行なうシステムの完成である。

第二には、寺院がキリスト教徒ではないことを証明する寺請制度を、幕府が定着させたことである。

寺請制度については、たとえば、一六六六年（寛文六）から数年間、岡山藩で神職請があったことからもわかるように、寺院による身分証明ではなくとも政治的機能を果たすことは可能であったが、幕藩体制下では寺請制度が貫かれた。この宗門改めによる寺請制度は、やがて戸籍的機能としての人別改めと合体し、第一の点、幕府の本末制度によって統制をうけた僧侶・寺院が寺請制度の直接的な担い手となり、江戸幕府による庶民統制としての意味をも持つようになる。

第三には、この寺請制度の定着が、「檀那」と寺院との寺檀関係のなかで展開したことである。「檀那」とは、サンスクリットのDānapati（ダーナパティ）、僧侶・寺院に対する外護者を意味する「檀《だん》越《おつ》」からきているが、江戸時代の「檀那」は、特定の政治的支配者のみが「檀越」であったのではなく、庶民にいたるまで、ひとりひとりが家単位でいずれかの寺院の「檀那」として組織され、彼らの葬送儀礼がその寺院・僧侶によって執行されたことに特徴があった［豊田 一九三八：一〇六－一二七頁］。また、身分証明を行なう寺請制度と、寺院と「檀那」との寺檀関係とは、ほんらい別物であったが、一七世紀末までに、両者はほぼ重なり合う。身分証明である寺請が、寺檀関係に基づいた宗門人別帳作成によって実行され、寺請制度と寺檀制度が軌を一にして成立してくる。

本末制度

「葬式仏教」の形成に大きく関係する、江戸幕府が展開したこうした政策について、以下、順番に見ていってみよう。まずは、第一の本末制度についてである。

織豊政権によって最終的に解体されるまでの中世的寺院は、複合式寺院構成により宗廟を中心として周囲に僧坊・子院を配置し、また、遠隔地に別院をも持つ巨大寺院として存在した。やがてこの別院は独立的となり、江戸時代に入ると、同一の宗派・教団による本山に対する末寺として位置づけられる〔豊田 一九三八：五〇－七二頁〕。また、一六世紀後半から一七世紀にかけて設立された民間寺院のばあい、師弟関係にある僧侶、あるいは、師僧の次三男などが、本山に対して末寺を創設した〔竹田 一九七五：二九五－二九九頁〕。浄土真宗に限っていえば、江戸幕府による本末制度が形成される以前から、教団・血縁による本末関係があり〔千葉乗隆 一九六〇：一六－二六頁〕〔千葉乗隆 一九六二：八〇－八二頁〕、加賀では寺院と道場との関係が中世末には形成されていたという〔大桑 一九六一：四二－四六頁〕。

　このようにして、江戸幕府以前から本末制度形成に向けての動きはあったが、江戸幕府は日本列島の寺院全体を、宗派・教団ごとに本末関係のヒエラルキーのなかに統制していった。一六〇〇年（慶長五）関ヶ原の戦いを経て、一六〇三年（慶長八）徳川家康が征夷大将軍となり江戸幕府がひらかれる。一六〇一年（慶長六）から一六一五（慶長二〇・元和一）にかけて、南禅寺金地院《こんちいん》の崇伝（一五六九－一六三三）立案のもとで、家康は天台宗・真言宗・浄土宗・臨済宗・曹洞宗など諸宗派・諸本山に対して、宗派・教団ごとの寺院法度を制定させる〔辻 一九五三：一七四－三二四頁〕。それは、仏教勢力が、幕府と対抗的な政治勢力になることを防ぐために、僧侶を学問に専心させ、また、一六〇九年（慶長一四）の関東真言宗古義諸法度《こぎしょはっと》が本山による末寺に対する絶対的権限を強調しているように、宗派・法流ごとの寺院秩序、本末制度整備を目的としていた〔千葉乗隆 一九六七：四七－四九頁〕〔藤井 一九六七：一四二－一四六頁〕〔圭室文雄 一九七一：二三－四六頁〕〔圭室文雄 一九七二：一一－一五頁〕〔圭室文雄 一九八七：四三－四七頁〕。

諸宗寺院法度

一六三二年（寛永九）、将軍徳川家光（一六〇四－五一）と若年寄松平信綱（一五九六－一六六二）が、仏教諸宗派・諸本山に対して末寺帳書き上げとその提出を命じ、本末制度にもとづく寺院秩序が江戸幕府によって完成させられる。現在、国立公文書館に所蔵されている諸宗末寺帳全三四冊はこのときのものであり、また、臨済宗の末寺帳を林羅山（一五八三－一六五七。「道春」）に提出したことを記した、同年九月五日の崇伝の記録「五山十刹《ござんじゅっさつ》本寺末寺。並《ならびに》寺領目録書写《かきうつす》。道春へ遣《つかわ》ス」［仏書刊行会編一九八二b：四七八頁］は、この書き上げの提出を示すと考えられる。

江戸幕府は、その初期の仏教政策立案者崇伝の死去（一六三三年）ののち、一六三五年（寛永一二）、寺社奉行を設置、寺院・僧侶だけではなく、神社・神官などに対しても、寺社奉行が統轄を行なうようになる。寺院・僧侶については、各宗派有力寺院を触頭《ふれがしら》として、幕府の指示を伝えるとともに、寺院側から幕府への申請事項の中継寺院とした。この触頭は本山とは限らなかったが、本末制度とこの触頭制度によって、幕府の仏教統制は地域社会の中小寺院にいたるまで貫かれた。

なお、寛永年間の末寺帳については、一六九二年（元禄五）に大規模な改訂が行なわれた。幕府は、諸宗派・諸本山に対して、末寺帳書き上げを指示し、寛永年間の末寺帳を改訂する。この元禄年間の末寺帳が、幕末に至るまで、幕藩体制下の寺院秩序を決定する根拠となった［豊田一九三八：五二－五四頁］。

さらに、一六六五年（寛文五）、幕府は仏教諸宗派・諸本山に対して統一的な法度、諸宗寺院法度を制定する。この諸宗寺院法度は、将軍徳川家綱（一六四一－八〇）の朱印状によるものと、老中連署によるものの二種類があるが、全九ヶ条の前者では、僧侶の宗派・法流への帰属を定めた一、二ヶ条のあと、三ヶ条では「本末之規式不可乱之《これをみだすべからず》」として、本末制度の維持を強調する。もっとも、本末制度においては、本山が末寺に対して優位に立つために、本山による末寺に対する収奪があったためであろうか、「縦雖為本寺《たといほんじとなすといえども》、対末寺不可有理不尽之沙汰事《まつじにたいしりふじんのさたあるべからざること》」として、本山に対する制御をも行なっている［石井・高柳編 一九三四：六〇八－六〇九頁］。

このように、小農家族を中心的な担い手とする近世村落が形成され、また、地域社会において民間寺院が設立されてきた寛文年間、江戸幕府の政治的秩序としても、本末制度が完成した［大桑 一九七九b：九－一〇頁］。そして、寺院・僧侶に対する本末制度に対応するかのように、庶民に対しての寺請制度、寺檀制度も整えられてくる。

寺請制度

寺請制度の成立は、江戸幕府のキリスト教禁圧と大きく関係した。一五四九年（天文一八）、フランシスコ＝ザビエル（一五〇六－五二）の来日以来、布教活動が続けられ、信者を増加させていたキリスト教は、江戸幕府によって、一六一三年（慶長一八）、全面的に禁止された。このときに、京都所司代板倉勝重（一五四五－一六二四）が、京都の宣教師・信者にキリスト教からの改宗を強制し、その証明として寺院からの寺請証文を提出させたのが、寺請制度のはじまりとされる。翌一六一四年（慶長一九）二月一四日、崇伝が板倉勝重に送った書簡に「吉利支丹御払《おはらい》に付而《ついて》。御法度《ごはっと》急度《きっと》被仰渡故《おおせわたさるるゆえ》。宗旨をかへ候衆をは。其寺々ゟ《より》□□御□□由」（□は原文虫喰いか）とあり［仏書刊行会編 一九八二a：一一四頁］、これが寺請が開始された証拠であるとされる［豊田 一九三八：一一五頁］［辻 一九五四：九五頁］。もっとも、この時点での寺請の開始については、それを示す資料が不充分であるために、疑問視する議論もある〔福田 一九七六：三六頁〕。

この段階の寺請制度は幕府の直轄領にとどまったが、寺社奉行が置かれた年でもある一六三五年（寛永一二）ごろから、日本列島全域に寺請制度が拡大される〔千葉乗隆 一九六七：五二頁〕〔藤井 一九六七：一五二―一五三頁〕〔圭室文雄 一九七一：七六―七七頁〕〔圭室文雄 一九七二：二九―三一頁〕〔圭室文雄 一九八七：六二頁〕〔圭室文雄 一九九九：三〇―五二頁〕。一六三五年（寛永一二）九月、幕府は、「一 伴天連《ばてれん》幷《ならびに》きりしたん宗旨之儀、従此《これより》以前、雖為御制禁《ごせいきんをなすといえども》、至于今無断絶様被聞召間《いまにいたりてだんぜつなきようきこしめさるるあいだ》、弥《いよいよ》領内幷面々家中急度相改《きっとあいあらため》、自然右之宗門於有之《これあるにおいて》は捕置《とらえおき》、可致言上之《これをごんじょういたすべし》」として〔石井・高柳編 一九三四：六二八頁〕、キリスト教徒ではないことを証明するための宗門改めを日本列島全域で行なうよう指示する。同年九月七日、江戸在住の小浜藩主酒井忠勝（一五八七―一六六二）が国元へあてた書簡で、「伴天連並きりしたんの宗旨改候覚　一 村々五人組を申付《もうしつけ》堅《かたく》連判之手形を可申付《もうしつくべく》候事、一 きりしたんの宗旨ニ而無之《てこれなき》証拠ニは、何《いずれ》も頼《たのみ》候寺かた可有之《これあるべく》候間、寺之坊主ニ堅手形を仕《つかま》らせ可申《もうすべく》候事」とし〔蘆田 一九三五：七九頁〕、五人組と寺院による宗門改めを指示しているのは、幕府によるキリスト教禁止と宗門改めの実施が日本列島全域で行なわれるようになったことを示している。

天草・島原一揆（一六三七―三八）直後の一六三九年（寛永一六）に編纂された『吉利支丹物語』も、元和年間（一六一五―二四）のキリスト教禁圧のあと、「日本国の守護、地頭、代官等に仰付けられ、里里浦浦、山家山家、島島のこる所なく、昨日けふ生れたる赤子まで、それぞれの檀那寺より証文に載せ、「子子孫孫、当寺の檀那に紛《まぎ》れ御座なし。若しこのうち一人なりとも、吉利支丹の宗旨御座候はば、寺の儀は御闕所《ごけっしょ》なされ、坊主は如何やうにも御成敗たるべし」と堅く書物を仕り、捧げ奉る」とし、寺請による宗門改めがはじまったことを記録している〔比屋根編 一九二六：三〇頁〕。一六三〇年代半ばから後半にかけて、天草・島原一揆をはさんだ時期に、寺請制度が日本列島全域に定着させられるようになっていた。

さらに、一六四〇年（寛永一七）、江戸幕府のみならず各藩でも宗門改役を置き、キリスト教に対する宗門改めとそれを寺院が証明する寺請制度が定着する［千葉乗隆 一九六七：五二頁］。特にそれは、万治年間（一六五八―六一）から寛文年間に徹底される。一六五九年（万治二）六月、幕府は、「百姓町人は五人組、旦那寺を弥相改之《いよいよこれをあいあらため》、不審なる宗旨於有之《これあるにおいて》ハ、可被遂穿鑿《せんさくをとげらるべき》事」として［石井・高柳編 一九三四：六三一頁］、檀那寺が宗門改めを行なうよう指示し、三年後の一六六二年（寛文二）六月にも、幕府は「在々所々町中五人組、又ハ宗門之檀那寺等 弥入念相改《いよいよにゅうねんにあいあらたむ》へし」として［石井・高柳編 一九三四：六三二頁］、日本列島全域に、檀那寺が宗門改めを実行すべきであると指示する。

その上で、幕府は、さらにその二年後の一六六四年（寛文四）一一月、「きりしたん宗門穿鑿《せんさく》之儀、壱万石以上之面々ハ、今度如被　仰出候　役人を定《さだめ》、家中領内毎年無断絶可被相改《だんぜつなくあいあらためらるべき》之事」として［石井・高柳編 一九三四：六三三頁］［闕字―原文］、一万石以上の大名は宗門改役の設置とそれによる宗門改めを義務づけ、それ以下の領主についても、宗門改役設置を指示する。これによって、キリスト教禁圧にはじまる、幕府による宗門改めと寺請制度は完成する。

この寺請制度の完成をもっとも顕著に示すのが宗門改帳の作成であった。寛永年間からすでにみられた宗門改帳が、寛文年間には日本列島全域で一般的となる［福田 一九七六：三七―四〇頁］［大桑 一九七九a：九八―九九頁］［西脇 一九七九：四二頁］［圭室文雄 一九八七：九六頁］。もともとキリスト教禁圧からはじまる宗門改帳と、戸籍的機能を持つ五人組帳・人別帳とは別々であったが、それらが合体しほぼ同じ書式に統一され、日本列島全域の藩制村で宗門人別帳として作られるようになるのも寛文年間以降であった〔大石慎三郎 一九六八：三一九－三二〇頁〕。たとえば、長野県佐久地方では、寛永年間から五人組・人別帳が作られはじめるが、徐々に宗門改めがそれに合体し、寛文年間から宗門人別帳として様式を統一するという〔市川 一九四一：八六頁〕。

そのきっかけになったのは、一六七一年（寛文一一）一〇月、江戸幕府が出した「宗門改之儀ニ付御代官江達」であった。

其方御代官所耶蘇《やそ》宗門改之儀、被入御念《おんねんをいれられ》候由ニ候得共《そうらえども》、弥《いよいよ》無油断可被申付《ゆだんなくもうしつけらるべく》候、向後《こうご》ハ百姓一軒ツヽ人別帳江記之《これをしるし》、一村切ニ男女之人数寄《よせ》を致シ、又一郡切ニ成共、国切ニ成とも、都合をしめ、自今《じこん》以後無懈怠被申付《けたいなくもうしつけられ》、帳を作、手前ニ被差置《さしおかれ》、此方江《このほうへ》ハ当年之通り一紙手形《いっしてがた》可被差上《さしあげらるべく》候。

〔石井編 一九五九a：二七九頁〕

キリスト教徒ではないことを証明する宗門改めを行ない、それを「百姓一軒」ずつ「人別帳」に記載し、郡・国単位で集計することを指示している。これによって、キリスト教禁圧にはじまり宗門改めを行なう寺請制度と、戸籍的機能としての人別帳作成が、幕府の制度として合体することになった。

4　宗門人別帳の形成

宗門改帳

それでは、宗門人別帳とは、どのようなものであったのであろう。具体的にその内容をみてみよう。まずは、宗門改めによって作られた宗門改帳の実際である。

たとえば、一六七一年（寛文一一）四月、駿河国駿東郡御宿《みしゅく》村（静岡県裾野市御宿）で作られた宗門改帳は次のようなものであった。

この御宿村の宗門改帳は、表紙に「亥之歳宗門御改之帳　駿州御宿村」とあり、次のようにはじまる。

一　葛山《かずらやま》村浄土宗仙年寺《せんねんじ》　受持㊞　旦那　宮内左衛門㊞
同寺　女　房
同寺　女子　ゆ　き
同寺　下男　作　兵　衛
同寺　同　甚　蔵
同寺　同　牛　蔵
同寺　同　わ　か
同寺　下女　は　る
同寺　同　か　め

以上九人㊞

［静岡県編 一九九三：四三二－四三三頁］

この「宮内左衛門」家は家内九人、うち血縁家族は三人で、あとの六人は下男・下女である。上層の農民であろう、下男・下女など非血縁者まで含めて全員が、隣村葛山村の浄土宗仙年寺という寺院の「檀那」である。この宗門改帳は、この「宮内左衛門」家を含め合計五四家族の宗門改めを、家別にひとりひとりの檀那寺として記載する。そのうち、下男・下女など非血縁者を含むのは一〇家族（一八・五％）であり、四四家族（八一・五％）が血縁者のみによって構成されていた。この寛文年間の小農が、夫婦一対の単婚小家族を基本としていたことがわかる。

しかし、この宗門改帳では合計五四家族に対して、檀那寺となる寺院が、西側の隣村葛山村浄土宗仙年寺（一三家族）、南側の隣村千福《せんぷく》村曹洞宗普明寺《ふみょうじ》（二一家族）、北側の隣村上ヶ田《あげた》村浄土宗浄念寺《じょうねんじ》（七家族）だけではなく、地理的にはやや離れた水窪《みずくぼ》村（浄土真宗）一向宗長京寺《ちょうきょうじ》（三家族）、深良《ふから》村曹洞宗興禅寺《こうぜんじ》（三家族）、深良村浄土宗西安寺《さいあんじ》（二家族）、伊豆佐野《いずさの》村曹洞宗耕月寺《こうげつじ》（二家族）、三島町日蓮宗円明寺《えんめいじ》（一家族）、定輪寺《じょうりんじ》村曹洞宗定輪寺（一家族）、深良村浄土宗松寿院《しょうじゅいん》（一家族）など、四宗派十ヶ寺にまたがっている。これらのうち、伊豆佐野村曹洞宗耕月寺と三島町日蓮宗円明寺は、旧国では伊豆国に属し、国境を隔てての檀那寺であった。これはやや極端な事例かもしれないが、檀那寺は一村一宗派一寺院として統一されていたのではなく、複数の宗派寺院により、しかも、遠方の寺院をも含むものであった。

ここでは、このような同一村内でありながらも家々が檀那寺を異にし、複数の檀那寺があることを、仮に、一村複数寺檀関係と呼んでおきたいと思う。

この宗門改帳は、このように全家族・人員の宗門改めを記載したのち、「右之通リ男女壱人も不残《のこらず》宗門相改、旦那寺ニ判形為致《いたさせ》指上ヶ申候、御法度《ごはっと》之宗門壱人も無御座《ござなく》候」として、キリスト教徒がいない旨を記し、庄屋・組頭が署名・捺印の上で差出人となり、領主の「御手代衆」を受取人として終わる〔静岡県編 一九九三：四四四頁〕。

宗門改帳は家族別にひとりひとりを寺院に登録し、キリスト教徒ではないことを幕藩領主に証明していた。そのような形式であったために、人別帳としての機能をも持つことが可能であったと考えられる。

人別帳

次は、人別改めによって作られた人別帳の実際である。いまみた宗門改帳の駿河国駿東郡御宿村から遠くない同じ駿河国駿東郡の本宿《もとじゅく》村（静岡県駿東郡長泉《ながいずみ》町本宿）の一六七七年（延宝五）八月の人別帳は、次のようなものであった。

表紙には「巳ノ年人別帳」とあり、次のようにはじまる。

一 高拾石三斗五升六合　内 四石六升弐合 田方 / 六石弐斗九升四合 畑方

人数八人

此分ケ

住持宗寅㊞

禅宗伏見《ふしみ》村宝知《ほうち》寺旦那　源兵衛㊞　年五拾四歳

同　女房　年五拾三歳
同　男子　九左衛門　年三拾歳
同　女房　年廿歳
同　男子　伝左衛門　年弐拾七歳
同　女子　くり　年拾八歳
同　下男　清九郎　年三拾八歳
同　下女　なつ　年弐拾歳
一馬弐疋

［静岡県編　一九九三：四四七頁］

この「源兵衛」家は家内八人、うち六人は血縁家族、二人の下男・下女を持ち、馬二匹の所有者である。上層農民であろう。下男・下女など非血縁者をも含めて、全員が隣村伏見村宝知寺の檀那である。しかし、これが人別帳のためであろう、宗門改帳が檀那寺のみの記載であったのに対して、この「源兵衛」家の石高（生産高）、家内八人の年齢、馬の所有も記載される。この本宿村の人別帳では、「源兵衛」家を含め、合計一九家族を、同様の形式により、非血縁者まで含めて記載する。本宿村でも、各家の檀那寺は、すでにみた御宿村と同じように、四宗派五ヶ寺にまたがる。ここでも檀那寺は、一村一宗派一寺院に統一されていたのではなく、家によって異なる一村複数寺檀関係であった。

さらにこの人別帳では、一家内でありながら、夫婦で檀那寺を異にする事例がみられる。家内一四人、うち血縁者五人・非血縁者九人（下男四人・下女五人）で、「高拾三石七斗六升六合」の上層農民「角左衛門」家では、当主「角左衛門」（三六歳）が「法花宗（日蓮宗）岡之宮《おかのみや》村光長寺《こうちょうじ》」「檀那」であるものの、

「女房」(二七歳)など下男・下女まで含め他の一三人は「禅宗伏見村玉井寺」「檀那」として記載される。また、一家内で、一部の非血縁者だけが檀那寺を異にする事例もみられる。家内二九人、うち血縁者六人・非血縁者二三人(下男一二人・下女一一人)で、「高百拾石壱升六合」を持ち最上層に属する「与惣左衛門」家では、「伝右衛門」(五〇歳)・「惣十郎」(四五歳)の二人の下男は「法花宗(日蓮宗)岡之宮村光長寺」「檀那」で、当主「与惣左衛門」以下二七人は「浄土宗三島蓮慶寺《れんけいじ》」「檀那」である〔静岡県編一九九三:四五二-四五三頁〕。

このように、この本宿村では、一家内の夫婦間で、あるいは、非血縁者で、檀那寺を異にするばあいがあった。

ここでは、同一家内で個々人が檀那寺を異にし、複数の檀那寺があることを、仮に、一家複数寺檀関係と呼んでおきたいと思う。

駿河国駿東郡御宿村の一六七一年(寛文一一)宗門改帳と、同じ駿河国駿東郡本宿村の一六七七年(延宝五)人別帳、一六七〇年代の宗門改帳と人別帳とを紹介し比べてみた。これらをみると、寺檀関係を記載する宗門改帳の機能を、人別帳がそれをも含ませて作成されていることがわかる。幕藩体制下、仏教が庶民生活のすみずみにまで浸透していることを示す寺檀関係は、その戸籍的性格により、幕藩領主権力が小農支配を行なう政治システムとしても機能するようになっていた。

宗門人別改帳

次は、いまみてきた宗門改帳と人別帳が合体した宗門人別改帳の実際である。いま宗門改帳と人別帳をみたのと同じ、駿河国駿東郡の石川村(静岡県沼津市石川)の一八二六年(文政九)三月の宗門人別改帳は、次のようなものであった。

表紙には「駿州駿東郡石川村宗門人別御改帳」とあり、「切支丹宗門之儀従前々《まえまえより》被　仰出候趣《おもむき》急《きっ》度《と》相守、村中無油断《ゆだんなく》相　改《あいあらため》申候、当戌年分人別委細《いさい》相改旦那寺印形取之《これをとり》差上申候」からはじまる〔沼津市史編さん委員会編 二〇〇三：二〇一頁〕〔闕字－原文〕。

キリスト教徒がいないことを確認する宗門改めを行なったので、当年の人別を檀那寺の確認印とともに提出する、という、すでにこの時期では定型化された文言からであった。

そして、この石川村全体の石高（生産高）、各家の宗門人別改が記載される。

一　当村法華宗（日蓮宗）本廣寺《ほんこうじ》旦那㊞　高七石弐升三合　藤助㊞　年四十才

同寺旦那㊞　妻　年三十四才

是は大久保出雲守様御領分富士郡神谷《こうや》村市郎右衛門姪、前々ハ圓浄寺《えんじょうじ》旦那ニ御座候得共《ござそうらえども》、縁付《えんづけ》以後夫同宗門同寺旦那ニ罷成《まかりなり》申候

同寺旦那㊞　父　年六十九才

同寺旦那㊞　弟茂兵衛　年廿六才

同寺旦那㊞　同儀助　年廿一才

同寺旦那㊞　下女よを　年十七才

是は当村与右衛門孫、壱年季ニ召抱《めしかかえ》　則《すなわち》　寺請状《てらうけじょう》主人方江取置申候

〆六人　内男四人女弐人

〔沼津市史編さん委員会編 二〇〇三：二〇一頁〕

この「藤助」家は家内六人、うち血縁者五人、非血縁者一人（下女一人）で、平均的な百姓であろう。家内全員が法華宗本廣寺の「檀那」として宗門改めが行なわれ、同時に、「高七石弐升三合」の石高（生産高）とともに構成員全員が記載され人別改めも行なわれている。そして、この宗門人別帳で注意すべきは、家族の移動にあたり、檀那寺を移動する寺替えが明記されたことであった。「藤助」の妻は富士郡神谷村から嫁にきているが、それにより、圓浄寺という寺院から、夫「藤助」と同じ法華宗本廣寺に檀那寺を移している。また、「よを」という下女は一年季奉公であることを示す「寺請状」をかわしている。

さきにみたような一家複数寺檀関係もあったが、こうした婚姻・奉公などによる家族構成員の移動にあたり、一家一寺檀関係になるよう、寺替えが行なわれるのが近世を通じて、時代を下るほどに多くなっていた。

宗門改帳と人別帳

一六七一年（寛文一一）一〇月の「宗門改之儀ニ付御代官江達」以降、宗門改めによる宗門改帳と人別改めによる人別帳が合体し、実態としては宗門人別帳としてそれらが作られ、寺院が小農を把握する寺請制度は完成し、寺院は江戸幕府が小農支配を行なうための不可欠の要素となった。しかし、キリスト教徒ではないことを証明する宗門改めと、人別改めとは、ほんらい異なる機能であった。そのために、寛文年間以降でも、宗門改めと人別改めとは、異なる政策として理解されてもいた。

たとえば、一六八五年（貞享二）ごろに作られた『豊年税書《ほうねんぜいしょ》』という、村方から領主などに差し出す文書のひな形集では、宗門改帳と人別帳とは、別々に作成様式が示される。

まずは、宗門改帳「宗旨改帳之事」からみていってみよう。この「宗旨改帳之事」では、「是は毎年也」として、次のような作成例が示された。

一	天台宗	松壽寺	寺印	吉左衛門	印
	法華宗	蓮光寺	同断	女房	右印
	天台宗	松壽寺	同断	子吉兵衛	右印
	同　宗	同　寺	同断	子吉三郎	右印
	浄土宗	西念寺	同断	下人才蔵	右印
	禅　宗	法光寺	同断	同　たつ	右印

〆六人

［瀧本編 一九二八：七二二頁］

家別に構成員ひとりひとりの寺檀関係だけが記載される。石高（生産高）・年齢など人別帳としての機能を持つ記載はない。

なお、この宗門改帳のひな形では、一家内六人が四ヶ寺にまたがっている。夫婦間で檀那寺が異なり、子供二人は夫方の檀那寺であるが、下男二人も寺替えをせずにそれぞれの檀那寺のままである。貞享《じょうきょう》年間（一六八四－八八）に作られた宗門改帳のひな形が、一家複数寺檀関係を事例としていることは、この時期では、一家一寺檀関係よりも、いまだ一家複数寺檀関係の方が一般的であった可能性を示唆する。

いっぽう、人別帳「人別帳認様之事」では、「毎年可致事《いたすべきこと》なれども大分《たいぶ》の帳故《ゆえ》隔年にてよし」として、次のような作成例が示される。

一　高三十五石　　　　年五十一　長右衛門
　内五石当時十左衛門へ質物に入、外七石、何村へ出作《でづくり》替地《かえち》
女房　誰様御知行、何村誰娘　　歳四十五
惣領　手前に罷在《まかりあり》候　　年廿七　長兵衛
同女房　誰様御支配、何村誰娘　　歳二十三
同子　長兵衛一所に罷在候　　年三　辰之助
次女　誰様御知行何村之誰へ縁付申候　年廿五　まつ
三男　江戸何町誰所に奉公に出し申候　年廿二　五郎助
妹　病者にて手前に罷在候　　年四十　つな
下男　甚九郎譜代　　歳二十三
三之丞　何村之者丑年より三年季　　歳二十五
下女　つた　番代　　歳
　かつ　誰様御知行所《ちぎょうじょ》、何村之者一ヶ年季　歳
人数合拾人内五人男五人女　外弐人別家
　馬壱疋
　牛壱疋
抱《かかえ》之者

前地之者
借屋之者

〔瀧本編 一九二八：七一九-七二〇頁〕

この人別帳のひな形では、石高（生産高）、家族の構成員ひとりひとりの年齢および属性が記され、牛馬の所有も記載される。しかし、宗門改帳のような檀那寺についての記載はない。

これら貞享年間の宗門改帳と人別帳のひな形から判断すれば、毎年作られる宗門改めによる宗門改帳と、隔年に作られる人別改めによる人別帳とは、明らかに機能を異にしていた。明治初年の司法省編纂による江戸幕府法令集『徳川禁令考』では、第二九章のなかの「宗門改」の項の最後に、その編纂者が、「古今ノ人、或ハ宗門改ヲ以テ戸籍調査ト混同一視スル者アリ」、しかし、「是ニ非ラス」「宗門改ハ毎年ノ調査ニテ、御料ハ御代官私領ハ領主地頭ヨリ、孰《いず》レモ耶蘇宗門ノ徒一人モ之レ無キ旨ノ証文ヲ提出」するものであり、これに対して、「戸籍ノ事、当時ハ之ヲ人別帳ト曰《い》フ、戸籍トハ称セス」「然レトモ戸口ヲ調査スルノ事実ナルコトハ言ヲ俟《ま》タス」と注意書きを残しているように〔石井編一九五九a：二八〇頁〕、両者は異なる政策であると認識されていた。

しかし、一六七一年（寛文一一）一〇月「宗門改之儀ニ付御代官江達」によるためであろうか、ほんらい異なる宗門改帳と人別帳とが、地域社会の現実では、合体して存在した。「葬式仏教」の形成、仏教の庶民への浸透という意味からすれば、江戸幕府のキリスト教禁圧政策が寺請による宗門改めおよび宗門改帳を生み、さらに、それらと人別改めおよび人別帳が、現実には合体することにより、仏教および寺院・僧侶が幕府の支配機構の最末端に位置し、庶民に対して上位に立つことになった。

「葬式仏教」の形成に示される近世仏教の庶民への浸透は、それ以前からの仏教と葬送儀礼との習合を前提とし、本末制度によって寺院統制を行なう幕府政治が、その序列化した寺院によって、宗門改めおよび人別改めを制度的にすすめた結果であるといってもよいだろう。

時代が下るにつれて、キリスト教禁圧政策が事実上無意味となるなかで、幕府政治にバックアップされた「葬式仏教」はいっそう顕著になったと思われる。

5　寺檀制度の形成

制度化以前の寺檀関係

従来の研究では、寺請制度と寺檀制度を、これまでみてきたような江戸幕府の政治としてのみとらえる傾向が強かった。近世仏教を「仏教の形式化」「仏教の衰微と僧侶の堕落」としてマイナス評価をくだした辻善之助の仏教史研究も、近世仏教を政治的・思想的側面からのみとらえたために、このような価値判断になったともいえる。しかし、近世仏教の庶民への浸透、「葬式仏教」の形成は、このような寺請制度の徹底、江戸幕府の政策によってのみすすんだのではなかった。

寺請制度は、現実には、家と寺院との寺檀関係のなかで実行された。江戸幕府が寺請制度を強制したことによりはじめて寺檀関係が形成され、それを行なうために民間寺院が設立されたならば、近世仏教の庶民への浸透は、幕藩領主権力の庶民支配の結果としてのみとらえられるが、現実には、そのような政治としてのみとらえることができない歴史的事実がある。

すでにみたように、民間寺院の多くは、寺請制度が徹底される以前、一六世紀後半から一七世紀半ばにかけての設立であった。また、寺檀関係をとりあげてみても、たとえば、一村内の家々が村外を含め複数の寺院と寺檀関係を持つ一村複数寺檀関係が多く、一家内の構成員が複数の寺院の檀那となる一家複数寺檀関係もあった。仮に、寺請制度によってのみ、つまりは江戸幕府の政治によってのみ、近世仏教が庶民へ浸透したのであるならば、寺檀関係は整然とした現実として、一村一寺檀関係、また、一家一寺檀関係をとったものと思われる。しかし、現実的には、寺檀関係は同一村内でも錯綜し、また、同一家内でも複数であり、多様性に富む。宗門改めと人別改めが合体した江戸幕府の庶民支配としての寺請制度のみが、寺檀関係を形成させたのではなく、逆に、一六世紀後半から一七世紀半ばにいたる民間寺院の成立とともに、庶民とその民間寺院との寺檀関係は徐々に形成され、それが、後発的な江戸幕府の政治、寺請制度により再編成されるようになった、と考えるのが妥当ではないかと思われる。

一家複数寺檀関係

それでは、寺請制度の具体的発現形態でもあり、また、それの前提としても存在していた寺檀関係とはどのようなものであったのだろう。

次に、その寺檀関係の形成についてみていってみよう。

寛文年間に宗門人別帳の定型的記載が成立してくることを論証し、寺請制度および寺檀制度の先駆的研究を行なった長沼賢海「宗旨人別改めの発達」(一九二九)は、寛永年間の備後《びんご》国尾道《おのみち》町(広島県尾道市)の宗門改帳を紹介している。

その一六三三年(寛永一〇)の宗門改帳の一部分は、次のようなものであった。

覚

浄土　寺は南之坊　　　広島や　平四郎

女共

子共　四人

寺は安陽寺《あんようじ》　　　うば

同　常泉寺《じょうせんじ》　　　うば

子壱人

真宗

同　福善寺《ふくぜんじ》　　　うば

同衆（ママ）

同　寺　　　三太郎

浄土衆（ママ）

寺は南之坊　　　宗市

与八

みや市

やゝ

寺は常泉寺　　　助市

新衆（ママ）　　　三吉

人数合拾七人

〔長沼 一九二九：三一－三二頁〕

これは「広島や平四郎」という商人のものと思われる一家内の宗門改めであり、家内一七人のうち、血縁者は浄土宗南之坊を檀那寺とするが、「うば」や下人と思われる非血縁者のなかには浄土宗安養寺・浄土真宗常泉寺・浄土真宗福善寺を檀那寺とする者がいる。このばあい、血縁者は浄土宗南之坊に統一され、非血縁者は三ヶ寺にまたがる。一家複数寺檀関係であった。

長沼の論考を承けて、寛永年間の尾道町の宗門改帳を分析した脇坂昭夫「寛永期の尾道町宗旨人別帳について」（一九五九）は、一六三七年（寛永一四）－一六四一年（寛永一八）ごろの作成と推定される宗門改帳に、夫婦間で檀那寺が異なる一家複数寺檀関係があることを紹介する。

一 真宗　寺ハ浄泉寺　源二郎
一 律宗　寺ハ浄土寺　女房
一 真宗　寺ハ浄泉寺　源二郎子　きく太郎
同　子　ほうす
合四人

〔脇坂 一九五九：八七－八八頁〕

この事例では、夫と女房の檀那寺が異なり、男子と思われる子供二人は夫の檀那寺と同じであった。夫婦間で檀那寺が異なるばあい、男子と下女が女房の檀那寺と同じである事例もある。

一　時宗　　寺ハ極楽寺　　　　半四郎
一　真言宗　寺ハ金剛院　　　　女　房
　　　　　　　　同　　　むす子　市　松
　　　　　　　　同　　　　下女　な　つ
　　　　合四人　　　　　　　　　　　　　［脇坂　一九五九：八八頁］

この宗門改帳を紹介した脇坂は、夫婦間で檀那寺を異にするこうした一家複数寺檀関係は、寛永年間の尾道町のばあい、大商人ではなく単婚小家族に多いと指摘する［脇坂　一九五九：九〇頁］。

このような先駆的研究によっても、庶民と寺院との間には、寺請制度が江戸幕府によって制度化される以前に、すでに寺檀関係が形成されていたと考えることができよう。

一家複数寺檀関係研究史

一家複数寺檀関係については、研究目的・フィールド・資料、また、使用する用語を異にしながらも、多くの研究が蓄積されてきた。

また一家複数寺檀関係は、全国的に存在しているために、近世の寺檀関係形成をめぐる主要研究課題とされ、寺檀関係研究のほとんどすべてを占めるほどでもあった。これについては、寺檀制度についての定説を形作った豊田武『日本宗教制度史の研究』（一九三八）が、寺檀制度の二つの特徴として、「一家一寺の制」と「離檀の禁止」を指摘したために、寺檀制度とは家単位であったことが暗黙の前提とされたが［豊田　一九三八：一二三－一二七頁］、一家複数寺檀関係の研究およびその事例の蓄積は、この定説への疑問提出ともなり、一家複数寺檀関係の研究が寺檀制度の解明において、もっとも重要であるとさえ考えられるようになった。

ここでは、この一家複数寺檀関係の研究史整理を年代順に行なっておきたいと思う。

実は、一家複数寺檀関係の存在は、アジア太平洋戦争以前から、長沼賢海「宗旨人別改めの発達」（一九二九）のみならず、鈴木栄太郎『日本農村社会学原理』（一九四〇）、さらには、豊田武『日本宗教制度史の研究』（一九三八）も、すでに指摘していた〔鈴木栄太郎 一九四〇：三一三頁〕〔豊田 一九三八：一二四－一二五頁〕。しかし、その本格的研究が展開されたのは、一九五〇年代からであった。千葉県の民俗調査において一家内で男女の寺檀関係が異なる事例を「半檀家《はんだんか》」という用語のもとに報告した最上孝敬《たかよし》「男女別墓制ならびに半檀家のこと」（一九五三）、長崎県の文政年間（一八一八－三〇）の絵踏帳により多様な一家複数寺檀関係を紹介した桜田勝徳《かつのり》「漁村の古い戸籍から」（一九五三）、長崎県の慶安年間（一六四八－五二）の宗門改帳により一家内で三ヶ寺にもわたる寺檀関係があることを紹介した杉本尚雄「男女別墓制及び半檀家について」（一九五四）などにより〔最上 一九五三：八七－八九頁〕〔桜田 一九五三：五四－五六頁〕〔杉本 一九五四：七六－七九頁〕、主に男女別寺檀関係が注目されるようになった。

一九六〇年代に入ると、双系的親族研究（父系だけではなく母系につながる親族関係をも重視する研究）を視野に入れた野口武徳「複檀家制と夫婦別・親子別墓制――日本の親族研究への一視角」（一九六六）が、研究上の用語として「半檀家」ではなく「複檀家《ふくだんか》」を提唱し〔野口 一九六六：四三頁〕、最上は「半檀家制について」（一九六七）・「房州天津の半檀家ならびに男女別墓制」（一九六八）により、「半檀家」を男女別寺檀関係としてとらえる事例研究を重ねる〔最上 一九六六：七－一一頁〕〔最上 一九六八：二一－三頁］。

この課題についての文献史学の研究がはじめられたのも一九六〇年代で、大桑斉「寺檀制度の成立過程」（一九六八）は、石川県の宗門改帳の分析により、小農成立との関連で一家一寺檀関係への過渡期において一家複数寺檀関係がみられるという［大桑 一九六八ａ：三三頁］［大桑 一九六八ｂ：三〇頁］。また、大桑は、幕藩領主権力は一家一寺檀関係を志向していたと主張する［大桑 一九七九ａ：一一二頁］［大桑 一九八六：一一一－一一二頁］［大桑 一九九〇：二〇二頁］。

一九七〇年代以降になると、男女別寺檀関係に注目しつつ、寺檀関係を一家一寺檀関係としてではなく、基本的には個人である「檀那」としてとらえようとする研究が増加する。福田アジオの「近世寺檀制度の成立と複檀家」（一九七六）をはじめとする寺檀関係研究［福田 一九七六：四二－四七頁］［福田 一九八三：五八－五九頁］［福田 一九八八：一七二－一七八頁］［福田 一九九二：五六頁］、長野県をフィールドとした大柴弘子［大柴 一九七六：七三、八一頁］、神奈川県をフィールドとした遠藤孝子［遠藤 一九七六：八九－九五頁］などがその代表的論考であろう。これらのうち、幕藩領主権力が一家一寺檀関係を志向していたとする大桑説に対して、「檀那」としての個人を重視する福田説との対立は、近世の寺檀関係が、檀家として家単位であるのか、それとも、「檀那」として個人単位であるのか、基本的課題としての議論であった。これについて、政治史的側面に限定すれば、朴澤直秀「幕藩権力と寺檀関係――一家一寺制をめぐって」（二〇〇一）が、一七四九年（寛延二）段階までは一家一寺檀関係は制度化しておらず、文政年間に入り、一家一寺檀関係に適応する法令を出すようになると指摘する［朴澤 二〇〇一：三三－三四頁］。

また、新潟県の事例研究により一家複数寺檀関係が一家一寺檀関係へと移行していく過程を明らかにした森本一彦の分析〔森本 二〇〇二a：三二一－三二六頁〕〔森本 二〇〇二b：二五一－二五九頁〕、愛知県の事例研究により近世の新田開発と出身村により寺檀関係が決定されてくる過程を明らかにした蒲池勢至の分析〔蒲池 二〇〇三：一〇－二〇頁〕〔蒲池 二〇〇四：一〇－二六頁〕は、具体的なフィールドに即したモノグラフでもあった。特に、蒲池の論考は、一家複数寺檀関係の形成過程を、村落形成史とも関連させて明らかにしている。

寺檀関係の形成と一家複数寺檀関係

一家複数寺檀関係研究について、資料紹介をも含め、主要であると思われるものを取り上げてみた。そして、このような研究史整理を行なったとき、寺檀関係とはそもそもどのような性格のものであるのか、次のような四点を抽出できるであろう。

第一には、近世社会に寺檀関係は成立してくるが、幕府による寺請制度の強制は、寺檀関係を寺檀制度として、社会的存在としてだけではなく、政治的存在としても成立させていたことである。ほんらい宗門改めと人別改め、キリスト教禁圧と人的支配とは、質的に異なるが、それが合体するなかで寺請制度が実行され、寺請制度を実態として動かす寺檀関係は、実質的には幕藩領主権力による政治支配の枠組のなかに組み込まれ、社会的関係としてだけではなく寺檀制度ともなっていた。これにより、近世仏教の庶民レベルまでの浸透を顕著に示す民間寺院の設立と寺檀関係の形成は、幕藩領主権力による庶民支配として、政治的機能をも持つ社会的存在になっていた。

第二には、こうした寺檀制度による幕藩領主権力による庶民支配は、庶民ひとりひとりを確実に把握していたことである。もっとも、それが檀家としての家単位であったのか、それとも、「檀那」としての個人単位で行なわれていたのか、その政治支配の具体的なありようについては、検討の余地があるが、これについては、一家複数寺檀関係であってさえも、宗門改帳または宗門人別帳の記載じたいが家ごと、さらには、それをまとめた藩制村ごとであったことを考慮に入れたとき、幕藩領主権力は寺檀関係を家単位で把握していたと考えるべきであろう。幕藩領主権力が一家一寺檀関係を志向していたか否かは基本的問題ではなく、寺檀関係が家単位また藩制村単位で幕藩領主権力によって把握されていたことの方が重要であろう。一家複数寺檀関係であっても、たとえば、女が婚姻以前の生家の檀那寺を持ち込んだとしても、それは選択の自由というよりは、実家という家に規定されているにすぎない。寺檀関係は社会的存在としても家単位であった。

第三には、一家複数寺檀関係は、寺檀関係こそが寺院経営の基盤であることを明らかにしてきたことである。婚姻・奉公などによる移動は所属の移動であり、一般的には、寺檀関係の変更が行なわれる。しかし、それは、寺院側からすれば「檀那」の減少、収入減を意味する。そのために、移動以前の寺檀関係が継続され、一家複数寺檀関係が形成されているという。これについては、橋口侯之介・塩野雅代・大柴弘子・遠藤孝子・竹田聴洲・鈴木良明［橋口 一九六八：三七八－三八九頁］［塩野 一九七六：六二頁］［大柴 一九七六：八〇頁］［遠藤 一九七六：九〇頁］［竹田 一九七六b：一二五－一四七頁］［鈴木良明 一九八二：一〇頁］によって指摘され、寺檀関係とは寺院存立の経営基盤であることが、一家複数寺檀関係研究によって明らかにされた。寺院経営については、すでに豊田が、近世寺院の大多数は、中世寺院のような荘園などからの収益ではなく、寺檀関係を基盤としていたと指摘しており［豊田 一九三八：一二八頁］、それを異なる視点から論証する結果ともなっている。

第四には、一家複数寺檀関係研究により、寺檀関係の錯綜が明らかにされるなかで、その錯綜は家だけではなく村単位でもそうであることが指摘されてきたことである。鈴木栄太郎『日本農村社会学原理』（一九四〇）の指摘が最初であると思われるが［鈴木栄太郎 一九四〇：三一二頁］、京都府をフィールドとして一村複数寺檀関係は同族団ごとに寺檀関係が異なるためであることを論証した竹田聴洲［竹田 一九五五：二八－三八頁］、福田アジオ［福田 一九九二：五六－五九頁］、朴澤直秀［朴澤 一九九五：五六－六三頁］、蒲池勢至［蒲池 二〇〇三：一八－二二頁］によってもその実態が紹介されている。寺檀関係研究は一家複数寺檀関係に注目が集まったために、複雑に入り組んだ一村複数寺檀関係についての研究は少ないが、家単位でも村単位でも、寺檀関係は単一ではなく錯綜する。両者を関連してとらえる複眼的視点が必要であろう。

もっとも、いまここで一家複数寺檀関係という用語により、ひとつの家の構成員が複数の寺院の「檀那」となる歴史事象を示したが、この歴史事象を示す用語は、研究史上これまで不統一であった。たとえば、民俗学では「半檀家」「複檀家」が多く、大桑は「寺違い寺檀関係」「一家複数寺制」を使い、また、福田は大桑を承けてのことであろう「一家複数寺的寺檀関係」が適切ではないかと主張するなど、用語使用が統一されていない。

ここでは、こうした研究史上の用語使用に配慮しつつ、また、一村複数寺檀関係と相互関連の上で近世の寺檀関係をとらえるべきであると考え、双方の用語上の統一性をも視野に入れ、一家複数寺檀関係を使用してみた。

寺檀制度研究の中心を占めてきた、こうした一家複数寺檀関係および一村複数寺檀関係研究をみたばあいでも、寺請制度成立以前から、民間寺院と庶民との寺檀関係はすでに形成されていた。それは、個人ではなく、成長してきた小農家族の家原理に規定されていた。そしてこのあらかじめ形成されつつあった寺檀関係に対して、幕藩領主権力の寺請制度が強制され、寺檀関係は寺檀制度として、社会的かつ政治的に二重の機能を持つようになっていた。

6　寺檀制度と民間の葬送儀礼

偽文書「御条目宗門檀那請合之掟」

こうして、近世初頭までに、庶民レベルにまで浸透していた仏教と葬送儀礼との習合、さらには、民間寺院と庶民との間での寺檀関係の形成は、寺請制度と寺檀制度のもとで、近世を通じて固定的になった。「葬式仏教」が幕藩領主権力の支配システムのなかに組み込まれた。

そして、こうした「葬式仏教」の支配システムのなかでの再編成、そして、その具体的形態が、宗門改帳さらには宗門人別帳としてあらわされるようになった寛文年間ごろ、「御条目宗門檀那請合之掟」と呼ばれる偽の法令が出された。年号は慶長一八年、つまり一六一三年となっているが、日蓮宗不受不施派《ふじゅふせは》の寺請禁止など、寛文年間の出来事が盛り込まれているために、明治初年司法省によって編纂された『徳川禁令考』にもおさめられたものの、第一章ですでに述べたように、偽文書であったことが明らかにされている。寺院側の誰かよって作られたものであろうこの偽文書は、以後、寺院および僧侶が、寺請制度と寺檀制度を庶民へ示す際には、くりかえし利用された。

その内容については、すでに第一章で紹介したように、たとえば、その三ヶ条めでは、「檀那」は、祖師忌・仏忌・盆・彼岸・先祖命日には、檀那寺への参詣が義務づけられた。寺院・僧侶側からすれば、その経営基盤である寺檀関係維持のために、こうした偽の法令が必要であったのであろう。しかし、これがいずれかの寺院の「檀那」になることを義務づけられた庶民に示されたとき、偽文書であることを知らない庶民にとっては、寺院・僧侶による仏教的な葬送儀礼および先祖祭祀が、政治的支配として強制されたことを意味した。偽文書によるので、擬制的ではあるが、「葬式仏教」が庶民生活に即して政治的支配のなかに組み込まれていた。

この十ヶ条めでは、死者の檀那寺の僧侶が、死の確認を行ない、死者名である戒名を発行する権限を持つことを定めていた。寺請制度と寺檀制度のもとでは、死は、これらの制度、宗門改帳あるいは宗門人別帳の記載から、はずされる唯一の契機であった。しかし、その確認も寺院および僧侶による戒名の発行によって行なわれた。これにより、寺院・僧侶は、寺請制度と寺檀制度のバックアップのもとに、生前だけではなく死後においても庶民を統制する権限を獲得していた。

寺檀制度と庶民

寺院・僧侶は、こうした権限をもとに、「檀那」である庶民に対して、おのずと強者の立場に立ち、「葬式仏教」を浸透させていった。

たとえば、武陽隠士『世事見聞録』(一八一六)では、その「三の巻 寺社人の事」のなかで、僧侶が自分に反抗する「檀那」に対して、「宗門改めの節、証印を拒み、または他所へ縁組せし時、送り状を出さず、あるいは死人ある時は、病気そのほか故障を申し葬式を手間取らせ、または引導を渡すまじくなどと死人を罪人のごとく申しなして」、宗門改めや葬送のときに、嫌がらせをするばあいがあったという〔本庄校訂・奈良本補訂 一九九四：一五〇頁〕。

正司考祺《こうき》（一七九三―一八五八）の『天明録』（一八五六）では、極貧の檀那でさえも、寺院と僧侶への付け届けをしなければならないために、ますます困窮しているとして、次のような状況を記す。

我寡婦《かふ》極貧《ごくひん》ニテ子供二人ヲ養育シ、夜延ニハ草履ヲ造リ、昼ハ日雇或ハ樵薪《しょうしん》、或ハ時ニ由テ門ニモ立チ、肌寒《きかん》ヲ凌《しの》ギ兼ルニ、寺ニ盆・正月・両彼岸・霜月麦秋《ばくしゅう》ヨリ大豆・摘綿《つみわた》・粟《あわ》・蕎麦・新穀・宗門軒別ニ納ルユヘ、不耕ノ身ナレバ銀納シ、其外様々ノ奉加遁《ほうがのが》レ難ク（後略）。

〔瀧本編 一九一六：一三頁〕

日雇いなどでようやく生計を立てている母子家庭であってさえも、正月・盆などでの寺院への付け届けをしなければならない。しかし、田畑を持たないために、零細な賃とり仕事によって、それを支払わなければならない。そのために、生活が圧迫されているという。

これらの事例は、仏教および僧侶に批判的な視点から記されたものであるので、割り引いて考える必要もあるが、寺院および僧侶が、寺檀制度のもとで優位に立ち、庶民の生活のすみずみに至るまで干渉していた。

そのために、婚姻・奉公など移動による寺替えを除けば離檀は少なく、寺檀関係はほぼ固定された。これについては、この寺檀関係の固定こそが近世仏教の特徴のひとつであるという説もあるほどで〔豊田 一九三八：一二三、一二六頁〕、それに対する疑問も出されているが〔福田 一九七六：三二―三三頁〕、概括的にいえば寺檀関係は固定的であった。

たとえば、寺檀関係の変更について、寺社奉行に対して問い合わせが行なわれたばあいがある。

一七八九年（天明九・寛政一）九月二一日、本庄甲斐守という人物が、寺社奉行板倉周防守へ、「養父母」が「改宗」（寺檀関係の変更）をしたいという申し出があるが、これを許可してよいかどうかを問い合わせ、それに対して、寺社奉行板倉は、「改宗之儀、容易不相成筋《あいならざる》」であるが、「寺檀納得之上」であればよいと返答している。また、一八〇一年（寛政一三・享和一）六月一〇日、松平伊豆守家来酒井弥五兵衛という人物が、寺社奉行堀田豊前守へ、離檀により異なる宗派・寺院への寺檀関係変更を認めてよいかどうかを問い合わせたところ、寺社奉行堀田は、「離檀改宗之儀者《は》容易難成筋《なりがたき》」であるが、「寺檀納得之上」であればよいと返答している［石井・服藤編 一九九九：四七二、六四五頁］。これらは、現代風にいえば判例集としての機能を持つ『諸家秘聞集《しょけひもんしゅう》』におさめられたものであり、寺檀関係が実質的には固定的で、離檀は難しかったために、こうした確認が行なわれなければならなかったと考えることができる。

「葬式仏教」は、寺院および僧侶が優位な、こうした固定的寺檀関係のなかで、安定的に展開されたと考えてよいだろう。

戒名と位牌・仏壇の定着

「葬式仏教」の展開を示す、もっとも代表的な現象は、中世まではなかった戒名と位牌の定着であろう。

偽文書「御条目宗門檀那請合之掟」において、寺院および僧侶が死者であることの確認として、死者名である戒名をつけることが記されていたが、鎌倉・室町期に儒教の影響を受けた禅宗寺院で、生前供養の逆修《ぎゃくしゅう》位牌と「今上牌《きんじょう》」からはじまった位牌が、近世に入ると、禅宗以外の諸宗派・寺院にも拡大し、また、死者供養として戒名を記した順修《じゅんしゅう》位牌として、庶民へと浸透する［跡部 一九三六：四－九頁］。寺院および僧侶によって名づけられる死者名、戒名が位牌に記され、死者の形代のように考えられ、近世を通じて、民間に浸透する。

たとえば、島根県鹿足《かのあし》郡津和野町日原《にちはら》地区畑《はたけ》という五〇軒余の農村で、古い位牌を持つ一四軒を調査した大庭《おおば》良美によれば、もっとも古い位牌が一六七九年（延宝七）で、一七一〇年代＝一軒、一七二〇年代＝二軒、一七三〇年代＝一軒、一七四〇年代＝一軒、一七五〇年代＝一軒、一七六〇年代＝一軒、一七七〇年代＝一軒、一七九〇年代＝四軒であった。一七世紀末から一八世紀にかけて、徐々に位牌が定着するようになっていた。大庭は、こうした位牌の定着と同時に、石塔の建立もがはじまったとして、「墓をこのあたりの百姓が立てるようになったのも何時ごろのことかわからないが、大体位牌と同じころらしく、それ以前のものはないようである」と述べている［大庭 一九八五：一五－一七頁］。

また、群馬県吾妻《あがつま》郡中之条町沢の全二八軒のうち二〇軒に対して位牌調査を行なった中込《なかごみ》睦子によれば、位牌所持数二三基を持つ集落内屈指の旧家のもっとも古い位牌は一七五八年（宝暦八）・一七七三（安永二）であり、別の一〇基の位牌を持つ旧家のもっとも古い位牌は一六六九（寛文九）・一六八〇年（延宝八）であった。中込の調査は位牌分け研究のための調査であるので、位牌の年号について不明な点もあるが、本家・分家関係をも含めた詳細な悉皆調査であり、旧家と呼ばれる本家筋の家で、位牌が定着するようになったのが、一七世紀後半から一八世紀にかけてであったことを教えてくれる［中込 二〇〇五：八二－一〇一頁］。

そして、位牌を安置する仏壇が定着するのも、近世以降であった。建築史の大河直躬《なおみ》によれば、仏壇は一六世紀には見られず、一七世紀から普及するという〔大河 一九八五：一二–一三頁〕。ただし、仏壇の発生原因とその展開過程は、いまだ不明確な点も多く、中世末から有力農民などが持つようになった持仏堂、一族の守護仏を安置するお堂に起源があると仮定されている。近世初頭の小農成立過程において、持仏堂が屋内の仏壇として縮小し家々に普及し、そこに位牌を安置するようになったという〔平山 一九四九：六三頁〕〔平山 一九五九：四五–四六頁〕〔竹田 一九七六a：五〇七–五一二頁〕。仏壇はもともと守護仏礼拝所としての持仏堂であったが、それの縮小と屋内への定置とともに、位牌が安置され、守護仏および位牌安置所として二重の意味を持つ死者供養空間になったというのである。現在でも、家々の仏壇には、本尊を安置するばあいが多いが、それは、このような仏壇形成過程を示唆すると考えてよいかもしれない。

民間の葬送儀礼と先祖祭祀

こうした位牌・仏壇の普及など、中世までの仏教的な葬送儀礼とは異なる、近世の仏教的な葬送儀礼は、次のようなものであった。

幕府の右筆屋代弘賢が一八一三年（文化一〇）ごろ各地の儒者・知人に向けて送った「諸国風俗問状」に対する「答」では、寺院・僧侶が関与する「葬式仏教」の様子が記されている。すでに第一章で「奥州白川風俗問状答」「備後浦崎村風俗問状答」を紹介しているので、ここでは、他の「答」から、東日本と西日本の事例をひとつずつみてみよう。

まずは東日本、「越後長岡領風俗問状答」における葬送儀礼である。

士家の礼かはれる事なし。農商の富《とむ》るは却て面たゝしきもあれど、士風といふばかりの事聞え侍らず。浄土真宗は皆火葬にて、土葬といふ事大方《おおかた》なきまで也。衣服は白き上下を着す。下りては白き布木綿を縫あはせて肩にかく、忌服中の慎み大かた僧侶の如くするを至れりとす。喪を送りて帰り、修験者を召して祓せしめ、忌明けても祓す。浄土真宗の者はかうやうの事もせず。

〔中山編 一九四二：三〇八頁〕

僧侶と修験者が関与し、浄土真宗が火葬で、他宗派は「土葬」であるという。喪服は白色であった。次は西日本、「和歌山風俗問状答」における町家の葬送儀礼である。

町家喪礼は、その子、孫子は白きさし貫《ぬき》様のものをはき、白きころも様のもの着、白き角ぼうしをかづき二ノわげの元結を切り、供《とも》をしておくる。（中略）紙にて幡《はた》四本、紙の天蓋《てんがい》、或は白き文紋の提灯などを棺の上におき途中より寺までおくるなり。扨《さて》寺にて、兼々《かねがね》知者《ちしゃ》の寺々の僧或は親類の旦那寺の僧など招きて読経す、又知者の僧などは不招《まねかざる》に来るものもあり、出棺の時も、その家の諸寺の僧来て、読経する。

〔中山編 一九四二：六一五－六一六頁〕

死者の子・孫は白い喪服を着て、天蓋・提灯などをつけて寺院まで棺を送り、寺院では檀那寺の僧侶などがきて読経している。また、和歌山では四十九日に際しては、「四十九の餅とて、こまかなるもち四十九に、かさねもちとて壱つ大きくうとく、とりたるを旦那寺の新位牌前へ備ふ」という。四十九日のときの四十九の餅、それが檀那寺に置かれた死者の位牌に供えられている〔中山編一九四二：六一六頁〕。

葬儀だけではなく、四十九日から年忌供養まで、檀那寺などの僧侶が関与し、また、戒名が記された位牌があった。民間の葬送儀礼が、固定的関係にあった檀那寺とそこの僧侶との関係において行なわれていた。中世までに仏教と習合していた葬送儀礼が、寺請制度と寺檀制度によって、固定的な寺檀関係のなかで、仏教民俗として伝承されている。

民俗学・人類学などがそのフィールドワークによって明らかにしてきた日本の葬送儀礼とは、こうした近世以降に形成されてきた「葬式仏教」であったと考えなければならない。民間の葬送儀礼は、仏教と習合した歴史的形成であり、また、近世の幕藩領主権力による政治とも無縁ではなかったのである。

民俗学では、たとえば、柳田国男『先祖の話』（一九四六）が、日本の先祖祭祀から仏教との習合を排除し、それを「固有信仰」としてえがいた。葬送儀礼についても仏教との習合を無視しつつ、それを先祖祭祀の文脈のなかでとらえようとした〔柳田 一九四六：一五三―一五六頁〕。

しかし、歴史的事実はそうではなかった。日本の先祖祭祀、その具体的発現のひとつである葬送儀礼は、仏教との習合によって形成された「葬式仏教」である。また、それは近世の小農形成を前提とし、近世の幕藩領主権力によって規定された性質をも持っていた。たとえば、柳田がその先祖祭祀理解の中心においた位牌、盆棚の恒常化とした仏壇にしても、それらは、幕藩領主権力によって統制された近世仏教の浸透によっていた。

先祖祭祀とは純粋民俗とでもいうべき「固有信仰」ではなく、幕藩領主権力によって統制された近世仏教との習合によって、近世以降形成された「葬式仏教」のひとつの発現形態であると考えなければならない。

「葬式仏教」の現代的課題

そして、現代的視点からすれば、江戸幕府が崩壊したのち、近現代社会の現在に至るまで、こうした「葬式仏教」およびそれによる先祖祭祀が継続していることの方が重要であろう。

近世社会では、寺請制度と寺檀制度により、それは政治的システムとしても存在していた。極端な表現を使えば、権力による強制でもあった。しかし、そうではなくなったのちも、近世社会に形成されたこうした政治的制度であり社会的習慣であった「葬式仏教」が、形を変えつつ継続している。なぜそうなのか。その課題は残らざるを得ない。

わたしたちは、生活をとりまき日常風景に融け込んでいる位牌であり仏壇であり寺院であり、こうした近世の幕藩領主権力による支配の残骸に、無自覚なままかこわれて生活している。

概括的にいえば、「葬式仏教」が寺檀関係のなかで、寺院と家との相関関係のなかで、寺請制度と寺檀制度による政治性のみならず、それ以前から社会的に形成されていたことが、「葬式仏教」継続の要因のひとつであろう。社会的現実であるがゆえに、制度的強制がなくなったのちも、継続することができているといえる。

あるいは、幕藩領主権力による「葬式仏教」の制度的固定化が、その後も習慣として継続するに充分な浸透度を持っていたとも考えられる。さらには、明治以降については、旧民法における家父長的な家制度、また、いわゆる「家族国家」観的な支配思想の影響も考えられ得る。しかし、それらがすべてなくなった現代でも、寺檀関係による「葬式仏教」、また、寺檀関係がなくとも多様な葬祭業者が関係するなかで「葬式仏教」は再編成され、継続されている。寺檀関係が脆弱になりつつあるために、経営的側面が強化されるようになったとも考えられるが、「葬式仏教」であることによる仏教の拡大は、いまだとどまることを知らないかのようである。

第三章　人格神の形成——「靖国問題」の基層

1　死者を祭神とする神社

創建年代の新しさ

日本には死者を祭神とする神社が存在する。

たとえば、天満宮（菅原道真。太宰府天満宮・北野天満宮・湯島天神など）、豊国神社（豊臣秀吉。京都市の豊国神社・大阪城内の豊国神社など）、東照宮（徳川家康。日光東照宮・久能山《くのうざん》東照宮など）、松陰神社（吉田松陰）・乃木神社（乃木希典）・東郷神社（東郷平八郎）・明治神宮（明治天皇・皇后一条美子）・平安神宮（桓武天皇）、そして靖国神社（戦死者たちなど）である。

これらをみて、第一に気づくことは、その創建年代がいずれも新しいことである（以下地名表記は現在の地名による）。

天満宮についてはあとで述べるとして、豊国神社は、一五九八年（慶長三）に死去した豊臣秀吉を京都市東山方広寺東方阿弥陀ヶ峰《あみだがみね》に葬り、彼を祭神として翌一五九九年（慶長四）、同地に創建された（豊臣氏滅亡後江戸幕府によって棄却され明治維新後再建）。東照宮は、一六一六年（元和二）に死去した徳川家康を、最初は静岡市久能山に葬ったが、翌一六一七年(元和三)、栃木県日光山に改葬して日光東照宮とした。それぞれ、豊臣政権および江戸幕府の権力と表裏一体であるかのように、その政治体制の正当性、権威構築のための創建であった。

これらは、いずれも近世の創建である。

松陰神社は、一八五九年(安政六)、安政の大獄により刑死した吉田松陰(一八三〇-五九)の遺体を、一八六三年(文久三)、東京都世田谷区若林に埋葬し、一八八二年(明治一五)、その地に社殿が造営された。乃木神社は一九一二年(明治四五・大正一)九月一三日、明治天皇の葬儀の日に自死した陸軍軍人乃木希典(一八四九-一九一二)を祭神として、一九二三年(大正一二)東京都港区赤坂の旧邸横に、東郷神社は、日露戦争日本海海戦(一九〇五年)の連合艦隊司令長官東郷平八郎(一八四七-一九三四)が、一九三四年(昭和九)に死去、一九四〇年(昭和一五)、彼を祭神として、東京都渋谷区神宮前に、創建された。明治神宮は、一九一二年(明治四五・大正一)に死去した明治天皇(一八五二-一九一二)と一九一四年(大正三)に死去したその皇后一条美子(一八四九-一九一四)を祭神として、一九二〇年(大正九)、東京都渋谷区代々木神園町に、平安神宮は、平安京(京都)遷都一一〇〇年を記念して、一八九五年(明治二八)、その遷都時の桓武《かんむ》天皇(七三七-八〇六)を祭神として、京都府左京区岡崎西天王町に創建された。

これらは、いずれも近現代の創建である。

権威としての神社

これらのうち、天皇を祭神とする明治神宮と平安神宮には、死者を祭神とする神社の性格がもっとも顕著にあらわれている。

両者は天皇を統治権者（一八八九年公布翌年施行大日本帝国憲法第一条「大日本帝国ハ万世一系ノ天皇之ヲ統治ス」）とする日本の近代国家の権力主体を祭神とした。近世までは実在の天皇が祭神とされ神社が創建されたことはなかった。

小祠まで含めて全国各地に無数にある八幡宮は、『日本書紀』で一五人目の天皇とされる応神《おうじん》天皇（?－?）を祭神とし、その総本宮は宇佐《うさ》神宮（大分県宇佐市南宇佐）である。いっぽう、八幡宮は、軍神とされ、また、神奈川県鎌倉市の鶴岡八幡宮は源氏の氏神とされるように、多様な性格を混在させている。皇居内にある宮中三殿についていえば、賢所《かしこどころ》は天照大神を祀り、皇霊殿《こうれいでん》は歴代天皇・皇族を合祀し、神殿《しんでん》は全国の神々を祀るが、これらは特定の天皇を祭神としたものではない。皇室の氏神とされる伊勢神宮についても、内宮《ないくう》は天照大神を、外宮《げくう》は豊受大神《とようけのおおかみ》を祭神とするが、これも特定の天皇が祭神ではない。

これらに対して、明治神宮および平安神宮は、特定の天皇を祭神として突出させている。

そして、「靖国問題」として、現代では政治問題となることも多い靖国神社である。これはよく知られているように、近現代日本の戦死者たちなどを祀る神社である。などとしたのは、靖国神社の祭神とされる人々は、厳密にいえば戦死者たちだけではなく、戦犯として処刑された人々、また、自衛官の殉職者も含まれており、戦死者たちに限定されていないからである。靖国神社は、戊辰戦争などの明治維新の死者たちを祭神として、一八六九年（明治二）、東京都千代田区九段北に招魂社として創建、一八七九年（明治一二）、靖国神社と改称され現在に至る。皇居・千鳥ヶ淵の東側に位置する。

もっとも、この靖国神社だけは、これまで紹介してきた神社の祭神が、特定の人物に限定されているのに対して、複数の死者を集団として合祀、また、追祀する。

いずれにせよ、これら死者を祭神とする神社は、近世初頭の豊国神社（豊臣秀吉）・東照宮（徳川家康）を嚆矢として、近現代以降、その権力主体の権威構築のために創建された神社であった。

2　政治的人格神の特徴

死のケガレを忌避しない神社

このように、死者を祭神とする神社は、創建は近世から近現代以降であり、「創られた伝統」（the invention of tradition）とでもいうべき性格を持ち、政治性の高い神社であった。

それでは、これら死者を祭神とする神社には、どのような特徴があるだろう。

その一つは、死者が祭神であることにより、死のケガレ（穢《けが》れ）を忌避しないことである。ふつう、神社および神事、また、民間信仰は死穢《しえ》を強く忌避する。

たとえば、**写真7**は、静岡県静岡市駿河区で、この地域でユミアケ（忌み明け）と呼ばれる四十九日の年忌法要の日まで、死穢を避けるために神棚の前に貼られた半紙である。また、死者を出した家族は、その年一年間（あるいは四十九日が済むまで）は神社に関係してはならない、とするところは多い。

写真7　四十九日まで神棚に貼られた半紙（静岡県静岡市駿河区下川原）2011年

しかし、神社の祭神が死者であることは、死穢を忌避しないという意味で、日本の一般的な神祇信仰・民間信仰とは異なる性格を持つことを示す。

その主体が死者の遺体である神社もある。世界遺産に登録され多くの観光客が訪れる日光東照宮は、**写真8**のような鳥居と社殿を持つ。その奥には**写真9**のような徳川家康の遺体をおさめた墓地、「奥宮」がある。左側が「鋳抜門《いぬきもん》」、奥の宝塔が家康の墓である。(12)

豊臣秀吉を祭神とする京都市の豊国神社も同様の構図である。近現代以降に創建された神社では、松陰神社は社殿横に、**写真10**のような吉田松陰の墓地がある。しかも、松陰神社では、その墓地が鳥居の背後にあり、祭神の吉田松陰だけではなく、明治維新前後に死んだ他の死者の墓地も並列する。

これらの神社は、死穢を忌避するはずの神社の内部に死者の遺体を置き、それを最終的な跪拝の対象とする。乃木神社・東郷神社・明治神宮・平安神宮・靖国神社については、神社内部に遺体（遺骨）を安置していないので、これほど顕著ではないが、このように、死者を祭神とする神社は、神社祭祀・民間信仰が忌避する死穢を忌避せず、それを祭祀対象とするという、通常の神社とは真逆の祭

(12)「鋳抜門」には、徳川家の家紋三つ葉葵とともに輪宝《りんぼう》がある。日光東照宮だけではなく、輪宝は各地の東照宮に多い。これは、明治維新の神仏分離を経た現在でも、日光東照宮が神社でありながら仏教的でもある神仏習合であることを示している。東照宮の社殿の「奥宮」、家康の墓である宝塔のすぐ前面に輪宝があることは、家康を東照大権現とした山王一実神道とは、「奥宮」＝本地を仏教とする本地垂迹説による神道であったことをわかりやすく示しているのではないだろうか。
輪宝は、古代インドの理想的国王が持つ七宝のひとつとされ、国王に先行して四方を制するとされた［新村編二〇〇八：二九七二頁］。これを家康の墓のすぐ前面にも刻印したことは、家康を理想的国王として象徴させようとしたのであろうか。

祀構造をとる。

味方が造った神社

二つめの特徴は、近世・近代以降の死者を祭神とする神社は、その死者の味方がその政治的権威の構築のために祀ったことである。近世・近現代以前からすでにあった死者を祭神とする祭祀形態は、御霊《ごりょう》信仰により、死者の祟りを恐れた敵対者が、その死者を鎮魂するために祀るものであった。たとえば、一〇世紀に創建された京都市上京区の北野天満宮は、京都に起こる天変地異・疫病などの災厄を、菅原道真の祟りと解釈した朝廷、政敵の藤原氏による祭祀であり、敵対者がみずからにもたらされる祟りを鎮めるために祀った。御霊信仰は祟りの鎮魂のための祭祀なので、すべての祭神が死者ではないが、それによる死者祭祀は、非業の死をとげた死者が祟りをもたらさないよう、その敵対者が祀る。

しかし、豊臣秀吉の豊国神社と徳川家康の東照宮によって、死者を祭神とする形態に大きな変化がもたらされた。敵対者ではなく味方、死者の後継者が死者を祭神とする。

たとえば、日光東照宮を壮大な建造物として整備し、さらに、その隣接地にみずからの墓域を設定したのは、家康からすれば孫にあたる三代将軍徳川家光(一六〇四-五一)であった。また、靖国神社は戊辰戦争以来の戦死者たちを祭神とするというが、その戦死者たちとは、日本軍などが殺害した敵国兵ではなく、日本軍の戦死者たちである。

敵対者ではなく味方の死者を祭神とする。豊国神社・日光東照宮また靖国神社は御霊信仰とは真逆の形態を持つ。

常駐する祭神

三つめの特徴は、祭神の常駐性とでもいうべき性格である。これら近世・近現代以降の死者を祭神とする神社でも祭日はある。たとえば、靖国神社でいえば、例年政治家などの参拝で話題となる八月一五日は祭日ではなく、元旦の新年祭・春季例大祭・お盆（太陽暦）のみたままつり・秋季例大祭などが重要な祭日とされる。しかし、特別な儀礼の装置が作られ、神域の移動あるいは神の遊行といえる御輿の渡御があるとか、そうした形態ではなく、社殿での祭事が中心である。

もともと、祭とは時間限定的であり、神を招きまた送る形態をとり、神が常駐することはない。た

写真8　日光東照宮（栃木県日光市山内）2017年

写真9　徳川家康墓地（栃木県日光市山内）2017年

写真10　吉田松陰墓地（東京都世田谷区若林）2013年

とえば、正月には年末になると門松が、また、神棚とは別に歳神棚《としがみだな》が造られ、そこで歳神が祀られる。しかし、それらは地域差があるものの、正月四日あるいは七日までには撤去され、歳神への祭祀は終わる。盆の死者祭祀であっても、もっとも多い月遅れのお盆では、たとえば、八月一三日夕方に招かれた死者の霊魂は、一六日朝には送られる、時間限定的な霊魂祭《たままつり》である。また、よく知られた、伊勢神宮の式年遷宮《しきねんせんぐう》、社殿の移動は、隣接地への移動にすぎないが、それが神聖性の更新とされる。**写真11**は、二〇一三年（平成二五）一〇月の式年遷宮直前、外宮の新社殿がほぼ完成している様子である。中央の鳥居の背後が旧社殿、左側の新しい建造物が式年遷宮後に移動する新社殿である。神の常駐は回避されている。

しかし、これまで紹介してきた死者を祭神とする神社は、たとえば日光東照宮における徳川家康の遺体のように、死者がそこに常駐することが重要な意味を持つ。それにより、恒常的に祭祀され、また、祈願の対象となる。

祭神の常駐性という意味で、本来の儀礼の形式、神聖性の更新、時間限定性とは異なる、新たな祭祀形態を形成している。

3　人格神の創建

創建の契機

このように、死者を祭神とする神社の特徴は、一つめのケガレを忌避しない、二つめの味方・後継者が祀る、三つめの祭神の常駐性、として三つに整理することができる。

これらにより、容易に気づかれることは、これら死者を祭神とする神社は、一般的な祭祀形態とは異なり、政治性また作為性とでもいうべき性格を潜在させていることであった。たとえば、これらのうちで政治問題化することの多い靖国神社は、これらの神社が共有する政治性・作為性を持つ典型的事例とみなすことができるであろう。

それでは、このような神社が創建されるにあたって、その契機はどのようなものであったのだろう。最初は豊臣秀吉であった。秀吉は、一九五八年（慶長三）の死去の翌年、朝廷から「神号」豊国大明神を与えられ、豊臣政権の権威構築のために京都市東山区に豊国大明神として祀られた。この「神号」豊国大明神の大明神とは吉田神道に依拠したものであった。吉田神道は、すでに述べたように、吉田兼倶が天照大神を中心とする唯一神の神道思想を構想した。この吉田神道が使った「神号」が大明神であった。

写真11　伊勢神宮外宮（三重県伊勢市宇治館町）2013年

死者を祭神とする神社の形成は、このような唯一神の思想形成の延長線上にあった。吉田兼倶の段階では、それは実践されなかったが、豊臣政権によって利用されたとき、秀吉を唯一神として、しかもその遺体を祭祀対象とする形態が創造された。徳川家康の東照宮の「神号」、東照大権現の大権現は、家康に大きな影響力をもった天台宗僧侶天海《てんかい》（?―一六四三）の影響であろう、天台宗系の神道、山王一実神道によった。

このように、死者を祭神とする形態の形成は、絶対的な唯一神思想の延長線上ではじめられた。そして、それはその唯一神の絶対的な権威により、政権の正当性の根拠を創出しようとするものであった。

こうした政治思想が第一義的であるために、死者が持つケガレを忌避することなど、無意味となったのであろう。

ケガレを忌避しない新しい神社の創造であった。

そしてまた、近世以降は、御霊信仰的な側面でも、死者を祭神とする神社が増加する。徳川家康の東照大権現と豊臣秀吉の豊国大明神にちなんでいるのであろうか、民間にも大権現と大明神が存在する。

民間の「大権現」と「大明神」

山口県大島郡周防大島町西屋代に、**写真12**の大友大権現という小祠がある。大友様ともよばれる。一七九九年（寛政一一）に斬首された大野友之丞という武士の頭部を祀ったのがこの小祠といわれている。斬首されて頭部だけがここに納められ、「お参りすれば首から上の病気は治してあげよう」という遺言があったということで、その命日といわれる三月二八日をはじめ毎月二八日には、首からの上の病気治癒祈願に訪れる人が多い。斬首という非業の死をとげた人物が、現世利益的祈願の対象となった。「神号」は「大権現」であり、徳川家康の東照大権現と同じ「神号」を自称している。そして、その小祠は寺院境内墓地のなかにある［**写真12**の社殿の背後］。ケガレの空間、墓域のなかに、頭部をおさめたという大権現の社殿が位置する。

徳島県美馬市脇町西赤谷に**写真13**の山彦大明神という神社がある。一〇月二四日が祭日である。この山彦大明神は、正徳年間（一七一一－一六）、伊勢伝左衛門という武士が、不思議なことをするとされ死刑となった。しかしその後、この地域の大名が病気になるなど不幸が続いたので、そのためにここに祀られた。日中戦争からアジア太平洋戦争中は、出征兵士がここに祈願すると助かるとされ、にぎわったという［岩田 二〇〇三：一六九－一七二頁］。この山彦大明神も祭神は処刑された武士であり、御霊信仰的である。その「神号」は大明神であり、豊国大明神と同じ「神号」を自称する。

近世の百姓一揆で刑死した指導者を祭神とする例も多い。第一章でもみたように、代表例として

写真12　大友大権現（山口県大島郡周防大島町西屋代）2013年

写真13　山彦大明神（徳島県美馬市脇町西赤谷）1995年

写真14　宗吾殿（東京都台東区寿）2013年

千葉県佐倉市の佐倉惣五郎をあげることができる。惣五郎は一六五三年（承応二）刑死したとされる。その後、領主の堀田氏の改易などが惣五郎の祟りによるものとされ、事件から約九〇年後、堀田氏の弟の子孫が同地の領主となり、千葉県佐倉市大佐倉に口ノ明神を、また、江戸屋敷に宗吾殿を祀り、さらには、千葉県成田市宗吾には宗吾霊堂などが建立された。刑死したとされる百姓一揆の指導者が祭神とされた。写真14は東京都台東区寿の堀田氏江戸屋敷跡に残る宗吾殿である。惣五郎の物語は、一八五二年（嘉永五）初演の歌舞伎『東山桜荘子』でも知られるようになり、宗吾殿には歌舞伎関係・芸能関係者の奉納物も多い。この佐倉惣五郎を祭神としたのは、祟りがあったとされる領主堀田氏であった。処刑されたとされ、さらに、その領主が祟られたとされ、それらにより、最初は口ノ明神として、明神という「神号」によって祀られた。

豊臣秀吉の「神号」豊国大明神、徳川家康の「神号」東照大権現、これらは彼らの政治体制の権威のために創出されていた。彼らの死と彼らを祭神とする思想は、祟りを鎮めるために敵対者が祭祀を行なう御霊信仰とは異なる。しかし、いまみたような、御霊信仰的な死者を祭神とする神社においても、政治的「神号」として利用された大明神・大権現が使われている。

政治的権威のための人格神と、御霊信仰的なそれとは異質でありながら、現実の社会では両者は混在する。

そして、いまみた大友大権現のように、斬首された死者の頭部を祭神とする神社が建立された。政治性がない御霊信仰的な人格神においても、ケガレを忌避しない神社が形成されていた。

4　靖国神社のとらえ方

写真15の靖国神社は、「靖国問題」の政治性によってクローズアップされる。しかし、死者を祭神とする神社という意味では、近世以降形成されてきた人格神のひとつであった。そして、これらの人格神は、その起点であった、豊臣秀吉の豊国大明神、徳川家康の東照大権現に代表されるように、その政治体制の権威の構築であった。

政治的であることは、社会文化に対して、修正また歪曲をもたらすことがある。たとえば、これらの人格神は、ケガレを忌避するはずの神社祭祀であるが、ケガレを容認させていた。

写真15　靖国神社（東京都千代田九段北）2016年8月15日正午

靖国神社が死者を祭神とすることは、たとえそこに遺体・遺骨はないにせよ、ケガレた死者を祭神とするという意味で、明らかに、神社祭祀の修正また歪曲であった。その系譜は、近世初頭最大の権力者、豊臣秀吉・徳川家康によってレールが敷かれ、その延長線上に、近現代の靖国神社の形成があった。「靖国問題」として政治問題・国際問題となる靖国神社の政治性とは、直接的な現代政治のなかのみにあるのではない。そもそもの、こうした死者を祭神とする人格神の形成のなかにあった。

御霊信仰的な人格神があるように、人格神のすべてが政治的であるというのではない。しかし、死者を祭神とする代表的神社のほとんどが政治的創出であることをみたとき、靖国神社を「靖国問題」のなかだけで論じるのではなく、死者を祭神とする神社群の政治性および作為性のなかでとらえなおす必要があるように思われるのである。

第四章　明治政府新造の人格神――墓を抱え込んだ神社と脱落させた靖国神社

1　近現代の人格神

明治政府は多くの人格神を新造した。死者を祭神とする神社の創設である。北白川宮能久《きたしらかわのみやよしひさ》（一八四七―九五）を祭神とした台湾神社（一九〇一年設置。一九四四年天照大神を合祀し台湾神宮。一九四五年廃絶）など植民地神社を除き、そのほとんどは、現在まで有名神社として継続する。戦死者たちを祭神とする靖国神社はその代表例といってよいだろう。

明治政府が新造した靖国神社を、同じく明治政府が新造した他の人格神と関連させてとらえ、それらとの異同を明らかにしつつ、靖国神社を再措定することができないだろうか。

ここでの課題は、靖国神社を明治政府が新造した人格神のうちのひとつと考え、他の人格神との比較において、その性格を抽出することにある。たとえば、台湾神社の祭神が北白川宮能久、平安京遷都（七九四年）一一〇〇年を記念した平安神宮（一八九五年創建）の祭神が桓武天皇であるように、明治政府新造の人格神には特定の個人が多い。しかし、靖国神社の祭神はそれらとは異なり、尊攘派の死者たちであり、また、戦死者たちであり、複数の彼らを合祀し祭神とする。靖国神社の祭神は彼ら死者たち・戦死者たちとともに無制限に増大し、追祀は容易である。
より正確にいえば、祭神が固定されているのではなく、不断の合祀にこそ、靖国神社の拡大し続ける特徴が存在するとさえいえよう。

このように、明治政府新造の人格神は、同じく死者を祭神とするとはいえ、その形態には、異相もあった。こうした異相についても考慮に入れながら、明治政府新造の人格神、靖国神社の性格を抽出してみたいと思う。

具体的対象は、明治維新期、靖国神社の原型の形成、一八六八年（慶応四・明治一）の京都東山における招魂社の新造、翌一八六九年（明治二）のその実質的移転、東京九段坂上における招魂社の新造である。これらを、招魂社のみに限定せず、他の人格神の新造と関連させながら確認してみたいと思う。

2　湊川神社・豊国神社・招魂社

神仏分離

一八六七年（慶応三）一〇月一四日、徳川慶喜（一八三七－一九一三）による大政奉還、同年一二月九日王政復古の「沙汰《さた》」書により、江戸幕府は崩壊した。かわって、明治政府が成立する。

年がかわり、一八六八年（慶応四・明治一）一月三日、鳥羽伏見の戦いで旧幕府軍が敗北する。戊辰戦争のはじまりであった。江戸城開城は四月一一日、しかし、五月三日、明治政府に対抗する奥羽越《おううえつ》列藩同盟《れっぱんどうめい》が成立する。会津藩の降伏は九月二二日であった。

この間、三月一七日、明治政府のなかの神祇事務局から、神社所属僧侶の還俗《げんぞく》命令が、同月二八日には神仏判然令《しんぶつはんぜんれい》が出された。古代末以来継続してきた本地垂迹説《ほんちすいじゃくせつ》に基づく神仏習合が否定され、神仏分離が強行される。

湊川神社新造

この神仏分離強行ののち、いまだ戊辰戦争のさなか、奥羽越列藩同盟との戦い開始以前の段階で、三つの人格神が誕生させられる。

一つめは、楠正成《くすのきまさしげ》（一二九四？–一三三六）を祭神とする湊川《みなとがわ》神社である。四月二一日、太政官から神祇事務局に対して、次のような「楠社」新造の「沙汰」書が出された。

大政更始《こうし》之折柄《おりがら》、表忠之盛典被為行《おこなわさせられ》、天下之忠臣孝子ヲ奨励被遊《あそばされ》候ニ付テハ、楠贈正三位《さんみ》中将正成精忠節義其功烈万世ニ輝キ、真ニ千載之一人臣子之亀鑑ニ候故《ゆえ》、今般《こんぱん》神号ヲ追諡《ついし》シ、社壇造営被遊度《あそばされたき》　思食《おぼしめし》ニ候、依之《これによって》金千両御寄附被為在《あらさせられ》候事

但、正行《まさつら》以下一族之者等、鞠躬《きくきゅう》尽力其功労不少段《すくなからざるだん》、追賞被遊《あそばされ》合祀可有之《これあるべき》旨被　仰出事。

［内閣官報局編 一八八七a：一〇〇–一〇一頁］［太政官編 一九二九a：七六八頁］［闕字–原文。以下同じ］［句読点は適宜補った–引用者。以下同じ］

楠正成は、南北朝期の南朝の武将、一三三六年（北朝暦＝建武《けんむ》三・南朝暦＝延元《えんげん》一）、神戸の湊川の戦い

で、弟の楠正季《まさすえ》（?－一三三六）などとともに戦死した。「正行」は楠正成の子である。五三二年前に戦死したその楠正成に「神号」を授与し、「社壇」造営を指示する「沙汰」書であった。

よく知られる、『太平記』における楠正成・正季兄弟の最期は、次のようなものであった。

正成座上ニ居ツヽ、舎弟《しゃてい》ノ正季ニ向テ、「抑《そもそも》最期ノ一念ニ依テ、善悪ノ生《しょう》ヲ引トイヘリ。九界《きゅうかい》ノ間ニ何カ御辺《ごへん》ノ願ナル。」ト問ケレバ、正季カラ〳〵ト打笑テ、「七生《しちしょう》マデ只《ただ》同ジ人間ニ生レテ、朝敵ヲ滅サバヤトコソ存《ぞんじ》候へ。」ト申ケレバ、正成ヨニ嬉シゲナル気色《きしょく》ニテ、「罪業《ざいごう》深キ悪念《あくねん》ナレ共我モ加様《かよう》ニ思フ也。イザヽラバ同ク生《しょう》ヲ替テ此本懐ヲ達セン。」ト契テ、兄弟共ニ差違《さしちがえ》テ、同枕ニ臥ニケリ。〔後藤他編 一九九三：一五九頁〕

正成が弟の正季に向かい、その最期にのぞみ、何か言うことはないかと問う。正季は「七生報国」、七回生まれかわって「朝敵」を滅ぼしたい、と言う。正成も同じ気持ちであるとうれし気に言い、二人は差し違えて最期を迎えた。

忠君愛国のもっとも典型的な言葉、「七生報国」、その原点がこの楠正成の最期にあった。

もっとも、この楠正成の「七生報国」は、神道的観念によっているのではない。この「七生報国」を吐く直前、正成たちの行為は、「念仏十返《じゅっぺん》許《ばかり》同音ニ唱《となえ》」るというものであった〔後藤他編 一九九三：一五九頁〕。仏教的観念、いまわのきわに、念仏をくりかえすことにより「西方極楽」往生する、浄土思想にもとづいていた。正成が「罪業深キ悪念」と言っているのは、「西方極楽」往生するための念仏を唱えながら、この世に七回生まれかわる、という矛盾する遺志を述べているからである。

「七生報国」の原点とされる楠正成の最期は、仏教的観念、浄土思想に基づいて実行された言動であった。

楠正成戦死の記憶

一六九二年（元禄五）、水戸学の祖、朱子学に傾倒していた水戸藩主徳川光圀（一六二八－一七〇〇）が、この楠正成の戦死地とされた土地に、その墓を造営した。**写真16**がそれである。その台座は儒葬式で「亀《き》趺《てつ》」により、前面には「嗚呼《ああ》忠《ちゅう》臣《しん》楠《なん》子《し》之《の》墓《はか》」と刻んだ。『太平記』ではその死が仏教的観念によっていたにもかかわらず、徳川光圀はそれを朱子学的観念によって置き換えた。

写真16　楠正成墓（兵庫県神戸市中央区多聞通 湊川神社内）2016年

写真17　湊川神社（兵庫県神戸市多聞通）2016年

明治維新後、この楠正成の墓とされる場所に、神社を建立しようというのである。一八七二年（明治五）五月、湊川神社が新造された。**写真17**が湊川神社である。その墓「嗚呼忠臣楠子之墓」は、この湊川神社境内入口横にある。現在では、この湊川神社が中心となるため、正成の墓は脇役であるが、もともとは正成の墓が先行し、明治維新後、その土地に湊川神社が付加されたという経緯である。

楠正成は仏教的観念により「七生報国」をとなえ戦死した。しかし、徳川光圀はその墓を朱子学的観念によって造営した。そして、明治新政府は国家神道による湊川神社を新造した。

楠正成の死は、仏教（本人）⇒朱子学（徳川光圀）⇒国家神道（明治新政府）と、その意味が三転している。時代がその死の記憶を変換させていた。

そして、この湊川神社は、別格官幣社《べっかくかんぺいしゃ》の第一号でもあった。湊川神社完成の前年、一八七一年（明治四年）五月一四日、太政官布告「官社以下定額及神官職員規則等」は、神社の社格を決定する。伊勢神宮を頂点として、天皇に関係の深い神社を官幣大社《かんぺいたいしゃ》・中社・小社、地域の有力神社を国幣大社《こくへいたいしゃ》・中社・小社、その他を諸社とし、これらに含まれず、天皇と関連の深い人物を祭神とする神社を別格官幣社とした。

国家神道における神社序列が形成された。

その別格官幣社の最初であり、戊辰戦争のさなかに新造された一つめの人格神が、楠正成墓の湊川神社であった。

豊国神社再建

一八六八年（慶応四・明治一）、戊辰戦争のさなか、新造された人格神の二つめは、豊臣秀吉（一五三六－九八）を祭神とする豊国神社である。正確にいえば、これは再建であるが、実質的には新造といってよいだろう。

四月二一日の「楠社」新造の「沙汰」書から約五〇日後（この年は閏《うるう》四月があった）、五月一〇日、豊臣秀吉を祭神とする豊国社の再建を指示する太政官布告が出された。

> 先般《せんぱん》、浪華《なにわ》ヨリ　大駕《たいが》御凱旋之節、豊太閤《とよたいこう》之社御建立被　仰出候、抑《そもそも》太閤ハ揆乱反正《きらんはんせい》翼戴紏合《よくたいきゅうごう》、其功績古今ニ亘《わた》リ、加之《これにくわえ》　皇威ヲ海外ニ赫輝《かくき》シ　宝運ヲ振起シ万世人臣之模範ト相成候段《あいなりそうろうだん》、深御《ふかくご》称与《しょうよ》被遊《あそばされ》、先年致敗毀《はいきいたし》候豊国山之廟祠《びょうし》更ニ御再興被　仰出候。
>
> 〔内閣官報局編 一八八七a：一五九頁〕〔太政官編 一九二九c：一一八頁〕

この太政官布告冒頭の、明治天皇（「大駕」）が「先般」「浪華」より「豊太閤之社」建立を指示したというのは、閏四月六日、神祇事務局あて、大坂城付近に豊国社建立を指示した「沙汰」書のことである〔内閣官報局編 一八八七a：一一六頁〕〔太政官編 一九二九b：二三三頁〕。ここでは、それに加えて、京都東山に、棄却されたままの豊国社再建を指示している。

豊臣秀吉は、一五九八年（慶長三）八月一八日、伏見城で死去した。しかし、その死去は秘密とされ、翌一五九九年（慶長四）四月一三日、その遺体は伏見城から京都東山の阿弥陀ヶ峰に移された。四日後の一七日、朝廷から「神号」豊国大明神が与えられ、翌一八日、豊国社が正遷宮された〔続群書類聚完成会 一九七〇：一四六、一八一頁〕。豊国社は繁栄した。しかし、一六〇三年（慶長八）江戸幕府の成立、一六一五年（慶長二〇・元和一）大坂の役による豊臣氏滅亡にともない、幕府の指示により破壊された。大坂落城による豊臣秀頼（一五九三－一六一五）の自死が五月、この年は閏六月があり、七月九日には、豊国社の破壊が指示された。豊国社の神宮寺僧侶であった梵舜《ぼんしゅん》（一五五三－一六三二）がこの日の日記に次のように記す。

豊国大明神之御事、大仏殿之内ニ被移《うつされ》、社頭ヲハ一円ニ被壊《こわさるる》之由、伝長老ヨリ内證之使来《つかいきたる》ニヨリ驚入立上、中々無是非《ぜひなき》也。
〔続群書類従完成会編 一九七九：一八九頁〕

「大仏殿」とは、方広寺《ほうこうじ》大仏殿のことである。豊国社を破壊し、豊国大明神を方広寺大仏殿に移すという指示を、江戸幕府のブレーン南禅寺金地院の崇伝（「伝長老」）が内々に伝えていた。

江戸幕府による豊国社破壊は徹底的に実行された。明暦年間（一六五五－五八）・万治年間（一六五八－六一）ごろまではその跡が残っていたが、それも失われていった〔神宮司庁編 一九〇一：一六五三頁〕。京都町奉行所与力神沢《かんざわ》杜口《とこう》（一七一〇－九五）が明和年間（一七六四－七二）に記した随筆『翁草《おきなぐさ》』巻三十五「豊国社の事」は、「今は旧地の跡もなく、郊野と成て、豊国の名をだに知人《しるひと》も稀なり」〔日本随筆大成編輯部編 一九七八：四四八頁〕と記す。

このように、江戸幕府によって破壊された豊国社であった。

しかし、明治政府は、戊辰戦争のさなか、その再建を指示した。明治政府軍が旧幕府軍と戦う戊辰戦争の最中である。豊臣秀吉が後陽成天皇（一五七一－一六一七）と関係が深かったからだけではなく、敵（徳川）の敵（豊臣）は味方、というわけであろうか。

京都東山の豊国神社再建は、一八八〇年（明治一三）五月であった。別格官幣社とされた。**写真18**が豊国神社である。ここから京都国立博物館・京都女子学園を隔てて南東の位置に、**写真19**の巨大な五輪塔による豊国廟がある。これは一八九八年（明治三一）建立で、建築家伊東忠太（一八六七―一九五四）設計による。豊国神社は、南東方向、京都東山に向けて、豊臣秀吉墓である豊国廟を遥拝する空間配置をとる。

京都の招魂社新造

豊国社再建の太政官布告があった一八六八年（慶応四・明治一）五月一〇日、その同じ日、もうひとつの人格神の新造を指示する二つの太政官布告が出された。

写真18　豊国神社（京都府京都市東山区大和大路正面茶屋町）2014年

写真19　豊国廟（京都府京都市東山区今熊野北日吉町）2014年

それが、戊辰戦争のさなか、新造された人格神の三つめ、招魂社であった。靖国神社の原型、招魂社新造は、豊臣秀吉を祭神とする豊国社再建と同日の二つの太政官布告によっていた。

二つの太政官布告のうち一つは、ペリー来航以来の尊攘派死者たちを祭神とする招魂社設立の指示であった。比較的よく知られ、また、長文になるが、靖国神社の原型を示すものなので、全文を引用しておこう。

大政御一新之折柄、賞罰ヲ正シ、節義ヲ表シ天下之人心ヲ興起被遊度《あそばされたく》、既ニ豊太閤、楠中将之精忠英邁《せいちゅうえいまい》　御追賞被　仰出候、就テハ癸丑《きちゅう》以来唱義尽忠《ぎをとなえちゅうをつくし》、天下ニ魁《かい》シテ国事ニ斃《たお》レ候諸士及草莽《そうもう》有志之輩、冤枉罹禍者不少《えんおうりかのものすくなからず》、此等之所為、親子之恩愛ヲ捨テ、世襲之禄ニ離レ、墳墓之地ヲ去リ、櫛風沐雨《しっぷうもくう》、四方ニ潜行シ、専《もっぱ》ラ旧幕府之失職ヲ憤怒シ、死ヲ以テ哀訴、或ハ搢紳家《しんしんか》ヲ鼓舞シ、或ハ諸侯門ニ説得シ、出没顕晦《しゅつぼつけんかい》、不厭万苦《ばんくをいとわず》、竟《つい》ニ抛身命《しんみょうをなげうち》候者全ク名義ヲ明ニシ、皇運ヲ挽回セントノ至情ヨリ尽力スル処、其志実ニ可嘉尚《かのうすべし》、況ヤ国家ニ有大勲労者《だいくんろうあるもの》、争カ湮滅《いんめつ》ニ忍フ可《べけ》ンヤト、被歎　思食候、依之《これによって》、其志操ヲ天下ニ表シ、且忠魂ヲ被慰度《なぐさめられたく》、今般東山ノ佳域ニ祠《し》宇ヲ設ケ、右等之霊魂ヲ永ク合祀可致《いたすべき》旨、被　仰出候、猶天下之衆庶益節義ヲ貴《たっと》ヒ、可致奮勤様《ふんきんいたすべきよう》　御沙汰候事。

〔内閣官報局編 一八八七a：一五九－一六〇頁〕〔太政官編 一九二九c：一一九頁〕

これは、先に楠正成を祭神とする「楠社」、豊臣秀吉を祭神とする「豊国社」、彼らの「精忠」に対して「追賞」を指示したが、それらに加えて、ペリー来航（「癸丑」）以来、多くの尊攘派（「草莽有志之輩」）が死んだので、その「忠魂」のために、京都東山に「祠宇」を設置し合祀する、というものであった。
もう一つの太政官布告は、戊辰戦争の戦死者たちを祭神とする招魂社設立の指示である。これも、全文を紹介しておこう。

当春伏見戦争以来、引続キ東征、各地之討伐ニ於テ忠奮戦死候者、日夜山川ヲ跋渉《ばっしょう》シ、風雨ニ暴露シ、千辛万苦、邦家之為メ終ニ殞命《いんめい》候段、深ク不憫《ふびん》ニ被 思食候、最其忠敢義烈《ちゅうかんぎれつ》、実ニ士道之標準タルヲ以テ、叡感《えいかん》之余リ、此度東山ニ於テ新ニ一社ヲ御建立、永ク其霊魂ヲ祭祀候様

写真20　霊山護国神社（京都府京都市東山区清閑寺霊山町）2014年

写真21　霊山護国神社境内東側墓地（京都府京都市東山区清閑寺霊山町）2014年

被 仰出候、尚向後《こうご》 王事ニ身ヲ殲《せん》シ候輩、速ニ合祀可被為在候間《あらさせらるべく》、天下一同此旨ヲ奉戴シ、益《ますます》可抽忠節《ちゅうせつをぬくべし》、且戦死之者等、其藩主ニ於テモ厚ク 御趣意ヲ可奉体認旨《たいにんたてまつるべきむね》被 仰出候事。

［内閣官報局編 一八八七a：一六〇頁］［太政官編 一九二九c：一一九頁］

これは、鳥羽伏見の戦い以来、旧幕府軍との戦闘で「忠奮戦死」した者たちのために、京都東山に「一社」を設置し合祀する、というものであった。

これらによって新造されたのが、京都東山の招魂社である（のち霊山官祭招魂社《りょうぜんかんさい》、一九三九年霊山護国神社）。**写真20**が霊山護国神社、**写真21**はその社殿東側に並ぶ尊攘派・戊辰戦争の戦死者たちの墓である。鳥居があるものもある。

3 ケガレ解消の政治決定

一八六八年（慶応四・明治一）、戊辰戦争のさなか、奥羽越列藩同盟との戦いの前段階の時期、相次いで新造された人格神を整理してみた。これらの祭神から共通項を抽出してみると、その第一には、天皇への「忠魂」を基準として死者が祭神とされ、神社が新造されたことである。一つめの湊川神社の楠正成、二つめの豊国神社の豊臣秀吉、三つめの尊攘派・戊辰戦争戦死者たちの招魂社、である。

そして、これらには第二の共通項があった。それは、いずれもが、死者の墓を神社としていたことである。湊川神社は楠正成墓、豊国神社は豊臣秀吉墓、招魂社が尊攘派・戊辰戦争の戦死者たちの墓である。太政官布告などによる明治政府の指示では、造営方法は決められてはいない。しかし、現在あるこれらの空間配置を確認してみると、いずれもが、その背後・内部に祭神となった人物の墓を位置させている。神社は神聖であり、死穢などケガレを忌避するはずである。しかし、これら三神社は、いずれも、死穢を充満させているはずの墓をその内部に抱え込んでいる。

矛盾と考えることができないだろうか。

これに関連して、湊川神社新造を指示した四月二一日から一五日余後、また、豊国神社再建と招魂社新造の太政官布告から約三〇日余前、閏四月七日、神祇事務局で、ひとつの決定が行なわれた。それは、文久天皇墓改築事業で「山陵修補御用掛嘱託」をつとめ考証書『山陵考』の著者でもある谷森《たにもり》善臣《よしおみ》（一八一八－一九一一）の、次のような意見が容れられた結果であった。

> 皇国ノ古典ヲ通考《つうこう》仕《つかまつり》候ニ、上代ニハ　天皇ヲ現津御神《あきつみかみ》ト称奉《たたへたてまつり》候テ、現在ニ神ト被為在《あらさせられ》候御儀ニ御座候ヘハ、幽界ニ被為遷《うつさせられ》候テモ又　神ト被為在候事、更ニ疑ナキ御事ニ御座候、然ルニ中世以来、仏徒ノ巧説ニ被為拘泥《こうでいさせられ》候テ、御大切ナル御葬祭ヲ一切僧徒ニ委任被遊《あそばされ》候ノミナラス、其御陵処ヲモ専《もっぱ》ラ仏寺ノ境内ニ被為営《いとなまさせられ》候事ニ相成候ニ、懸《かけ》マクモ畏キ　天皇ノ山陵ヲハ、穢処《えしょ》ノ様ニ心得候人モ在之《これあり》候ハ、余リニ歎ケ敷御事ニ御座候、元来葬祭ハ人倫之大事ニ御座候ヘハ、左様ニ軽々敷僧徒ニ御任セ遊ハサルヘキ御事ニハ不被為在《あらさせられざる》義ト奉存《ぞんじたてまつり》候、今般御一新ノ折カラ、何卒《なにとぞ》此弊風ヲモ御改正被遊《あそばされ》、山陵ノ御祭祀モ　御在世ニ不被為替《かえさせられず》、公卿大夫御懇篤ニ御奉仕可被為成《ならさせらるべく》御儀奉存候、又、山陵ハ万代不易ノ幽宮ニ被為在候ヘハ、世人ノ穢処ト心得申サヽル様、天祖之神宮ニ被為擬《ぎせさせられ》、潔清ニ　御尊崇被為在度奉存候事。
>
> 〔太政官編　一九二九b：二六四頁〕

谷森によれば、長年、天皇の葬祭は僧侶に任されてきたので、天皇墓はケガレ（「穢処」）とされてきた。しかし、天皇は神聖（「現津御神」）であり、死後（「幽界」）もそうであるので、天皇墓はケガレ（「穢処」）ておらず、伊勢神宮（「天祖之神宮」）に擬制され神聖視されるべきである、とされる。

この谷森の天皇墓イコール神聖（非ケガレ）論に対しては、考証学者勢多《せた》章甫《のりみ》（一八三〇－九四）の反対意見があった。しかし、「御穢《おんけがれ》ノ事、廟議《びょうぎ》遂ニ之ナキニ決セリト云」［太政官編 一九二九b：二六四頁］とされた。

天皇墓は墓であるが、そこは神聖でありケガレはない、という政治決定である。

楠正成墓の湊川神社、豊臣秀吉墓の豊国神社、尊攘派・戊辰戦争の戦死者たちの墓の招魂社、いずれも天皇への「忠魂」者の墓であった。

天皇への「忠魂」が存在する墓であるので、天皇墓に準ずるのであろうか。

4　靖国神社の原型

東京の招魂社新造

これらのうち、招魂社だけはさらなる展開をとげ、靖国神社となる。

靖国神社とは、ケガレているはずの戦死者たちの墓を抱え込んだ招魂社の発展形態であった。

一八六九年（明治二）、戊辰戦争は最終段階に入る。五月一八日、函館戦争が終わった。それに先立ち、二月二四日、太政官が京都から東京(一八六八年七月一七日江戸を東京都と改称)へと移される。事実上の東京遷都であった。

函館五稜郭の戦いの終了から約四〇日余後、六月二九日から五日間、遷都された東京の九段坂上、招魂場で、戊辰戦争戦死者三五八八人を祀るための祭典が行なわれた。

その五日前の六月二四日、次のような軍務官布告が出された。

来ル廿九日ヨリ五日間之間、於九段坂上招魂場《くだんさかうえしょうこんばにおいて》、昨年来戦死候者、右祭典被為行《おこなわさせられ》候、此段申達候事。

〔内閣官報局編 一八八七b:二三七頁〕

同日、その祭典内容を示す、もうひとつの軍務官布告が出された。

祭事順序初而祝砲　勅使御差立相成候事。
第二日三日四日之間角力奉納之事(中略)。
第五日昼夜花火奉納之事。

〔内閣官報局編 一八八七b:二三七頁〕

招魂場を設営しての祭典であった。明治天皇はこの招魂場に「勅使」を派遣し、「幣物」を供え参拝している。祭主は、奥羽越列藩同盟との戦闘での司令官小松宮彰仁《こまつのみやあきひと》(一八四六―一九〇三)であった〔宮内庁編 一九六九:一四六―一四七頁〕。

祭典では、六月二八日夜、「霊招ノ式」が行なわれた。二九日、「勅使」・華族などが参拝、その神饌は、酒・餅・洗米・鮮魚・干魚・海菜（昆布・わかめ）・山の物（栗・柿・ぶどう）・野菜（大根・人参・ゴボウ・長芋・しょうが）・塩・水であった。これは連日行なわれた［靖国神社編 一九八三：三〇－三二頁］。二日目から四日目までは相撲の興行、最終日五日目の花火の打ち上げなど、都市的祭礼の性格もあるが、その根幹は、招魂場に「霊招」した戊辰戦争戦死者たちの霊魂への神事であった。

明らかに、戊辰戦争戦死者たちを神聖視している。供えられた神饌《しんせん》をみるだけでも、そこには死者に対してのケガレ観はない。

正確にいえば、この段階では、祭典のための臨時の招魂場にすぎなかった。しかし、この祭典が終了してから三日後の七月八日、軍務官「上申」書において、招魂場は恒常的な施設、社殿による招魂社とされた［靖国神社編 一九八三：三五－三六頁］。

一八七五年（明治八）一月一五日には、京都東山の招魂社の祭神を合祀する［靖国神社編 一九八七：一一三頁］。

招魂社は、一八七七年（明治一〇）の西南戦争を経て、一八七九年（明治一二）六月四日、靖国神社と改称され、別格官幣社となった。

会津戦争・函館戦争の明治政府軍墓地

この靖国神社の成立過程は、京都東山の招魂社、東京の招魂社の発展過程であった。しかし、その起点となった京都東山の招魂社を基準とすれば、それが最初抱え込んでいた戦死者たちの墓が脱落、あるいは、分離していく過程でもあった。

たとえば、**写真22**は、戊辰戦争のうち、会津戦争における明治政府軍側の戦死者墓地である（会津では「西軍」墓地とされる)。藩別に区画が整備されており、この部分は土佐藩兵たちの墓域である。戦死地である会津に造られた。

写真23は、函館戦争における明治政府軍側の戦死者墓地である。函館護国神社境内地、社殿横にある。合計五六基を数える。その石塔正面の氏名には「神霊」「霊神」「霊魂」と記されたものもある。第一列は福山藩兵たちのものが多い。戦死地である函館に造られた。

函館では、一八六九年(明治二)、函館戦争が終わった五月一八日から三日後の二一日、招魂場で招魂祭が行なわれた。その上で、招魂社が新造され、九月五日から七日まで祭典が挙行された〔函館護

写真22　会津戦争明治政府軍墓地(福島県会津若松市大町)2014年

写真23　函館戦争明治政府軍墓地(北海道函館市青柳町)2017年

国神社パンフレット」。

墓地のない東京の招魂社

しかし、東京の招魂場および招魂社では、彼らの墓はないままに、祭神とされ祭祀対象となった。招魂社は、その起点、京都の招魂社では、戦死者たちの墓を抱え込んでいた。しかし、東京に招魂場および招魂社が移転した段階で、墓が脱落した。神社内に墓が存在しなければ、ケガレ観の有無についての議論も雲散霧消する。また、墓が存在しなければ、戦死者たちがいかに増加しようとも、さらには、遺体確認の有無とも無関係に、合祀が容易となる。

一八六八年（慶応四・明治一）の楠正成墓の湊川神社、豊臣秀吉墓の豊国神社、これらは、特定個人を祭神としていた。尊攘派・戊辰戦争の戦死者たちの墓、京都東山の招魂社、これらは複数の戦死者たちを祭神とするが、境内地での墓の造営を可能とする規模であった。明治政府新造の人格神は、こうした墓を抱え込むことにより、個人性・有名性の高い地点から誕生した。しかし、戦死者たちが増加すればするほどに、また、戦争が拡大し、時間的にも長期間におよび、空間的にもその戦死地が遠方になればなるほどに、招魂社が彼らの墓を抱え込むことは停止された。そして、戦死者たちの増加は、その個人性・有名性を低下させた。墓を脱落させ、複数性・無名性を高め、俗な表現を使えば、十把ひとからげの戦死者祭祀に転換していた。

靖国神社とは、明治政府新造の人格神のひとつであり、その起点では、墓を抱え込んだ楠正成の湊川神社、豊臣秀吉の豊国神社とも並列する。しかし、戦死者たちの増加および戦死地遠隔地化の過程で、墓が脱落し、人格神でありながら、特定個人ではなく、不断の追祀による合祀、集合祭祀を可能とする独自の形態を形成し肥大化、自転するようになった神社ではないのか、そのように考えられるのである。

II

戦死者の
墓のちかくを
わが汽車は
幾たびか過《す》ぐ
国《くに》をし行けば

斎藤茂吉（一九三九年）

第五章　「未完成の霊魂」と大量死──逆縁

1　大量死の視点から

人間の歴史には大量死が多い。

自然災害・戦争・飢饉・伝染病などを原因とする。自然災害といえども、人災の要素が含まればあいもあり、政治的・軍事的暴力としての戦争による死も、自然条件と関係していることもあろう。複数の要因がからまりあうこともある。

たかだかこの一世紀ほどの日本の歴史をひもとくだけでも、そこには、多くの大量死があった。思いつくままに列挙してみると、伝染病では一八七〇年代－八〇年代のコレラ流行、一九一八年（大正七）から翌年にかけてのインフルエンザ（スペイン風邪）流行、戦争では日清戦争・日露戦争、そして、アジア太平洋戦争。「震災」とされた地震をとりあげてみても、一九二三年（大正一二）関東大震災、一九九五年（平成七）阪神・淡路大震災、そして、二〇一一年（平成二三）三月一一日の東日本大震災である。

人間がふつうの日常生活のなかで死んだとき、その死は鄭重に悼まれ、その親族・地域社会により葬儀が行なわれ、それらによる「お墓」に遺体・遺骨がおさめられる。ひとりひとりの死が個体別に扱われる。民俗学・人類学・宗教学など人文科学における葬送儀礼・墓制また霊魂観研究は、こうした状況のもとでの死者を基準としてきた。しかし、非日常の大量死が現実に起こったとき、死者はどのように扱われたのか。大量死は非業の死である。突然であることも多い。

ここで考えてみたいのは、日常生活のなかでのふつうの死ではなく、こうした非日常の死、また、そのうちの大量死である。大量死のばあいは、それが非日常であるにもかかわらず、その量的規模によって、逆に非日常が日常化することさえある。

また、大量死は、年齢順による高齢者からの死ではなく、逆縁を大量に発生させる。親が先に逝くのではなく、子が先に逝くこともある。

死を、ふつうの死ではなく、非日常の死と大量死からみつめることにより、死生観・葬送儀礼・墓制をとらえなおすことができないだろうか。

2　戦死者の親

乃木希典と「裏門校長」

戦争で子供を亡くしたひとりの軍人の話からはじめたい。「忠君愛国」の代表者として知られてきた人物である。

乃木希典。

日露戦争の旅順攻防戦の司令官、というだけではなく、明治天皇の葬儀の日、一九一二年（明治四五・大正一）九月一三日の自死で知られる。その妻も同日の自死であった。その自死は、西南戦争時、連隊旗を敵軍に奪われたことへの謝罪、明治天皇への「殉死」、公的にはそうしたことでおよそ結末をつけられ、アジア太平洋戦争敗戦以前は美談とされた。現在では、こうした乃木の死も風化しつつあり、さらに加えて、乃木の二人の息子、勝典《かつすけ》・保典《やすすけ》が旅順攻防戦で戦死したという事実も、ほぼ忘却されている。

ただ、乃木夫妻の自死を単純な事実としてみると、それは「殉死」であるという以前に、息子二人を死なせた老夫婦の自死であり、また、結果としての一家全滅でもあった。

アジア太平洋戦争敗戦後、乃木は急速に風化していった。そうしたなかで、どういう理由があったのだろう、「忠君愛国」の対極に位置する劇作家・小説家の井上ひさし（一九三四－二〇一〇）が、くりかえしこの乃木をとりあげた。乃木を主人公とした戯曲『しみじみ日本・乃木大将』（初演は一九七九年）さえもがある。

学習院長として多忙をきわめる乃木に向かい、妻の静子が次のように呼びかける場面がある。

わたしの子どもは勝典と保典の二人だけでございます。ほかに子どもはありませぬ。また、ほかの子どもはいりませぬ。わたしに残されたのはあなただけでございます。なのに聖上《おかみ》はそのあなたまでをわたしから取り上げようとなさいます。夜にはお帰りくださいまし。そう申しあげているだけでございますよ。五十歳の老女のこのねがいそんなに大それたねがいでございましょうか。

［井上一九七九：九四頁］

仙台市での高等学校時代をえがいた自伝的小説『青葉茂れる』（一九七三）では、「裏門校長」という乃木を崇拝するひとりの老人を登場させる。アジア太平洋戦争敗戦から五年後、一九五〇年（昭和二五）、高等学校に入学した主人公稔《みのる》が通う通用門、通称「裏門」に、「裏門校長」と呼ばれる六〇歳を過ぎたひとりの主事がいた。「裏門校長」の乃木崇拝は格別で、常に背負う雑嚢《ざつのう》に、乃木夫妻を写した絵はがきを入れていた。この「絵葉書は手垢で黔《くろ》ずみ、変な光沢を放っていた。角が四箇所ともまるくなっていたが、これは裏門校長が一日に何度も雑嚢から取り出しては眺め、眺めては仕舞い込む、それを繰返しているうちに摺り切れてしまった」ものであった［井上一九七三：一三頁］。また、この「裏門校長」の雑嚢には、戦死した二人の息子の遺髪を入れた白封筒があった。井上は、主人公稔に次のように言わせている。

裏門校長が、敗戦このかた威光地に墜ちっ放しの乃木大将に肩入れしているのは、軍神として崇拝しているためではなく、戦さで二人の息子を失った父親としてその悲しみを理解しているからではないのだろうか。［井上一九七三：一四頁］

乃木は、職業軍人としてその生涯をまっとうした陸軍大将であった。アジア太平洋戦争敗戦までの特権層である。いっぽう、この「裏門校長」のように、その子を戦争で亡くした数多くのふつうの父親がいた。

阿南惟幾

もうひとり、戦争で子供を亡くした軍人の話である。
阿南惟幾《あなみこれちか》（一八八七－一九四五）。

アジア太平洋戦争敗戦とともに自死した。一九四五年（昭和二〇）四月、敗戦内閣となる鈴木貫太郎（一八六七－一九四八）内閣の陸軍大臣となった。「本土決戦」と戦争終結のせめぎあいのなかで、「本土決戦」を主張する陸軍の代表者として、ポツダム宣言受諾を主張する東郷茂徳《しげのり》（一八八二－一九五〇）外務大臣などとの調整の上、戦争終結に持ち込んだ。ポツダム宣言受諾を行なおうとする鈴木内閣を崩壊させるためには、単独辞職をちらつかせ、あるいは、実行するだけでよかった。しかし、阿南は、陸軍の常套手段、軍部大臣現役武官制による単独辞職を行なわなかった(13)。そして、ポツダム宣言受諾決定と敗戦「詔書」完成の八月一四日午後一一時過ぎ、陸軍大臣官邸に戻り、日付がかわった一五日早朝自死した。自死の理由が明らかにされたとは言い難いが、ここでは陸軍の反乱・混乱を押さえるためであったとしておこう。それは、近衛師団の一部が反乱をおこし皇居に侵入した、敗戦決定阻止クーデター未遂事件のさなかでもあった。

(13) 敗戦時の阿南の言動をどのようにとらえるかは難しいが、総理大臣であった鈴木貫太郎は次のように回想している。「若し、彼（阿南－引用者）にして偏狭な武弁であり、抗戦のみを主張する人ならば、簡単に席を蹴つて辞表を出せば、余の内閣などは忽ち瓦解して了ふべきものであつた。それを反対論を吐露しつゝ最後の場面迄ついて来て、立派に終戦の御詔勅に副署して後、自刃して行かれた」［鈴木貫太郎 一九四六：五〇－五一頁］。すくなくとも、阿南が軍部大臣現役武官制を利用しなかったことだけは確実であり、そうした意味では、阿南がポツダム宣言受諾による敗戦の決定を受け入れたと考えることができる。なお、敗戦時の阿南の行動については、角田房子による整理がある［角田 一九八〇：二五八－二六一頁］。

阿南の自死は、衝動的ではなく、あらかじめその意志をかためていたものと思われる。一四日午前中、ポツダム宣言受諾を最終決定した「御前会議」の前、鈴木総理大臣のもとにあらわれ、たばこ好きの鈴木に対して舶来物のシガー（葉巻たばこ）を贈り、また、敗戦「詔書」への閣僚の副署が完成した一四日午後一一時過ぎ、鈴木のもとにきて、「閣僚として甚だ至らなかつたことを、深く陳謝致します」と言ったという［鈴木貫太郎 一九四六：四九頁］。また、一四日夜の閣議終了後、阿南が東郷外務大臣のところへきて、「重ねていろ〱御世話になりましたと丁寧に御礼を云ふので、少しく鄭重過ぎる感じを受けたが、兎に角総て終了してよかつたと笑つて別れた」、ところが、翌日、東郷は阿南の自死を知り、「昨夜の態度が了解せられた」と回想している［東郷茂徳 一九五二：三五七頁］。

阿南の自死は一五日早朝五時過ぎ、絶命は夏の短い夜も明けた午前七時一〇分であった［角田 一九八〇：二六一頁］。しかし、その遺書の日付は「昭和二十年八月十四日夜」であった。

遺書には、よく知られた「一死以て大罪を謝し奉る」と他に一通があるが、二通とも日付は一四日夜である［「阿南陸相自刃す」『朝日新聞』一九四五年八月月一六日第一面］。このとき、彼は徹夜であったから、この夜から早朝にかけては連続しているが、実際の自死の時間と遺書の日付が一日ずれている。これは、彼の父親の命日が一四日であったので、それに合わせたものであった。自死の直前にこれも陸軍軍人であった義弟に向かい、「もう暦の上では十五日だが、自決は十四日夜のつもりである。十四日は父の命日だから、この日と決めた。それでなければ、二十日の惟晟《これあき》の命日だが、それでは遅くなる」「惟晟はよい時に戦死してくれた。私も惟晟の許へゆく」と言い、自死の際には上着を脱ぎ置き、その両袖を交叉させてこの惟晟の写真を抱くようにしたという[14]［角田 一九八〇：二四五、二四七頁］。

惟晟とは、阿南の次男であった。一九四三年（昭和一八）一一月二〇日、中国戦線で戦死した。満二〇歳の陸軍少尉であった。阿南は、その次男の戦死を知った翌日の日記に、次のように記している。

目覚ムレバ惟晟ノ写真淋シク鏡ノ前ニ立ツ。胸ノ痛キヲ感ズ。（中略）夜蒸暑キ為メカ、恩愛ノ情已《や》ミ難キカ、還ラヌ惟晟ノ戦死ノ状《さま》ナド追想シ、死様ノ美シカリシコトヲ祈念シナドシテ眠ラレズ。予モ老タルカ？

［角田 一九八〇：六九頁］

阿南が職業軍人であれば、その次男も若き職業軍人であった。しかし、私人としては、阿南もその子供を戦争で亡くした父親であった。覚悟の上でのその自死に際して、死んだ次男を愛おしむひとりの父親に戻っていた。

東郷茂徳

ポツダム宣言受諾をめぐり、阿南と対極にあり、受諾をもっとも強く主張した東郷茂徳外務大臣、彼も父親であった。東郷には、満四一歳のときに生まれたいせというひとり娘がいた。高年齢のときのひとり娘ということもあり、東郷はいせをたいせつにしていた。阿南がその自死の日付にこだわった八月一四日は、東郷にとってはひとり娘いせの誕生日であった。

（14）遺書の日付が一四日夜で実際の自死が一五日であったことについて、阿南の秘書であった林三郎が次のように述べている。「十四日は、たしか少尉任官早々中支戦線で戦死した二男の命日にあたつていたと記憶する。阿南さんは非常な子煩悩であつた。彼が十四日夜に自決した一つの理由、ここにあると思う」［林三郎 一九五一：一七一頁］。林の記憶違いがあるが、私人としての阿南はたいへんな「子煩悩」であったという。

八月一四日夜、軽井沢に疎開し、すでに双子の男子の母親でもあったいせのもとに、東郷から電話があった。「いせ、誕生日おめでとう。なにもないけどリキュールが一本あるからいずれだれかに届けさせますよ」。ただそれだけの短い電話であった〔東郷いせ 一九九一：一六－一七頁〕。八月一四日といえば、午前中はポツダム宣言受諾の最終決定を行なった「御前会議」、午後は閣議、夜は敗戦「詔書」の完成、外務省での調整、東郷外務大臣は多忙であった。連日の不眠不休が続いていたことであろう。それにもかかわらず、東郷は娘の誕生日を忘れなかった。

陸軍大臣の阿南、外務大臣の東郷、彼らはその公職を離れれば、ひとりの父親であった。一九四五年（昭和二〇）八月一四日から一五日にかけて、公職に就く彼らは、ポツダム宣言受諾の最終決定のなかにいた。いっぽう、彼らは戦死した子供やひとり娘の誕生日を意識するひとりの父親でもあった。

東郷は、敗戦後、A級戦犯として巣鴨プリズンに収監された。一九四八年（昭和二三）一一月、極東国際軍事裁判（東京裁判）で禁錮二〇年の実刑判決をうける。すでに健康をそこなっていた東郷は、服役中の一九五〇年（昭和二五）一一月、死去した。巣鴨プリズンから聖路加病院に移送され臨終を迎えたということであるが、だれにもみとられることはなかった〔東郷いせ 一九九一：七－一五頁〕。

戦死した子の母親

戦争でその子を亡くした母親もいる。

岩手県花巻市、その経営面積から推測して、この地域では、安定した中農であったことであろう。田一町八反、畑二反七畝を所有する農家のひとり息子が、一九四四年（昭和一九）八月三〇日、ニューギニアで戦死した。二五歳であった。新婚二ヶ月での出征であったという。敗戦後、ひとり息子を亡くしたその母親は次のように語る。

「カアサン　カアサン　稼《カ》セガネデノンキニシテクロ」
Kハソウ言ッテ征《イ》ッタノス
ワラシハK一人ダデ、我《ワレ》ソウ思ッタノス
ヘイタイサイカネデスムモノナラ、ゼニッコ
ナンボ出ステモヨ、ナントカスベトオモッタノス。

〔岩手県農村文化懇談会編　一九六一：三一〕（固有名詞はイニシャルにした。以下、同じ）

B・C級戦犯の母親

戦犯というと、東条英機（一八八四－一九四八）などのA級戦犯ばかりがとりあげられる。しかし、A級戦犯で死刑となったのは東条など七人である。戦犯の大多数はB・C級であり、一〇〇〇人を超える。[15] また、B・C級というと、アジア各地での処刑であり、東京の巣鴨プリズンではA級だけであったと思われがちであるが、巣鴨でもA級より以前に、それをはるかにうわまわるB・C級の処刑

（15）　巣鴨遺書編纂会編『世紀の遺書』（一九五三）では、A級を含めB・C級を合計して一〇六八を戦犯による死者としている。ただし、この数字には収監中の死亡・自死なども含まれ、厳密にいえば、この一〇六八人というのは死刑によるものだけではない〔巣鴨遺書編纂会編　一九五三：付録一頁〕。

が行なわれた。

巣鴨プリズンでの最初の死刑執行は、一九四六年（昭和二一）四月二六日であった。捕虜収容所の元所長で、母ひとり・子ひとりの境遇で成長してきた満二七歳の青年であった。妻はなかった。

その青年の母親が、処刑の前日、教誨師《きょうかいし》をつとめていた仏教学者花山信勝《しんしょう》（一八九八－一九九五）のもとに次のような手紙を送っている。

Yは三歳にて父を亡くし、母の手一つで育つてきて、おさない時より軍人が一番好きで、寝る時にも『Yちやんが大きくなつたら、クンショウサゲテ、ケンサゲテ、お馬に乗つて、ハイドウドウ』と、幾度も歌えば、眠り、おもちやなども皆武器や竹馬が好きでした。（中略）Yを戦犯者にしたのは、まつたくわたしの罪でございます。わたしは仏様に伏して、おわび申します。わたしが二十六年間、軍人一心に養育したのがもとで、Yはいまのような大罪をおかしたのです。この大罪は誠に、このおろかな母の罪です。かく思いますものの、あきらめ切れず一月十七日面会を思い立ち、九州から東京へまいりましたが、手順悪くそれもできず（中略）、Yの助命嘆願書をマッカーサー司令部へ、母よりの書面として出しましたところ、二月九日司令部より有難きお書面をいただきましたから同封致します。恐れ入りますがその文面を、Yに読み聞かせて下さい。
〔花山 一九四九：六七－六八頁〕

3 春洋を亡くした折口信夫

硫黄島戦死者の父親

これをどういうべきか判断が難しいが、父親としておこう。

折口信夫もその子を亡くした父親であった。よく知られているように、折口は、女を好まなかった。折口には実子はいない。しかし、折口は、慶應義塾大学・國學院大学の教え子たちに愛情をそそいだ。特に、折口（藤井）春洋《はるみ》（一九〇七‐四五）は一九二八年（昭和三）一〇月から一九四三年（昭和一八）九月、春洋の出征までの約一五年間、品川大井町の折口家に同居、折口の身のまわりの世話をした（春洋の前は天王寺中学での教え子鈴木金太郎が同居[16]）。折口は、この春洋出征の翌年一九四四年（昭和一九）、春洋を養嗣子とする。柳田国男・鈴木金太郎を保証人としてそれを整えたのがこの年の七月であった。

しかし、それとほぼ同時に、春洋は硫黄島守備隊のひとりとして着任する。一九四五年（昭和二〇）二月一九日、その硫黄島にアメリカ軍が上陸する。約一ヶ月間の戦闘ののち、三月一七日、守備隊は全滅した。春洋戦死の公報が、折口のもとに届けられたのは、敗戦後の同年一〇月一五日であった。

折口が、「もつとも苦しきたゝかひに最くるしみ死にたるむかしの陸軍中尉折口春洋ならびにその父信夫の墓」［写真24］を完成させたのは、一九四九年（昭和二四）七月であった。春洋の生家、石

（16）春洋のあと、慶應義塾大学での教え子、加藤守雄が一九四四年（昭和一九）六月まで同居している。折口は加藤に対して恋愛感情を持ち、それを拒否した加藤は折口のもとを出奔している［加藤 一九六七：二〇六‐二二四頁］。

川県羽咋《はくい》市の気多《けた》神社から、海岸方向に数百メートル離れた距離にある。その西側には、日本海に面した美しい砂丘がひろがる。

折口の死の前年、一九五二年（昭和二七）一月二九日、國學院大学での教え子であり、朝日新聞社記者であった牧田茂（一九一六–二〇〇二）から折口のもとへ、元軍人・僧侶の硫黄島追悼団が硫黄島に行くので、新聞記者がそれに同道するという連絡が入った。それに対して、折口は、「たゝかひに　果てしわが子の　おもかげも　今はしづかに　思ひみるべき」という歌を詠み、その紙片を硫黄島の海浜に埋めてもらう［「あっ養子だ心晴る釈迢空氏」『読売新聞』一九五二年二月二日夕刊第三面］。

三一日夜、再び、牧田から連絡が入る。硫黄島追悼団を報じる記事に、藤井春洋の名前を記した書類の写真が掲載されているという［岡野 一九六九：一七六–一七七頁］。それが、『読売新聞』一九五二年一月三一日夕刊第二面の「洞穴内にボロボロ 中隊行動の日誌」という記事であった［図2］。洞窟内から発見されたという「考課表」という兵隊の資質を記した書類のなかに、「藤井春洋」の文字を読みとることができた。

折口は、これを見て、その日の夜、次のように語ったという。

いままで、春洋の戦死について、一片の通知書や、形ばかりの遺骨を受け取っても、どうしても

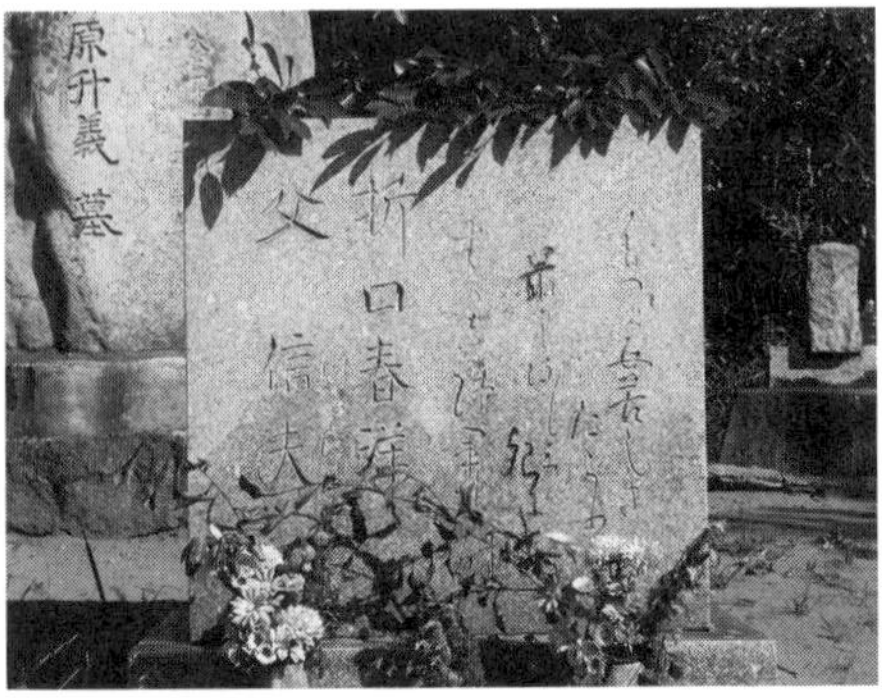

写真24　折口信夫・春洋墓（石川県羽咋市一ノ宮町）2005年

心に納得がいかなかった。今日はじめて、春洋は硫黄島で戦死したのだということを、心の底から信じることのできる気持ちになった。そしていままでにない、心のしずまりを得ることができた。もしできるなら、いつか硫黄島に渡って、春洋の死んだ洞窟に入っていって、自分の眼でその跡を確かめてみることができたら、さらに心が落ちつくことだろうね。
［岡野 一九六九：一八〇頁］

ひとり息子がニューギニアで戦死した岩手県花巻市の母親もそうであったが、折口も、一九四五年（昭和二〇）の敗戦で、戦争は終わってはいない。心のなかでは、継続していた。

室生犀星がみた折口信夫と春洋

硫黄島白骨の名簿
洞穴内にボロボロ
中隊行動の日誌
戰士も非情、機械扱い

図2 「藤井春洋」の名前が載る新聞記事
（『読売新聞』1952年1月31日夕刊第2面）

折口は、その年の初夏のころから、体調不良を訴える。七月から、折口は、軽井沢北方の愛宕山中腹の山荘を借り、ひと夏を軽井沢で過ごした。

この山荘で、國學院大学での教え子、岡野弘彦（一九二四－）の口述筆記により書いたのが、折口の最後の学術論文「民族史観における他界観念」であった。同年一〇月刊行の國學院大学編『創立七十周年記念論文集 古典の新研究』（一九五二）に、巻頭論文として柳田国男「古典と国語」が、巻末論文としてこの「民族史観における他界観念」が配置され発表された。

「民族史観における他界観念」を書くすこし前、折口とは旧知の詩人室生犀星《さいせい》(一八八九―一九六二)がこの愛宕山の山荘をおとずれた。「雨の多い年で見渡すかぎり濡れた木々、昆布色のうすぐらい曇った空気が、まだ午後の三時も廻らないのに、日暮れめいた鬱陶しい景色を幾重にも木々のかたまりを重ねて見せ」るなか、無言の多い、憂鬱な時間が続いたという〔室生 一九五八：六六―六七頁〕。そのような山荘での執筆であった。

室生は、折口の教え子たち、なかんずく硫黄島で戦死した藤井春洋の想い出を次のように語る。

愛弟子は、ことごとく眉目清秀の人達であり、終生妻というもの、女というものに近づかなかった迢空は、わかい男のこちこちした頬の、そのこちこちの中に何時も愛情をおぼえ、とりわけ従順とか反抗を読みとることで、女にあるものよりも、もっと手強いくらくらした眩暈状態のものを愛していたらしかった。

藤井春洋はそのもっとも愛された人、藤井春洋は二十三の時から硫黄島で戦死するまで、迢空の身の廻りや雑誌社出版社、講演、金銭の出入れまで、迢空のいうままに仕事をし、二人は兄弟のように仲善く、或る時はわかい二十三の妻と、四十二歳の男とが暮らしていたのである。(中略)

死歿十何年か前、軽井沢の私の家に、二人で牡蠣《かき》を貰ったからといい、牡蠣を籠に入れ、竹竿の真中にそれをぶら下げて、よいしょ、よいしょとかついで搬んで来たことがあった。私に牡蠣をくれる事よりも二人でかついで来たことが面白かったらしく思えた。藤井の頬ははずんで女にも見られるこちこちが、そのこちこちのゆえに歯がゆげな爽快があった（中略）。
またのある日、京浜電車の中で迢空と会ったが、やはり藤井の白い顔がそばに連れ立っていて、それは此方へと何かの包みを藤井が迢空の手から、持ちかえていた。
また別の日にはすぐ折口があとから来ますからといい、藤井は私の家の庭にある縁台に腰を下ろして待っていた。手を膝に置いて庭に眼をやる藤井は、二重瞼《ふたえまぶた》が大きく開けていて大きな娘さんのように見えた。
〔室生 一九五八：六八－七〇頁〕

これらは室生の想い出であるが、これらを通してだけでも、折口が藤井春洋になみなみならぬ愛情をもっていたことがわかる。

そして、折口は、「視界のなかをちらちらと黒い蝶の姿がよぎるように、形にならぬものの姿が眼に入って」くる幻覚をおぼえつつ〔岡野 一九六九：一八九頁〕、春洋と夏を過ごしたこともある軽井沢で、「民族史観における他界観念」を執筆した。

「民族史観における他界観念」

それでは、この最後の学術論文「民族史観における他界観念」はどのような内容を持っていたのであろう。

ひと言でいえば、この論文をつらぬくテーマは、「未完成の霊魂」であった。

「常世」にいる先祖を「完成した霊魂」とし、それとの対比において、また、それになることができずに逝った者たちの霊魂を「未完成の霊魂」とする。といっても、依代・まれびとなどの造語、概念を創造した折口にしては珍しく、この「未完成の霊魂」では混乱も目立つ。「未完成の霊魂」として文章をはじめつつも、同じ内容を「未成霊」「未完霊」など他の複数の言葉でも表現する。用語が統一されていない。「未完成の霊魂」は、依代・まれびとなどの鮮やかさに対して、用語としても統一性にも欠け、明晰さをも欠く。

「民族史観における他界観念」を口述筆記した岡野弘彦は、そのときの様子を次のように回想する。

先生の口述がいつものようにはすらすらとすすまない。いままでの口述は、私が書き取れる程度の同じ速度を保って、なだらかに話されるのだが、こんどは、その速度にむらがあり、ところどころで、三分、五分とことばが途切れる。それはことばを選んだり、表現の仕方を考えるというより、もっと心の奥のところで、自分の新しい論を構築し、未分明の問題を追及してゆかれる苦しみの時間であったろう。先生の表情は苦しそうで、眉のあたりに重い皺が刻まれていた。

四、五回に分けて口述が終ったので、清書して机の上に置いておくと、またそれに先生の手で、赤や青のインクの、判読に苦しむほどいっぱいの書き込みが加えられてくる。も一度清書し直すと、また書き加えがついてきた。こうして書き加えがふえていったのだが、どうも私には、最初の口述の話がいちばんよくわかって、書き加えがかさなるたびに、論旨はいよいよ複雑に難解になってゆく気がして仕方がなかった。

〔岡野 一九六九：一九五－一九六頁〕〔傍点－原文〕

執筆にあたっての懊悩が示されている。

折口が追及してきた課題は、まれびとを例とすればわかるように、「未完成の霊魂」というよりも

「完成した霊魂」であった。「未完成の霊魂」を課題とすれば、論理の構築に悩むことは当然であろう。しかし、最晩年、「完成した霊魂」ではなく、「未完成の霊魂」に取り組んだ。その折口の方向転換にこそ、重要性がひめられていると考えることができないだろうか。

結果的には、それは最後の学術論文「民族史観における他界観念」においてのみ、行なわれたのではあるが。

これについて、口述筆記をした岡野は、硫黄島に逝った春洋をはじめ、アジア太平洋戦争における膨大な戦死者たち、「未完成の霊魂」となった者たちへの鎮魂ではなかったかという。

何よりも未完成霊として苦しむ春洋の魂と暗黙の対話を交しあいながら、同時に無数の今昔の戦いの死者たちの怨霊の行く末を思いたどっていたのだと思う。〔岡野 二〇〇〇：四六三頁〕

もっとも、「民族史観における他界観念」には、戦死者たちについても、春洋についても、言及はない。ただ、折口の最後の学術論文「民族史観における他界観念」が、「未完成の霊魂」を解明しようとした論考であるという事実のみが残った。

「未完成の霊魂」

折口は、「民族史観における他界観念」のなかで、「未完成の霊魂」を、「完成した霊魂」と対比させ、次のようにいう。

其に成りきることが出来ないで、其為に、完全な霊魂の居る場所に屯集することを得ぬ未成熟——或は缺陥ある霊魂——は、其はそれとして、不具な霊魂の到達すべき形貌を持ち、未完成なるものゝ集る地域に屯集し、又は孤独に居る。〔折口 一九五二：三二七頁〕

そして、「未完成の霊魂」は、念仏信仰の影響により、無縁仏として信仰対象となり、盆の念仏踊りでは、「祖霊聖霊の眷属」として「色々な姿で、祖霊・未成霊・無縁霊の信仰」があらわれる。また、若者による念仏踊りの集団舞踊は、「未完成の青年の鍛錬せられる過程」を示すとされた〔折口 一九五二：三二六–三二七頁〕。さらに、「少年の完成せぬ魂の霊化したものが、村を離れることの出来ない為、村に残り留つてゐる」「子どもの場合は、青年同様、未完成なことは一つである。其故、理想的な他界に行くことが出来ないで、彷徨してゐる。考へ方によれば、物の霊魂のやうに宙有に浮遊し、又は無縁霊のやうにもなつてゐる」ともいう〔折口 一九五二：三三五–三三六頁〕。

子供・若者の死者が、「未完成の霊魂」の代表とされる。

このように、折口は、その生命をまっとうした霊魂を「完成した霊魂」とし、それに子供・若者の死者を対置させ、「未完成の霊魂」を説明する。

もっとも、この対置の思考は、民俗学ではふつうであり、祖霊と無縁仏を対置させる柳田民俗学および柳田系民俗学の通説に通じる。「完成した霊魂」（祖霊）を主とし、「未完成の霊魂」（無縁仏）を従として、両者を関係概念で把握する思考であった。

しかし、「民族史観における他界観念」は、その結論に近づくにつれ、節タイトル「他界の並行」のもとで、このような、「完成した霊魂」を主とし「未完成の霊魂」を従とする思考を放棄してしまう。

推古朝以前には、二つの他界があったというのである。

推古代以前或は古代日本における人々は、其に少くとも、二つ以上の他界を持つたらうといふ注意を書き添へることを、今まで延引してゐた。

他界の中には成長しきつて、世界を移すと同時に、互に此世界の人だつたことを完全に忘れる完成霊魂の集る所と、未完成の霊魂の留る地域とを考へてゐた。其が他界の対照的に存在する理由だが、又必しもさうでなく、完成した他界の生物の人間離れした恐ろしさから、別に未完霊の集る所と混同して恐しい鬼類の国の様なものを成立させるやうになつたこともある。其外元来完成の考へられぬ庶物の霊の世界、其等の各が対立すべきは対立し、対立すべからざるものも対立して、愈《いよいよ》複雑化して、古代における他界観念が、さう簡明に理会することの出来ぬやうになつてゐたのである。

〔折口 一九五二：三五三－三五四頁〕

「完成した霊魂」と「未完成の霊魂」を並行させ、それぞれの他界があったというのである。民俗学の通説、柳田民俗学および柳田系民俗学の理解、また、この「民族史観における他界観念」が論じてきた、「完成した霊魂」に「未完成の霊魂」を従属させる思考の放棄であった。「未完成の霊魂」の復権として、「民族史観における他界観念」はしめくくられたといってもよいだろう。

くりかえしになるが、「民族史観における他界観念」は、春洋をはじめアジア太平洋戦争の戦死者たちを直接的対象として論じているわけではない。しかし、明らかに、彼らの霊魂は「未完成の霊魂」に含まれる。この「未完成の霊魂」を、「完成した霊魂」に従属させるのではなく、それを独立させようとして、折口最後の学術論文「民族史観における他界観念」は結論づけられた。

柳田国男は、沖縄戦のさなか、一九四五年（昭和二〇）四月から五月にかけて、戦死者たちの霊魂におもいをはせ、『先祖の話』を書き下ろした。その骨子は祖霊信仰によって貫かれ、「七生報国」の精神もが祖霊信仰によって説明されていた〔岩田 二〇〇三：七八－八八頁〕。柳田は、最終節八一「二つの実際問題」のなかで、戦死者たちを無縁仏にしないために、「死者が跡取ならば世代に加へる制度を設けるもよし、次男や弟たちならば、之を初代にして分家を出す計画を立てるもよい」といい〔柳田 一九四六：二五二頁〕、戦死者たちを祖霊のなかに組み込もうとした。そこには、祖霊と家を主とし、それから逸脱したものを従とする、柳田民俗学および柳田系民俗学の思考があった。

しかし、折口は、そうではなかった。「未完成の霊魂」を独立させて存在させようとした。実子のない折口は、養嗣子とした春洋に先だたれれば、その死後、「未完成の霊魂」となる。

折口の死は、翌一九五三年（昭和二八）九月三日である。同年一二月一三日、すでに見た石川県羽咋市の「お墓」に納骨された（別に大阪府木津願泉寺折口家墓地に分骨）。この折口の「お墓」は、地域住民の墓域として、火葬骨を埋葬する場所にあった。遠望して俯瞰するとわかるが、**写真25**のように、墓碑銘のない自然石がならぶ。周辺も、**写真26**のように、砂地に自然石を置いた遺骨埋葬地点が点在するだけである。それが誰の「お墓」なのか、不明のばあいも多いことであろう。折口は、そのような空間に、みずからの「お墓」を点定していた。

4　東日本大震災犠牲者の親

子を亡くした親

二〇一一年（平成二三）三月一一日、東日本大震災は、想像を絶する被害を東北地方太平洋岸にもたらした。福島第一原子力発電所の事故、すさまじいまでの津波による被害、二万人を超える死者・行方不明者が伝えられた。ライフラインがととのえられるなか、凄惨な被害の実態が知らされるようになった。

行方不明者をさがす親たちがいた。

写真25　折口信夫・春洋の墓域（石川県羽咋市一の宮町）2005年

写真26　折口信夫・春洋の墓域周辺（石川県羽咋市一の宮町）2005年

北里大学海洋生命科学部学生の娘（二一歳）を探す夫妻（夫五六歳・妻五二歳）と兄（二三歳）がいた。岩手県大船渡市には、北里大学海洋生命科学部のキャンパスがある。夫妻の娘はその学生であった。娘は、アパートのあった大船渡市三陸町越喜来《おきらい》地区で、特別養護老人ホームに入所している老人の非難を助けたあと、行方不明になった。夫妻は、震災から五日後、大船渡市に入ることができた。娘が住んでいたアパートは土台だけが残り跡形もなく、娘の車をぼろぼろの状態で発見、また、財布が拾得物として交番にとどけられ、スノーボードも瓦礫のなかから発見された。しかし、娘は行方不明のままである〔『毎日新聞』四月四日夕刊第九面「姿追う家族」、『読売新聞』四月七日夕刊第一一面「母「娘と帰りたい」」〔以下、第五章の新聞は二〇一一年〕。

海で働く漁師が、同じく漁師のその息子を亡くしたばあいもある。岩手県下閉伊郡山田町でカキ・ホタテの養殖漁師のIさん（六一歳）とSさん（六〇歳）は、それぞれ二八歳と二九歳の息子を持つ。息子たちは、震災の日、岸壁でカキ養殖のためのイカダを組む仕事をしていた。津波がおそい、息子たちは行方不明となった。IさんとSさんは避難所にいるが、水難救助訓練のNPO法人の呼びかけに応じて、連日、海での捜索を行ない、遺体の収容にもあたっている。しかし、IさんとSさんとも、その息子たちの遺体を発見することはできていない〔『朝日新聞』四月一三日夕刊第一三面「息子よ、海にいるのか」〕。

一家全滅

一家全滅、また、それに近い事実さえもある。

岩手県花巻市在住の夫妻（夫七一歳・妻六八歳）が、陸前高田市に住んでいた娘一家四人を探している。一家四人のうち、娘の夫（四三歳）・その長女（八歳）・次女（六歳）の遺体は発見されたが、娘（四二歳）だけが行方不明のままであるという。岩手県だけではなく宮城県まで行き、合計一八ヶ所もの避難所・遺体安置所・県警を歩いたが、娘はみつかっていない〔『朝日新聞』四月一四日夕刊第一〇面「娘一家見つけるまで」〕。

この記事は「津波で消えた家族がある」ではじまるが、まさしく一家全滅であった。この娘一家四人を亡くした夫妻にとって、津波は娘夫婦と孫を根こそぎさらっていった。

宮城県石巻市では、六人家族のうち、妻（四一歳）・長女（一五歳）・長男（一三歳）・次女（六歳）・母（七五歳）の五人が津波の犠牲になり、夫（五〇歳）だけが生き延びた家族もある。母は行方不明というが、家も「お墓」までもが流され、ひとり生き残った夫は、「おふくろが見つかるまでは頑張るよ。その後？　みんなを弔いながら一人、生きていくのかな」とつぶやく［『毎日新聞』四月一三日朝刊第二七面「家族五人失った石巻市職員 我が子の感触今も」］。

宮城県東松島市では、七人家族のうち、父（六〇歳）と息子（三三歳）だけが生き延び、息子の妻（三四歳）・その長女（一〇歳）・長男（九歳）・次女（五歳）、母（八二歳）の五人は津波に巻き込まれた家族がある。父は、地元消防団副団長ということもあり、消防団員・自衛隊員とともに、行方不明者の捜索活動を続けているが、「捜索中は作業に没頭できるから、続けていたいという気持ちもある」「すべての遺体を弔ってからでないと、街全体で復興に向かえない」と言い、捜索活動を続けている［『読売新聞』三月二五日夕刊第一一面「悲しみこらえて」］。

子を亡くした若い親

ふつう人間は年齢順に逝く。世代でいえば、親が先に、子・孫があとに、その順縁である。しかし、東日本大震災のような自然災害、また、戦争では、逆縁も多い。

いま紹介した例は、壮年、青少年期の子を亡くした親たちであった。次は、幼少期の子を亡くした親たちである。親たちも若い。

福島第一原子力発電所事故の避難命令により、行方不明者の捜索ができない福島県南相馬市で、長男（一二歳）・長女（九歳）と夫の父（六四歳）が行方不明となった夫妻（夫三七歳・妻三九歳）がいる。地震直後、夫の父が子供二人を車で小学校まで迎えに行き、自宅敷地に入るところまでが確認されている。泥まみれの車も自宅から数百メートル離れたところで発見された。しかし、子供二人と父は行方不明のままで、捜索すらできないという［『読売新聞』三月一九日朝刊第三〇面「屋内退避 南相馬の夫妻苦悩」］。

宮城県名取市職員の男性（三〇歳）は、その妻（二七歳）とひとり息子（七ヶ月）を津波でさらわれた。男性の妻は、実家に非難し、そこでむすこを抱いたまま犠牲になった。ひとり息子の遺体は、市内の遺体安置所で発見されたが、妻は行方不明のままであるという［『朝日新聞』四月一五日夕刊第一一面「苦しいけど負けないで」］。

宮城県気仙沼市気仙沼大島では、長女の娘（六歳）を生後二ヶ月から引き取り、親代わりで育ててきた夫妻（夫六七歳・妻六〇歳）が、その娘を津波に巻き込まれてしまった。車で逃げ、この車が津波におそわれ、いったんは脱出したが、第二派の津波で娘が巻き込まれ行方不明になった。夫妻は長男・次男を亡くしていることもあり、この子をとてもかわいがっていたという［『毎日新聞』三月二六日朝刊第二五面「入学目前 津波憎い」］。

園児・小学校児童が集団で被災したばあいもある。

宮城県石巻市と亘理《わたり》郡山元町では、幼稚園の送迎バスが津波と火災にまきこまれ、園児たち・職員が流され遺体となって発見された。石巻市の園児バスは、津波で流され、さらに火災に遭い園児五人が犠牲となり、職員一人が行方不明となった。山元町の園児バスは、津波からのがれるために園児バスで避難したが、途中津波に巻き込まれ、七人の園児と職員一人が死亡した〔『読売新聞』三月二二日夕刊第一一面「津波 園児バスのむ」・『朝日新聞』四月八日朝刊第三〇面「愛梨のことを思ってくれて」〕。

そして、もっとも凄惨でやりきれないのは、全校児童一〇八人中死者六四人・行方不明者一〇人（四月一九日時点）、教員の死者一〇人を数えた、宮城県石巻市立大川小学校である。北上川河口から約四km上流の河岸に校舎があった。北上川を逆流した津波が堤防を決壊させ、集団で避難途中の児童・教職員を襲った。避難途中の児童・教員の列に、津波は前面から襲いかかった〔『毎日新聞』三月一九日夕刊第七面「津波が奪った夢」・『毎日新聞』四月一九日朝刊第二五面「児童 泣き叫び嘔吐」・『読売新聞』四月九日夕刊第一五面「児童の列 前から津波」〕。ここでも、一家全滅に近いばあいがある。調理師（三〇歳）の長男（九歳）は大川小学校の三年生だった。地震直後、この長男を車で迎えにいった妻（三〇歳）と長女（六歳）・次男（三歳）は、津波に巻き込まれ遺体で発見された。三年生の長男は行方不明、また、その母（八四歳）も行方不明のままである〔『読売新聞』三月二四日朝刊第三一面「がれきの校庭 我が子よ」〕。大川小学校では、市内の他の小学校体育館を借り、四月二八日、合同四十九日法要が行なわれた。

東日本大震災は、子を亡くした多くの親たちを作った。亡くなった子供たちが「未完成の霊魂」となるだけではない。親だけが生き残ったとき、その親も、折口のように「未完成の霊魂」になるのであろうか。

その逆、親を亡くして子供だけが残ったばあいもある。

一例だけあげておこう。宮城県牡鹿《おしか》郡女川《おながわ》町の小学校五年生・二年生（一一歳・八歳）の姉弟は、その父母（父三六歳・母三五歳）が津波に巻き込まれ行方不明となった。姉弟は高台にある小学校にいて無事だったが、女川湾にある観光物産センターで鮮魚店をいとなむ父母は、自宅まで避難したものの、この自宅が二方向からきた津波に巻き込まれ、家ごと流され行方不明となった。姉弟は東松島市内の祖父のところにあずけられているという〔『毎日新聞』三月二七日朝刊二三面「津波映像に口数減らし「母さんに会いたい」」〕。

このように、東日本大震災では、高齢の親たちからみて、壮年期・青少年期、また、幼少期の子たちの多くが亡くなった。ただ実際には、東日本大震災の犠牲者の過半数は高齢者であった。二〇一一年（平成二三）四月一九日時点、警視庁のまとめによると、死者一四〇〇一人・行方不明者一三六六〇人を数え、そのうち死者の六五・二％は六〇歳以上で、死因の九二・五％は水死（津波）であった。主な被災地が高齢者の多い地域であり、津波に対して高齢者が逃げ遅れたことが、この数字にあらわれているという。したがって、壮年期・青年期、また、幼少年期の子たちの死亡割合は、全体からすれば約三分の一である〔『読売新聞』四月二〇日朝刊第一面「震災死者九二％水死」〕。

しかし、高齢者の多い地域であるがゆえに、逆に、亡くなった子たち、子を亡くした親の存在は際だつ。

東日本大震災は、多くの非業の死を引き起こしただけではなかった。死の順番の逆転、子を先だたせる逆縁をも出現させた。老いて逝き、子たち・孫たち近親者によって祀られる、そうした死とは大きく異なる、「未完成の霊魂」の大量出現であった。

集団仮埋葬

そして、東日本大震災による、短時間の大量死は、葬送の緊急事態を出現させた。

主な被災地の岩手県・宮城県・福島県の沿岸部では、先祖代々墓に火葬骨をおさめる形態が普及している。しかし、東日本大震災の大量死は、火葬場運転能力を越え、宮城県では、仮埋葬をやむを得なくさせた。といっても、この仮埋葬は、家ごとの墓域に埋葬したのではない。市有地・町有地などでの集団仮埋葬であった。

宮城県では、震災後の三月一七日、県庁内に「土葬班」を設置し、衛生面などに配慮した「土葬」マニュアルを作り、保健所などを経由して被災市町村に配布、仮埋葬を実行した〔『読売新聞』三月一七日夕刊第一一面「土葬 宮城県容認へ」〕。

たとえば、宮城県気仙沼市気仙沼大島では、三月二二日時点、二一人の遺体が収容され、そのうち一四人の身元確認が行なわれた。遺族の話し合いの結果、まず、この一四体が仮埋葬された。建設会社に依頼し、重機で穴を掘り、棺を並べ、仮埋葬した。遺体の痛みがすすみ、しかし、火葬が不可能であるために、遺族がこうした結論を出したという〔『毎日新聞』三月二二日朝刊第一八面「せめて自分の手で」〕。

宮城県石巻市では、まず、市営北鰐山《きたわにやま》墓地内の空き地を集団墓地のひとつとし、三月末までの定数とした合計二七〇体の遺体を仮埋葬した。幅一〇m×長さ三m×深さ一・五mの穴を多く掘り、ひとつの穴に、遺体安置所から自衛隊が運んだ約一〇基の棺を入れる。ボランティアの僧侶が読経を行ない、遺族が簡単に土をかけ、遺族が立ち去った午後、パワーショベルで埋葬するという方法で、順番に二七〇体を仮埋葬した。墓標には名はない。たとえば、「135」などと番号札が遺体埋葬地点上に立てられているだけである。犠牲者の多い石巻市では、他の市有地も利用している。復興ののち、仮埋葬した遺体を順次掘り起こし、あらためて火葬にして遺族に渡す予定であるという〔「悲しき「葬送」の地」『AERA』(第二四巻第一六号、二〇一一年四月一一日)一一-一二頁〕。

岩手県では、仮埋葬が検討されたが、最終的には遺体を火葬して遺族に渡す方法がとられた。たとえば、釜石市では、最初は仮埋葬によって寺院に依頼し集団埋葬地の造成がすすめられたが〔『読売新聞』三月二八日夕刊第一一面「身元不明遺体 土葬へ」〕、遺族から火葬の要望が多く、「再び火葬する遺族の手間を考えると、なるべく土葬は避けたい」（市長発言）などの意見によって、県内外の自治体に協力を要請し、四月一八日までに六一一体を火葬して遺族に引き渡したという〔『毎日新聞』四月一三日夕刊第九面「宮城六市町 遺体土葬」〕。

東日本大震災は、大量死を出現させた。宮城県では、火葬場運転能力の限界により、集団仮埋葬をやむなくさせていた。

5 「未完成の霊魂」の継承

「復興」とは？

岩手県上閉伊《かみへい》郡大槌《おおつち》町で、津波で妻（五一歳）を亡くし、高校二年生の次女（一七歳）が行方不明となっているKさん（五一歳）は、連日、復興に向けて、瓦礫の撤去作業をしている。大槌町では、五月初めの時点でも、いまだ一〇〇〇人近い人が行方不明であり、そのなかで、復興に向けて瓦礫の撤去を最優先し、迅速な復興を行なうべきであるという意見と、行方不明者の捜索を優先し、その作業も慎重にやるべきであるという意見が対立している。Kさんは次のようにいう。

簡単に撤去って言うがね、ここには家族のとこさ早く帰りたいご遺体が、見つかるの待っているのさ。みんな出してやらんと、復興なんて言えない。

宮城県仙台市若林区のTさん（四三歳）・Sさん（三五歳）夫妻は、三月一一日は仙台市街地で仕事中であった。生後八ヶ月のM君をSさんの実家の母のもとにあずけて働いていた。しかし、この実家が津波に巻き込まれ流され、母とM君、それに、祖母までが行方不明になった。生後八ヶ月だったM君は、Sさんのお腹のなかにいた時間の方が長い。Tさんは次のようにいう。

復興、復興というけれども、ぼくらは前へ進めない。まだ震災の中にいるんです。

［『朝日新聞』五月三日朝刊第三四面「わが子よ 復興遠く」］

大量死を背負う

たとえば、硫黄島で春洋を亡くした折口信夫がそうであった。戦争が終わっても、折口にとって戦争は終わらなかった。東日本大震災でも、復興がすすんだとしても、震災が継続している人たちがいる。もちろん、戦争の犠牲者は政治と暴力による犠牲であり、これに対して、東日本大震災の犠牲者は自然災害による犠牲である。両者の原因は大きく異なる。

しかし、結果として起こった、死をめぐる現象には類似性があった。

「未完成の霊魂」を大量に出現させ、また、それを背負わなければならない人たちを大量に生み出した。

東日本大震災の犠牲者・行方不明者をめぐり、わたしたちには、その大量死を、また、「未完成の霊魂」を、どう記憶にとどめていくのか、そのような課題が残される。そこでの死者を集団として一括するのではなく、生のあったひとりひとりの個としてどう保存していけばよいのだろう。

「未完成の霊魂」になる可能性

実は、わたしたちも、不慮の事故・自然災害などにより、大量死に身をさらす、また、「未完成の霊魂」になる可能性を秘めている。また、その遺族になる可能性を持つ。

東日本大震災で、「未完成の霊魂」、また、その遺族となった人たちの、いったい誰が、自分がそうなると予想していたことであろう。誰もが、ふつうの日常が続き、ふつうに高齢まで生きると思い込んでいる。また、家族を中心として語られることが多いが、家族を持たない人もある。

わたしたち誰もが、「未完成の霊魂」となる可能性を持ち、それと紙一重のところで日々の生活を営んでいるのではないのか。

ふつう、日本では、社会的にも、人文科学でも、「完成した霊魂」であり家族であり、このような点を中心として、生と死が語られる。しかし、現実は、「未完成の霊魂」がわたしたちのすぐ横にある。たとえ、「完成した霊魂」や家族を中心としても、たとえば、自分の五世代前、祖父母のそのまた曾祖父母の氏名、さらには、彼ら・彼女らがどんな人であったのか、それを知っている人はどれだけいるだろう。どこで何をしていたのか、また、氏名すら知らないばあいも多い。すこし歳月がたてば、わたしたちの存在など、無縁化していく可能性の方が高い。

歳月の経過は、「完成した霊魂」をも「未完成の霊魂」に転化させてしまうのではないか。「完成した霊魂」ではなく、「未完成の霊魂」を基準として、死を継承すること、そのことこそが重要であるように思われてならない。

【付記】

本章のもとは、東日本大震災から約七〇日後、二〇一一年（平成二三）五月二二日に行なった、柳田国男記念伊那民俗研究所総会記念講演（飯田市美物博物館共催。於：飯田市美術博物館）である。東日本大震災からさほど歳月を隔てていない段階での原稿を起点とする。

この講演のあと、くりかえし被災地を歩いた。宮城県の仮埋葬については、同年九月末までに確認できたのは、亘理町・山元町・東松島市・石巻市・女川町・気仙沼大島・気仙沼市であった。七月末までの時点で、比較的早い時期に、仮埋葬から火葬を完了させたのは、亘理町・山元町・女川町・気仙沼大島であった。東松島市・石巻市・気仙沼市でも、秋には、仮埋葬から火葬を完了させている。その作業は、仮埋葬した棺を重機で掘り起こし、各市町村の火葬場で、順次、火葬するというものであった。火葬された遺骨は、身元不明者を除き、遺族のもとへ引き渡された。

岩手県では、震災当初から仮埋葬は行なわれなかった。しかし、震災直後から、東京都・千葉県など関東地方、東北地方他県・他市町村に依頼し、棺の搬出と火葬を行ない、火葬骨を戻すという作業がくりかえされた。

なお、宮城県・岩手県ともに、身元不明者の確認には、ＤＮＡ鑑定が有効であった。ＤＮＡ鑑定により、身元確認ができた方々がもっとも多かったという。

第六章　戦争犠牲者と戦死者の個人性

1　死生観における個人性

近現代日本の死生観を、個人を尊重する意識としてとらえることができないだろうか。近現代日本に、死者を個人として記憶する、また、死者を個人として想起する、そうした死者の個人性を重視する志向が、どのように存在するのであろうか。死者を、死者一般に解消せず、個人として存在させようとする志向、それはヒューマニスティックな個人の尊重であるはずである。個人の尊重が、近現代社会の基本的理念であるとすれば、それが死生観のなかに、どのようにあらわれているのかを考察することも重要であろう。

死および死者への最大の冒瀆は、人間の個人としての尊厳を奪いとることにある。そのような意味で、近現代日本において、死者の個人性の尊重がどのように行なわれてきたのかを確認することは、死生観を明らかにするためのひとつのテーマになり得る。

しかし、このような視点から、近現代日本の死生観は分析されてこなかったように思われる。あたりまえすぎて、こうした分析は無意味と思われてきたのかもしれない。

このような視点からの分析は、管見の限りでは、靖国神社が戦死者ひとりひとりを祀るとうたいながら、実際は戦死者たちを集合体としているのに対して、遺族の個人レベルでは死者個人への尊重があるのではないかと指摘した池上良正「靖国神社の個人性」(二〇〇六)があるくらいであろう[池上二〇〇六：四六－五三頁]。

ふつうの死者は個人を特定できる。しかし、戦争や自然災害などは、短時間に日常生活を破壊し、大量死を引き起こす。もちろん、大量死において、戦争のような政治権力の暴力がもたらすそれと、自然災害におけるそれとは、死の原因は異なる。しかし、個人の特定を不可能にすることの多い物理的状況は同じである。その大量死のとき、近現代日本では、個人をどのように尊重してきたのか、あるいは、してこなかったのか、そのような歴史的事実に対する分析を行なってみたいと思うのである。

ここで扱う対象は、戦争における死者である。日常生活の死者は個人を特定できる。しかし、戦争における死者は、短時間の大量死が多く、個人の特定を不可能とする。また、遺体が不明となることも多い。このような、その物理的状況が個人性の剥奪を余儀なくする戦争の死に際して、近現代日本は、そこにおける個人性をどのように保存しようとしてきたのであろう。

その解明を通して、近現代日本の死生観の一端を明らかにしてみよう。

もっとも、戦争における死者といっても、非戦闘員、民間人の戦争犠牲者と、戦闘員、従軍兵士の戦死者たちとでは、その意味が異なる。両者ともが、戦争による大量死であるとしても、その個人性の記憶と想起には、異なる点もあろう。その違いにも留意しながら、人間の尊厳を破壊する暴力的な大量死の現実のなかで、個人性がどのように保存されようとしたのか、それを確認したいと思う。

2　戦争犠牲者の個人性

東京都慰霊堂

まずは、民間人の戦争犠牲者である。

一九四五年（昭和二〇）三月一〇日、アメリカ軍機による東京大空襲は、一夜のうちに約一〇万人の犠牲者を出した。

東京都墨田区横網《よこあみ》町、都立横網町公園内に、東京都慰霊堂という、一九二三年（大正一二）の関東大震災犠牲者と、東京大空襲など東京空襲(17)の犠牲者を慰霊するため施設がある。そこは、大相撲両国国技館・江戸東京博物館の隣接地でもある。また、この都立横網町公園は、関東大震災時「被《ひ》服廠跡《ふくしょうあと》」と呼ばれた空き地であった。被災者の多くがここに避難したが、そこに火災がふりかかり、多くの犠牲者を出した。一九三〇年（昭和五）、関東大震災犠牲者約五万八〇〇〇人の犠牲者の遺骨をおさめた追悼施設が建設され、最初、「震災記念堂」と名づけられた［東京都慰霊堂 Website: http://tokyoireikyoukai.or.jp/：最終閲覧二〇一七年九月一一日］。

アジア太平洋戦争敗戦後、アメリカ軍機による東京空襲の犠牲者約一〇万五〇〇〇人の遺骨をここにおさめ、一九五一年（昭和二六）九月、東京都慰霊堂と改称した。

東京都慰霊堂には、関東大震災の犠牲者、東京空襲の犠牲者、合わせて約一六万人余の遺骨がお

（17）　ここでは、一九四五年（昭和二〇）三月一〇日未明の東京都下町を中心としたアメリカ軍機による爆撃を東京大空襲、これを含む東京爆撃全般を東京空襲として、用語の使用を区別しておく。

さめられている。関東大震災の九月一日を秋季慰霊祭として、毎年二回の慰霊祭が行なわれる。正確にいえば、慰霊祭は、増上寺（浄土宗）僧侶が導師となるので「大法要」であり、東京都知事などの追悼の辞がある。**図3**は、二〇一五年（平成二七）三月一〇日午前一〇時から行なわれた春季慰霊祭の式次第である。この式次第のように、舛添《ますぞえ》要一（一九四八－）都知事などの追悼の辞、秋篠宮文仁《ふみひと》（一九六五－）・紀子《きこ》（一九六六－）夫妻の焼香が行なわれた。なお、なぜか、この式次第には記載はないが、この年は、安倍晋三（一九五四－）総理大臣が参列、その追悼の辞、焼香もあった。**写真27**の中央、僧侶に囲まれた黒服の後ろ姿が安倍総理大臣である。

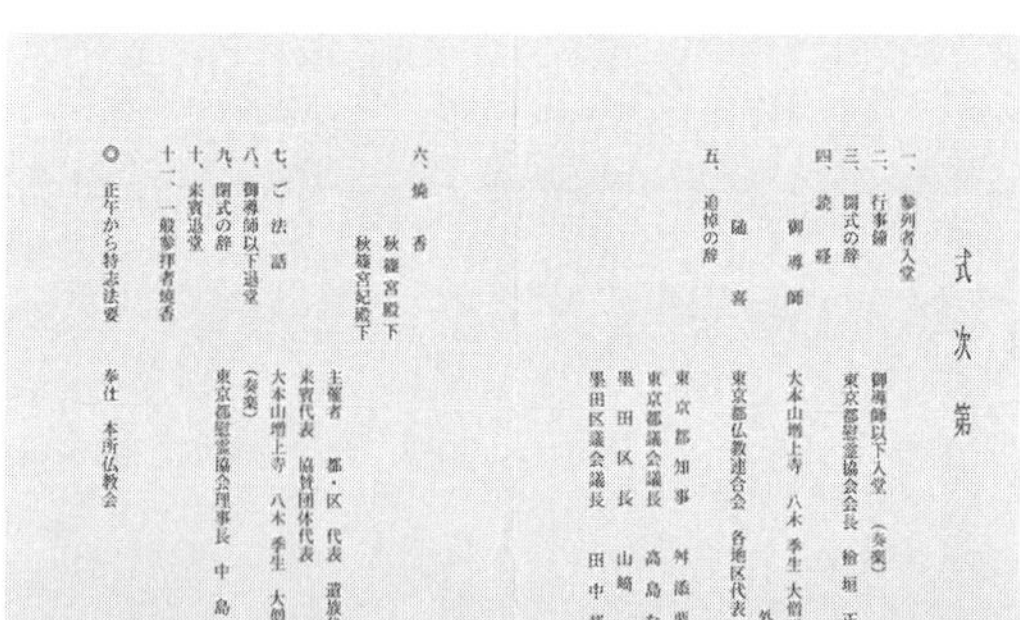
式次第

一、参列者入堂
二、行事鐘　御導師以下入堂　（奏楽）
三、開式の辞　東京都慰霊協会会長　檜垣 正已
四、読経
御導師　大本山増上寺　八木 季生 大僧正台下
外一山式衆
随喜　東京都仏教連合会　各地区代表
五、追悼の辞　東京都知事　舛添 要一 殿
東京都議会議長　高島 なおき殿
墨田区長　山﨑 昇 殿
墨田区議会議長　田中 邦友 殿
六、焼香　秋篠宮殿下
秋篠宮妃殿下
主催者　都・区 代表　遺族代表
来賓代表　協賛団体代表
七、ご法話　大本山増上寺　八木 季生　大僧正台下
八、御導師以下退堂　（奏楽）
九、閉式の辞　東京都慰霊協会理事長　中島 宏
十、来賓退堂
十一、一般参拝者焼香
◎正午から特志法要　奉仕　本所仏教会

図3　東京都慰霊堂春季慰霊祭式次第（2015年3月10日）

「罹災死体処理要綱」

それでは、関東大震災の犠牲者を慰霊するための「震災記念堂」が、戦争犠牲者の慰霊を併設し、東京都慰霊堂となっていく経緯はどのようなものであったのだろう。

アジア太平洋戦争敗戦から八年後、一九五三年（昭和二八）に編纂された、東京空襲についての東京都の公的記録、東京都編『東京都戦災誌』によってみていきたい。

アジア太平洋戦争末期、一九四四年（昭和一九）五月、東京都はアメリカ軍機による爆撃を想定し

写真27　東京都慰霊堂春季慰霊祭（東京都墨田区横網）2015年3月10日

て、その犠牲者の遺体処理について、「罹災死体処理要綱」を決定する。公園緑地課が中心となり、東京仏教団と連携して立案した計画であった［東京都編 一九五三：四八七頁］。公園緑地課は、「公園及緑地、墓地及葬祭施設の管理経営に関する事項」を管轄した［東京都編 一九五三：八五頁］。

サイパン島の日本軍の全滅が、二ヶ月後の同年七月であり、アメリカ軍機による本格的な爆撃が予想されている。この計画をみると、予想を大きく超えた東京大空襲での現実とは異なったが、犠牲者の遺体処理は綿密に計画されている。

「罹災死体処理要綱」は、「死体処理手続ニ関スル事項」のなかで、個人を特定できる犠牲者について、次のようにいう。

> 死者ニ就テハ警察官ノ検死ヲ求メルト共ニ死者氏名並関係記録及遺留品等ノ調査表（中略）ヲ作成シ且埋葬認許証（区長発行）ヲ発行シ火葬ニ附スルコト、但シ火葬前家族其他ヨリ死体引取ヲ希望スル者アルトキハ処理標《（処理票）》ニ依リ整理ノ上引渡スコト。［東京都編 一九五三：四八七頁］

個人を特定できる犠牲者は、その遺体を家族のもとへと戻そうとしている。

いっぽう、個人を特定できない、身元不明の犠牲者については、次のように決める。

> 氏名判明セザルモノハ性別、身長、容貌等ノ他着衣携帯品等詳細記録シ着衣等ハ遺留品トシテ別途保管シ将来ノ認識資料トナスコト、棺ハ所定ノ指名標《（氏名票）》ヲ添付スル他棺表面ニ処理番号及氏名ヲ墨書スルコト、火葬ニ附スル場合ハ死体送付票（中略）ヲ作製シ最寄ノ火葬場ト連絡ノ上送附スルコト。
>
> ［東京都編 一九五三：四八七頁］

個人を特定できない犠牲者については、その遺体から特徴を記録し、また、遺留品の保存にもつとめようとしている。また、この身元不明の犠牲者については、一年間を経過したときには、都営墓地納骨堂に移管することが決められている［東京都 一九五三：四八八頁］。

このように、アメリカ軍機の爆撃による犠牲者を想定して、東京都が作成した「羅災死体処理要綱」は、犠牲者個人をできるだけ特定し、個人性を重視する方向であった。

加えて、「羅災死体処理要綱」は、東京都および近隣埼玉県下の火葬場稼働能力を調べ、合計一二ヶ所の火葬場が、一日合計一五一八体の遺体火葬能力を持つことを確認する。また、火葬不可能な事態を想定して、都営墓地七ヶ所・都緑地三ヶ所・都営公園五ヶ所の空地面積と遺体仮埋葬可能数を調べあげ、さらには、これらの施設が爆撃などで使用不可能になることをも想定して、仮埋葬が可能な都内寺院三七ヶ寺の協力も確認する［東京都編 一九五三：四八八－四八九頁］。

このような「罹災死体処理要綱」は、それが計画通りに実行されたならば、大量死に対する行政サイドの対応として、理想的であったといってよいだろう。戦時下にありながら、すくなくとも文書上では、死者の個人性が配慮されている。

しかし、アメリカ軍機による現実の爆撃はこのような計画をくつがえした。凄惨な大量死であった。それについては、早乙女勝元『東京大空襲――昭和二〇年三月一〇の記録』(一九七一)、東京空襲を記録する会編『東京大空襲・戦災誌 第一巻』(一九七三)の体験談・回想をひもとくだけでも充分であろう。

『東京都戦災誌』も、次のように記す。

江東地区から浅草、日本橋の隅田川近くの一帯の死者は夥しい数字にのぼり、その正確なる推定は困難なほどであると云つてよい。(中略)俗に云うじゆうたん爆撃がこの時行われて隅田川をはさんだ下町一帯は全く火の海を化し、最後まで防火に当つていた人々は殆ど煙にまかれて逃げ途を失つた為焼死する人々が特に多かつた次第である。白髭橋から吾妻橋にかけて道路と云わず川のふちと云わず死体があふれ、両隅田公園側や明治座などは全く死体がゴロゴロしていたのであつた。

〔東京都編 一九五三:四九二頁〕

短時間に起こった大量死が、個人を特定できない死体を氾濫させていた。犠牲者の実数を正確に把握させることとさえも困難にしていた。

この事実のみをもってしても、アメリカ軍機の爆撃は、明らかに、人間の尊厳を犯す行為であった。

なお、アメリカ軍機による東京空襲は三月一〇日の東京大空襲がよく知られているが、東京市街地だけをとってみても、それ以後、複数回行なわれた。四月一三日・一四日の市街地北部爆撃で二四二〇人、一五日・一六日市街地南部爆撃で八四六人、五月二三日・二四日の都心爆撃で七六七〇人、二五日・二六日の都心爆撃で三二五〇人の犠牲者を出した。三月一〇日東京大空襲の被害が、実数すら把握できないほど巨大であったために、これらは見落とされがちであるが、この死者数をみるだけでも、各回のアメリカ軍機の爆撃による犠牲者数が膨大であったことがわかる。

仮埋葬

それでは、このような大量死に対して、どのような遺体処理が行なわれたのであろう。

まずは、遺体の収容であった。

> この死体の収容仮埋葬に当つては、当時の警防団員が各区より人数割りで出動を命ぜられ、それらの人々の手によつて先ずトラックに収容し、それを一応猿江公園や隅田公園浅草区側及本所区側や錦糸公園にあつめ、人名住所等のわかる者は一応それをひかえ、全く不明のものと区別して、二、三日近親の捜索に応じた後仮埋葬を行つたが、その仮埋葬の数はどこえ何体の収容をしたかが大体しか判明せず資料を欠く為不明な点が少くない。(八)
> 〔東京都編 一九五三：四九二頁〕

「罹災死体処理要綱」が立案した火葬は不可能で、遺体の仮埋葬が行なわれた。しかし、その仮埋葬の正確な資料は残らず、仮埋葬場所・埋葬人数すら不明確なままとなった。凄惨な大量死は、「想定外」の状況を生み出していた。また、隅田川の遺体の相当数は、東京湾に流れ出たものも多いと推測されている〔東京都編 一九五三：五二六頁〕。

それでも、東京都が、当時の資料に基づき、この仮埋葬の場所と推定遺体数を整理した統計がある。それによると、都営公園など都有地への仮埋葬は、合計三三ヶ所、遺体一体ずつの埋葬が七一一三体、合葬が二万八一五〇体であり、合計三万五二六三体であった。寺院境内などへの仮埋葬は、合計三三ヶ所、遺体一体ずつの埋葬が三三〇体、合葬が一万三八九五体、合計一万四二二五体であった。総計すると四万九四八八体である〔東京都編 一九五三：四九二―四九三頁〕。

東京大空襲をはじめ東京空襲の犠牲者数は一〇万人を超えるので、東京大空襲以外の犠牲者数を差し引いても、東京大空襲直後に把握されたその犠牲者数は、実数よりもはるかに少なかった。実際、この統計には注意書きがあり、「死体数はすべて推定せるもの」〔東京都編 一九五三：四九三頁〕とある。なお、一体ずつの埋葬は遺留品・服装などから氏名が判明する者、合葬は焼死などにより個人を特定できない者であった。合葬が圧倒的に多いので、その事実からも、犠牲者の凄惨な状況を推測できる。

東京大空襲の犠牲者は、個人の尊厳を犯され個人性を剥奪されていた。

もちろん、民間人を標的とした無差別爆撃そのものが、非人道的であることはいうまでもないが。

仮埋葬からの改葬・火葬

東京都は、アジア太平洋戦争敗戦から三年後の一九四八年（昭和二三）から、各地に仮埋葬された遺体を、三年計画で改葬・火葬する計画を立てる。計画通り実行され、一九五一年（昭和二六）三月、この作業は完了した。

仮埋葬は、遺体をじかに土中に埋葬したために、改葬・火葬方法は、個人を特定できる遺体については一体ずつを棺におさめ、合葬については複数体を棺におさめ、それを都内火葬場に輸送し火葬を行なった。可能な限り、個人性を保存しようとしたといってよいかもしれない。

この改葬・火葬により、仮埋葬数が再把握され、収容された遺体の実数が確認された。

一九四八年度（昭和二三年度）は、都営公園・寺院をはじめ合計三三ヶ所からの改葬・火葬が行なわれた。個人を特定できる遺体三一七体、合葬遺体一万三九〇八体、合計一万四二二五体であった。

一九四九年度（昭和二四年度）は、各地の公園を中心に合計三二ヶ所からの改葬・火葬が行なわれた。個人を特定できる遺体七〇五三体、合葬遺体三万二〇〇体、合計三万七二五三体であった。

一九五〇年度（昭和二五年度）も、都営公園をはじめ各地の公園を中心に合計六九ヶ所からの改葬・火葬が行なわれた。個人を特定できる遺体八体、合葬遺体二万八七六三体、合計二万八七七一体であった［東京都編 一九五三：五二七－五二八頁］。

これらを合計すると、実に、一三四ヶ所、総計八万二四九体の仮埋葬された遺体を改葬・火葬している。

東京都では、この改葬・火葬にともない、一九四九年（昭和二四）から、東京空襲の犠牲者の遺骨について、最終的整理を行なう。個人を特定できる遺骨については、引き渡しを行ない（引取者のない遺骨も多かった）、「氏名の判明しないものは仮埋葬の埋葬地別に四五〇箇の大骨壺に入れて震災記念堂に収めることとした」。また、遺骨の氏名を特定できなくても、合葬した遺骨から分骨を希望する遺族もあった〔東京都編 一九五三：五二八頁〕。
そして、それまで関東大震災犠牲者の遺骨をおさめていた「震災記念堂」に、東京空襲の犠牲者の遺骨もおさめ、一九五一年（昭和二六）九月、東京都慰霊堂と改称した。

表1 「戦災者の内仮埋葬された戦災殉難者数」

	氏名判明者	氏名不判明者	合計
改葬者数	7,386体	83,572体	90,958体
遺体引渡数	2,619体	3,766体	6,385体
未引渡数	4,767体	79,806体	84,573体

＊東京都編［1953］p.528より作成

これが最初に述べた、「震災記念堂」が東京都慰霊堂に移行した経緯である。

さて、『東京都戦災誌』は、仮埋葬の改葬・火葬から、総計八万二四九体の遺体を算出した。

ところが、同じ『東京都戦災誌』は、最終的に、「戦災者の内仮埋葬された戦災殉難者数」という**表1**のような統計表を作成している〔東京都編 一九五三：五二八頁〕。

圧倒的に氏名不判明者が多い。ここでの最終的な遺体総計は九万九五八体であった。改葬・火葬時の集計が八万二四九体であったので、なぜか、総計で約一万体の食い違いが生じている。

誤差を越えている。

このような集計上の大きな差異が出ていることじたいが、大量死が個人性を特定できない凄惨な死であることを示す。また、東京都が仮埋葬の遺体を改葬・火葬し、東京都慰霊堂におさめる際に、身元不明者については、合計四五〇個の大骨壺に合葬せざるを得なかったことも、大量死が個人性を剥奪している証拠であろう。

なお、東京都慰霊堂のウェブサイトでは、東京空襲の犠牲者数を一〇万五〇〇〇人とする［東京都慰霊堂 Website: http://tokyoireikyoukai.or.jp/：最終閲覧二〇一七年九月一一日］。これについては、遺体が収容されなかった行方不明者も含まれているので、こうした数字が算出されているものと思われる。このような正確さを欠く数値が算出され、食い違いが生じ、また、最終的数字も概数にとどまることじたいも、大量死が個人性を破壊させる現実であったことを示す。

東京都空襲犠牲者名簿

そして、東京都慰霊堂の発足とともに、その管理・運営は東京都ではなく、公益財団法人東京都慰霊協会となった。その発足時、東京都慰霊協会は、東京都慰霊堂への遺骨安置の概要を説明した「東京都内戦災殉難者の御遺骨安置について」を作成し、最後に、次のような文章を付け加えた。

この慰霊堂に奉祀してある戦災殉難者諸霊の御氏名は、御遺族関係者から正確な申告を願つて霊名簿を作ることになつて居りますので未だ御申出ない方は至急申告をお願いします。

［東京都編 一九五三：五二八頁］

東京空襲の犠牲者は、そのほとんどが個人と遺体とを確定できなかった。そのために、東京都慰霊堂を管理する東京都慰霊協会は、犠牲者名簿の作成を実行しようとしていた。

東京都慰霊堂には、それに並列して、二〇〇一年（平成一三）完成の「東京空襲犠牲者を追悼し平和を祈念する碑」がある。犠牲者名簿はこのなかにおさめられている［**写真6**］。

アメリカ軍機による東京空襲の犠牲者は、その大量死のために、その個人性を剥奪された。身元不明の遺体が大多数であり、それを四五〇個の大骨壺に合葬せざるを得なかった。あえていえば、この東京都慰霊堂は東京空襲犠牲者の墓でもある。この墓では、その遺骨のほとんどが個人を特定されていない。そうしたなかで、犠牲者を個人として確定し、それを記憶にとどめる、そのために連続してきた作業が、この犠牲者名簿の作成と安置であった。

これは、広島の原爆犠牲者でも同様である。広島市では、一九五二年（昭和二七）以来、原爆犠牲者を原爆死没者名簿に登録し、それを広島平和都市記念碑（原爆死没者慰霊碑）におさめている。二〇一七年（平成二九）八月六日時点で、三〇万八七二五人が登録されている。前年二〇一六年（平成二八）八月六日時点の登録者数は三〇万三一九五人であったので、この一年間に五五三〇人が新たに加わった［広島市 Website：http://www.city.hiroshima.lg.jp/www/index.html：最終閲覧二〇一七年九月一二日］。

3　戦死者の個人性

ひめゆり平和祈念資料館

非戦闘員、民間人における戦争犠牲者の個人性保存の例を、東京空襲犠牲者でみてきた。個人性の保存は、慰霊碑などへ氏名を刻むばあいも多い。いずれにせよ、氏名によって、個人の存在を残そうとする方法がとられている。

戦闘員、兵士の戦死でも、慰霊碑に部隊名・氏名を刻み個人性を保存しようとするばあいが多い。

しかし、戦死者たちのばあいには、民間人の戦争犠牲者とは異なる点もある。

そのような事例をみていってみよう。

まずは、民間人の戦争犠牲者というべきか、戦死者たちというべきか、境界領域にある沖縄戦のひめゆり学徒隊についてである。ひめゆり学徒隊は、女学生でありながら、看護師として従軍した。制度的には広義における戦死者たちに入るのであろうが、民間人の犠牲者ともいえる。

アジア太平洋戦争末期、一九四五年（昭和二〇）、民間人を巻き込んだ地上戦、沖縄戦の凄惨さは知られる。アメリカ軍によって、軍民ともに、沖縄本島南端に追い詰められた。その糸満市摩文仁の丘には、「平和の礎」とともに、沖縄県民の犠牲者氏名が刻まれる。組織的戦闘終結とされる六月二三日には追悼式典が行なわれる。

この摩文仁に近い糸満市伊原に、ひめゆり平和祈念資料館という、沖縄戦で犠牲になった沖縄師範学校女子部・沖縄県立第一高等女学校の教職員・女学生を記憶し想起するための資料館がある。このひめゆり平和祈念資料館の第四展示室「鎮魂――REQUIEM」をおとずれると、犠牲になった教職員・女学生ひとりひとりの氏名、死亡年月日・死亡場所・死亡状況、そしてその人となりを記した顔写真が並ぶ。その生存が最終確認された年月日のあとに、「以後消息不明、死亡」とされた者も多い。学徒隊に従軍したのは、教職員一八人、生徒二二二人、合計二四〇人であった。うち、教職員犠牲者一三人（七二％）、生徒犠牲者一二三人（五五％）、合計一三六人（五七％）であった。学徒隊に従軍しなかったものの、沖縄戦によって犠牲となった沖縄師範学校女子部・沖縄県立第一高等女学校の女学生は九一人であった。彼女らを含めると合計二二七人にのぼる。

このひめゆり平和祈念資料館第四展示室にかかげられた、ひとりひとりの彼ら・彼女らのなかで、遺体・遺骨が特定できたものは、どれだけいることであろう。

それでも、沖縄県女師・一高女ひめゆり同窓会によって設立されたこの祈念館の展示は、ひとりひとりを顔写真とともに個人として甦らせ、それによって観る者に訴えかけ、平和を祈念する。東京爆撃の犠牲者のような氏名だけではない。顔写真をかかげることにより、ひとりの生きた人間であった、その証《あかし》を強く訴えかける。

月ヶ丘軍人墓地

戦死者たちでは、民間レベルで、このような個人性を象徴的に表現しようとしたばあいがある。圧倒的な戦死者数からみれば少数であり、また、民間レベルでの戦意高揚とでもいうべき性格もあるが、戦死者ひとりひとりの戦死者像が製作され建立された事例である。

写真28　月ヶ丘軍人墓地（愛知県名古屋市千種区月ヶ丘）1992年

写真29　月ヶ丘軍人墓地（愛知県名古屋市千種区月ヶ丘）1992年

一九九五年（平成七）まで、愛知県名古屋市千種《ちぐさ》区月ヶ丘《つきがおか》にあった、月ヶ丘軍人墓地をとりあげてみよう。
月ヶ丘軍人墓地というのは通称で、正式名称は知られていない［洲之内一九八二：六六頁］。**写真28・写真29**

は、一九九二（平成四）時点の月ヶ丘軍人墓地である。住宅街の一画に霊園墓地が広がり、その地続きにこの月ヶ丘軍人墓地はあった。一九九二年（平成四）時点で合計八九基の軍人像を数えることができた。一基の台座に二体並列する像もあり、これは兄弟の戦死者たちであると推測された（二体並列像は一基として数えた）。また、戦死者像と戦死者像とのあいだに空間があり、台座から取り外した痕跡がみられたので、取り外された戦死者像があると考えられた。碑文の正面には姓名を記し、末尾に「像」とするものがほとんどであった。

月ヶ丘軍人墓地といわれたが、正確には、墓地ではなく戦死者像の安置空間であった。

この月ヶ丘軍人墓地の戦死者像は、日中戦争下、一九三七年（昭和一二）から一九四一年（昭和一六）までに戦死した地元名古屋市出身で、名古屋第三師団歩兵第六連隊の戦死者たちの像であった。なかでも、一九三七年（昭和一二）上海戦線での戦死者たちが多い。建立年月は、一九四三年（昭和一八）建立もあったが、その大多数は一九三八年（昭和一三）から一九四一年（昭和一六）までである。

この月ヶ丘軍人墓地の戦死者像は、一九九五年（平成七）、愛知県知多郡南知多町の中之院《なかのいん》（天台宗）という寺院境内地に移転された。その区画は中央の焼香台をはさみ、二区画に分かれている。移転時点で、遺族が判明していた戦死者たちは、もとからあった台座も含めて、中央から向かって右側に再建立された。それが**写真30**の移転後の軍人像である。いっぽう、移転時点で遺族が不明であった戦死者たちは、台座がとりはずされ、中央から向かって左側に再建立された。それが**写真31**である。いわば、無縁化した戦死者像が彼らであった。人数的には、彼らの方が多い。

移転時は、アジア太平洋戦争敗戦の一九四五年（昭和二〇）から五〇年後、一九九五年（平成七）であった。「戦後五〇年」という言葉が聞かれた年であった。

移転後も、遺族の戦死者像参りは継続しているという。いっぽう、歳月の経過は、戦死者像の多くを無縁化させてもいた。

月ヶ丘軍人墓地の戦死者像

この軍人像を紹介しておこう。固有名詞はイニシャルにした。

月ヶ丘軍人墓地の正面から三列目、右から五基めにあった軍人像、その台座銘文は次の通りであった。

写真30　移転後の軍人墓地（愛知県知多郡南知多町山海土間 中之院）2014年

写真31　移転後の軍人墓地（愛知県知多郡南知多町山海土間 中之院）2014年

〔前面〕故陸軍歩兵曹長勲七等功七級　　ＭＧ之像」。
〔左側面〕昭和六年現役志願兵トシテ歩兵六聯隊ニ入営豊橋教□学校卒業後満洲派遣ヲ命ゼラル功ニ依リ勲七等ヲ賜ル支那事変勃発スルヤ□□安田中隊ニ属シ上海敵前上陸ヲ敢行以来各地ノ激戦ニ参加シ昭和十二年九月二十日上海公墓附近唐家宅ノ戦闘ニ於テ戦死ス　　享年二十四才
昭和十四年四月十一日
母ＭＦ建之

戦歴を記し、死亡年齢と建立年月日、そして、建立者を記す。この人物は、一九三七年（昭和一二）七月の盧溝橋事件、日中戦争開戦から二ヶ月後、上海戦線で戦死していた。

もうひとつみてみよう。

正面から九列目、右から四基めにあった軍人像、その台座銘文は次の通りであった。

〔前面〕故陸軍歩兵上等兵勲七等　　ＳＭ之像」。
〔右側面〕昭和九年十二月歩兵第六聯隊ニ入隊満洲事変ニ出征勲八等ヲ下賜セラル昭和十一年五月八日除隊シ同年六月天島工業株式会社ニ入リ勤務中日支事変勃発スルヤ昭和十二年八月十七日応召下命ニ服シ上海呉淞敵前上陸敢行後各地転戦蘇洲河ノ戦闘ニ於テ十一月三日戦死ス
〔裏面〕昭和十三年十一月建
名古屋市熱田区澤下町　　父ＳＪ

この人物も、日中戦争開戦から四ヶ月後一一月、上海戦線での戦死であった。

ここで紹介した二例は、いずれも一九三七年（昭和一二）上海戦線の戦死者像であった。建立者は父母である。

この二例にとどまらず、月ヶ丘軍人墓地の戦死者像の多くが、戦死者像の戦歴を記す。建立者氏名は、妻もあるが、父母、特に父が記されているばあいが多い。

月ヶ丘軍人墓地の戦死者たちは、一体一体の戦死者像によって表象された。

もっとも、この戦死者像はいずれも軍服を着用し、彼らが日常生活をおくっていたときのスタイルではない。この月ヶ丘軍人墓地は、戦死者たちをひとりの私人としてではなく、ひとりの兵士として特化させ表象する空間であった。戦死者ひとりひとりにとっては、入隊以前の日常生活の方が圧倒的に長かったにもかかわらず、それについては、銘文では言及されない。戦歴が記され、彼の人生がこの戦死者像に、また、それにより兵士であったことに集約されてしまっている。

これについては、戦死者像の軍服姿をみるだけでも、その象徴的意味をくみとりやすいかもしれない。戦歴のみならず、軍服姿により、平服の私人としてではなく、兵士としての意味だけで存在させられている。

コンクリート製戦死者像

歳月の経過とともに、月ヶ丘軍人墓地について、不明な点が多くなった。

一九八二年（昭和五七）、美術エッセイストの洲之内徹が、『芸術新潮』第三三巻八月号に掲載した「きまぐれ美術館一〇四 月ヶ丘軍人墓地（二）」が、もはや知ることのできなくなった情報を教えてくれる。
この月ヶ丘軍人墓地の維持にかかわっていたKさんという人から聞いた話というのがそれである。Kさんは戦死者像の遺族ではなかった。

墓地を作ったのはNという人である。いうまでもなく、Kさんも人から聞いた話だが、昭和十二年の夏、上海の上陸作戦で大勢の戦死者が出ると、Nという人がここへ地所を買い、遺族たちに呼びかけて、めいめいが戦没者の一時金（百五十円から二百円くらい）を造像費に充て、写真を基に故人の軍服姿の像を作って立てるようにした。写真で作ったというのはよくわかる。軍服姿とはいっても、銃を持ち装具を着けたのは少くて、戦闘帽ではなく正式の軍帽を被り、両手を背に廻して組み、巻脚絆をつけない両脚をすこし左右に開いて立つ姿が多いのは、外出日などに写真屋で写す兵士の記念写真がだいたいこれだったからだろう。［洲之内 一九八二：六七頁］［氏名はイニシャルにした］

名古屋師団は、上海戦線に従軍し多くの犠牲者を出した。呼びかけ人がいて、戦死者たちの遺族が、一時金をもとに戦死者像を作ったという。戦死者像に立ち姿で後ろ手の姿勢が多いのは、休日の外出日に写真館で撮影した写真をもとに、これを作ったからであるという。定型化したポーズがあったようである。確かに、後ろ手・立ち姿の戦死者像が多い［**写真28**］［**写真29**］。

日中戦争開始直後の熱狂、民間レベルの戦意高揚とでもいうべき状況もあったことであろう。

そのようなスタイルであったということは、月ヶ丘軍人墓地の戦死者像は、軍服姿でありながら、戦闘をしていないとき、休日の兵士であった。**写真32・写真33**は、戦死者像のアップである。凶暴性や悪辣さはかけらもない。かなしささえも感じさせる。
この感覚は、月ヶ丘軍人墓地をおとずれた誰もが感じたことであろう。洲之内も次のような感想を残す。

写真32　月ヶ丘軍人墓地戦死者像（愛知県名古屋市千種区月ヶ丘）1992年

写真33　月ヶ丘軍人墓地戦死者像（愛知県名古屋市千種区月ヶ丘）1992年

一つ一つの像に「生き写し」を志した、銭金ずくではない彼等（石工－引用者）の熱意がありありと見て取れるのだ。だが、「生き写し」は石工たちよりも、より一層遺族たちの願いだったろう。覚悟はしていたというものの、それにしてもあまりにも呆っ気なく死んだ息子や夫への諦めきれぬ想いは、在りし日の面影を眼の前に見たい願いになって、それが像を作る動機にもなったのだろうが、その想いは今に、墓地全体に籠っている。
［洲之内 一九八二：六七頁］

洲之内は次のようにもいう。

ここの軍人像には、理想化の跡があまりないのだ。石工たちは戦前の日本人のカッコよくない男をカッコよくなく作った。お国のために死んだ人間だからといって、いい男には作っていない。ということは、戦争を理想化したり美化したりもしなかったということである。栄光とか勇壮とかは彼等の関心事ではなく、先程も言ったように、「生き写し」がだいじだったからかもしれない。

〔洲之内 一九八二：六八頁〕

この戦死者像に顕彰の意味を込めた遺族もあっただろう。ただ、この月ヶ丘軍人墓地の戦死者像からは、洲之内のいうように、「生き写し」によって戦死者たちを甦らせようとした遺族のやりばのないおもいが迫る。

しかし、その「生き写し」の戦死者像が軍服姿であることは、戦死という死の特異性を浮き彫りにする。彼らの人生は、兵士であることよりも、私人として日常生活をおくっていた時間の方が、圧倒的に長かったはずである。しかし、戦死者たちは、短い時間着用したにすぎない軍服姿によって、みずからを表現することになった。

自然災害犠牲者の大量死、東京大空襲などの戦争犠牲者の大量死など、これら大量死における個人性の表象と比べたとき、戦死者たちには異質性があった。戦死者たちのみが、兵士として個人性を獲得し、それにより死後も存在し続けることになった。それが靖国神社のような国家主導の戦死者祭祀ではなく、民間レベルでもこのような形態であったこと、そこに戦死者たちにおける個人性保存の特徴があった。

戦死者たちの個人性は兵士として表象された。戦死者たちはその生きてきた蓄積ではなく、軍服姿でその個人性を保存された。そこに、戦争がもたらす人間性の剥奪をみることができるかもしれない。

月ヶ丘軍人墓地の戦死者像を製作したのは、浅野祥雲《しょううん》（一八九一－一九七八）というコンクリート像造形作家であった。浅野の生涯とその仕事は、大竹敏之『コンクリート魂――浅野祥雲大全』（二〇一四）によって、その全容が明らかにされた。洲之内は「石工」といい、この戦死者像が石像であるかのようにいうが、石像は一一基のみで、それ以外は、浅野によるコンクリート像であった［大竹二〇一四：一三一頁］。

写真34　浅野祥雲コンクリート像（京都府相楽郡笠置町笠置 笠置駅）2016年

浅野は、通常の美術教育は受けていない。岐阜県中津川市の農家の二男として生まれ、生家が土雛《つちびな》製作を副業としていたため、それを継ぎ、名古屋市へ移住後、コンクリート像製作を独自に考案したという。その造形は、採算度外視の仕事であった［大竹二〇一四：一五四－一五五頁］。

浅野の作品は、中部地方各地の野天に点在する。よく知られた作品群として、静岡県熱海市熱海城周辺の神像・仏像群、愛知県日進市五色園《ごしきえん》内親鸞関係仏像群、愛知県犬山市桃太郎神社境内桃太郎関係像群、岐阜県不破郡関ヶ原町関ヶ原ウォーランド内戦国武将像群などがある。**写真34**は、JR関西線笠置《かさぎ》駅前にある、南北朝期一三三一年（南朝暦＝元弘《げんこう》一・北朝暦＝元徳三）元弘の変、『太平記』にえがかれた笠置山の戦いを、造形化したコンクリート像群である。動的で物語性に富む。エンターテインメント造形作家といってよいだろう。

このような、正規の美術教育の外側で、土雛製作の発展の上に独創したのが、浅野のコンクリート像であった。あるときには豊かな、また、あるときにはかなしげな表情を、自在に造形することのできる、そのような浅野の手によったのが月ヶ丘軍人墓地の戦死者像であった。

4　戦死者表象の異質性

戦死者墓地

最後に、地域社会で作られてきた戦死者墓地をひとつだけ紹介しておこう。

戦死者墓地をみると、各家の墓域に戦死者の石塔があるばあいもあるが、戦死者たちのみの共同墓地が別に設けられているばあいも多い。そのような戦死者墓地の一例である。

三重県津市美杉町下之川《しものがわ》という山村の幹線道路の脇に、写真35の戦死者墓地がある。アジア太平洋戦争敗戦後、一九五三年（昭和二八）造成である。この幹線道路脇にあるのはこの戦死者墓地だけで、下之川の墓地はここにはない。下之川は、いわゆる両墓制で、サンマイ（三昧）と呼ばれる遺体埋葬地を集落背後の畑地のなかに持ち、石塔墓地は寺院境内などにある。しかし、戦死者墓地は、そのど

写真35　戦死者墓地（三重県津市美杉町下之川）2014年

ちらでもなく、集落内の幹線道路脇にある。戦死者墓地のみが、日常の死者の遺体埋葬地点サンマイおよび石塔墓地とは異なる地点に、しかも、人目に露出する場所に共同墓地として存在する。

戦死者たちだけが他の死者と分離している。この三重県津市美杉町では、下之川以外でも、戦死者墓地のみが両墓制の墓域から分離して、寺院境内にあるばあいが多い。両墓制の石塔墓地が寺院境内の背後や側面に位置するのに対して、戦死者墓地だけは寺院境内の前面、境内の正面入口近くに、石塔の規模もやや大きく、誰もがひと目でそれとわかるように並列される。戦死者たちの墓域だけが突出している。

戦死者たちはその集落の死者というのみならず、戦争の死者であることを主張しているかのようである。

兵士としての個人性の保存

近現代日本の死生観について、その分析の中心に、個人性の保存をおき、戦争犠牲者と戦死者たちを通して、その具体的内容を考えてみた。

主にとりあげたのは、東京大空襲の戦争犠牲者、月ヶ丘軍人墓地の戦死者たちである。それらにより確認できたのは、戦死者たちのみが、兵士であり戦争の死者であることを表象する形態での個人性の保存であったことである。戦死者たちに対しては、その人生のすべてが兵士であったかのような表象が行なわれていた。

戦死者たちも、その個人性を保存しようとする。しかし、そこで表象された戦死者たちの個人性は、戦死の一点に集中され、他は脱落していた。

戦争の非人間性とは、人間の死における個人性の保存においても、戦死者たちを兵士であったことに限定し表現するところにあるのではないだろうか。

第七章　地域における「英霊」の記憶

1　戦死者たちを素通りする「靖国問題」

戦後の出発点とは？

戦死者祭祀をどのように行なうべきなのか、それは、戦争終了後、ただちに設定されなければならない課題であった。敗戦国にせよ、戦勝国にせよ、戦後の出発点は、その戦争で死んだ人間、兵士のみならず民間人をも含めて、彼らをどう記憶するのか、それを最初にかかげるべきであった。

しかし、一九四五年（昭和二〇）八月一四日ポツダム宣言受諾および翌一五日昭和天皇（一九〇一―八九）の「終戦」の「詔勅」放送をもって終わるアジア太平洋戦争において、敗戦国の日本はそのような行為を行なわなかった。

正確にいえば、まったくなされなかったわけではない。戦死者たちについては、国家的規模では行なわれてきた。靖国神社（および護国神社）を思い浮かべるだけでよいだろう。この国家的規模での戦死者の記憶装置は、政治利用されやすい存在として継続してきた。そこでは、戦死者たちが一個人としての死者ではなく、国家の「英霊」としての死者へと変質させられている。

いっぽう、このような国家的規模ではなく、生活レベルにおいて、戦死者たちはどのように記憶されてきたのであろう。

敗戦後七〇年余が経過し、戦争を知らない世代が大多数になった二〇一七年（平成二九）時点においても、そうした問いかけが自覚的に行なわれてきたことは少なかったのではないか。

アジア太平洋戦争敗戦とともに、ＧＨＱ（連合国軍最高司令部）に占領された日本は、その指示により、いわゆる戦後改革、政治・経済・社会全般にわたる民主主義的改革によって、戦後をはじめた。その戦後の出発点は、現代日本人の集合的記憶としても定着している。アジア太平洋戦争をめぐる日本の戦後の出発点は、戦争で死んだ人間ではなく、彼らを社会の陰に押しやった上での、民主主義的改革としての記憶である。

戦後改革を批判しようというのではない。大量の死者を出した戦争、しかもそこでの死の多くは凄惨な死であった。そうであるがゆえに、戦死者たちへ想いをはせることも含めて、国家的存在としてではなく、社会的存在として、社会がどのように戦死者たちを記憶し、復活させようとするのか、それがなされる必要があった。

政治的記憶と社会的記憶

単純な二項対立的枠組を設定してみよう。

日本では、国家的規模での戦死者記憶装置として、靖国神社がある［**写真15**］。これを仮に政治的記憶装置としておこう。近現代政治が設定した、集合的記憶のための代表的表象である。

いっぽう、人間の死それじたいは私的現象であるので、こうした政治的記憶装置に対して、私的現象を非政治的集団が記憶する社会的記憶装置とでもいうべき存在が仮定される。戦死者たちが私人としてどのように記憶されているのか、である。

仮に、戦死者たちの政治利用を抑止しようとすれば、アジア太平洋戦争敗戦後、政治的記憶装置としての靖国神社に対置されるべき社会的記憶装置が、存在してきたのかどうか、その現実を明らかにすることが、第一に重要であった。

しかし、戦死者たちの記憶としては、政治的記憶装置、なかでも靖国神社だけが認知され、そのために、戦死者祭祀をめぐる「問題」が起きたとき、議論の対象となるのは、戦死者祭祀それじたいではなく、靖国神社のみ、という現実があった。たとえば、二〇〇五年（平成一七）春から夏にかけて沸騰した「靖国問題」は、東アジア諸国をも巻き込んだ政治・外交問題としても展開したが、その焦点におかれたのは、戦死者自身ではなく、あくまで靖国神社であった。戦死者たちを素通りして、靖国神社を議論の対象に据えたのが「靖国問題」であった。

それは、靖国神社を肯定する政治勢力・知識人だけではなく、靖国神社に批判的な政治勢力・知識人においても同様であった。たとえば、二〇〇五年（平成一七）、「靖国問題」の最中に発売された高橋哲哉『靖国問題』（二〇〇五）は、靖国神社およびそれをめぐる保守政治に批判的立場から執筆され、靖国神社の政治性を指摘した。しかし、そこでの焦点は、戦死者たちではなく、靖国神社および「靖国問題」であった。また、アジア太平洋戦争敗戦後から現代までの靖国神社をめぐる政治を整理した赤澤史朗『靖国神社――せめぎあう〈戦没者追悼〉のゆくえ』（二〇〇五）も、「戦没者追悼」をめぐる課題設定を、戦死者たちではなく靖国神社に置いた。

戦死者たちの記憶が、政治的記憶装置としての靖国神社のみで行なわれてきたわけではないにもかかわらず、それについての課題設定が、靖国神社を出発点としている。あるいは、戦死者祭祀施設がイコール靖国神社と認識され、靖国神社に批判的な政治勢力・知識人も、戦死者祭祀を「靖国問題」としてのみ議論する。

このような固定観念が存在していることじたいにも「問題」があると考えることができよう。靖国神社および「靖国問題」の政治性とは、それに批判的な政治勢力・知識人をも、その枠組のなかに思考を固定させてしまうところにある。

そうであるからこそ、戦死者たちの記憶を彼ら自身から出発させるために、政治的記憶装置としての靖国神社に対して、社会的記憶装置とでもいうべき存在を、まずは知ること、そこからはじめる必要がある。

写真36　戦死者の「お墓」（静岡県静岡市葵区久能尾）1993年

戦死者たちをめぐって、多様な記憶が持たれてきたであろう。地域社会でも、また、日常生活でも、彼らの記憶が反芻されてきたであろう。このような生活レベルの戦死者たちの記憶がどのようなものであったのか、それをまず明らかにする必要があると思われるのである。

2　社会的記憶のなかの「英霊」

家のなかの「英霊」

まず重視されるべきは、戦死者たちを出した家は、彼らをどのように記憶してきたのか、その現実を明らかにすることであった。ふつうの死者は家で近親者によって記憶される。このふつうの死者と同じ次元において、戦死者たちはどのように記憶されてきたのか、それを知る必要があろう。

写真37　戦死者遺影（静岡県静岡市葵区久能尾）1993年

一例として、次に紹介するのは、静岡県静岡市葵区久能《きゅうのう》尾《お》という山村の、ある家の戦死者たちである。

この家では、「忠貫長道居士」「忠賢富嶽居士」という戒名を持つ兄弟二人の戦死者がおり、**写真36**のような、兄弟で一基の「お墓」が作られた。家の座敷には、この家の他の死者とともに、**写真37**の遺影が飾られている。「忠貫長道居士」は一九二一年（大正一〇）生まれ、一九四四年（昭和一九）八月、セレベス島へ向かう輸送船が攻撃をうけ沈没、戦死した。二四歳であった。「忠賢富嶽居士」は一九二三年（大正一二）生まれ、一九四四年（昭和一九）二月、台湾近海で輸送船が攻撃をうけ沈没、戦死した。この家では、戦死した二人の兄弟のために、髪・爪などを埋葬し（遺体・遺骨はない）、僧侶による仏教式の葬儀を行ない、最初は木の墓標を立てた。このような「お墓」にしたのは一九五五年（昭和三〇）であったという。

この地域では、死者の葬儀のあと、一周忌・七年忌・一三年忌・一七年忌・三三年忌など仏教式の年忌供養を行ない、五〇年忌をもってそれを終わるのがふつうである。この「忠貫長道居士」「忠賢富嶽居士」という二人の戦死者たちに対しても、それは行なわれた。彼らが戦死したのは一九四四年（昭和一九）であったので、五〇年忌の年は一九九三年（平成五）であったが、他のふつうの死者と同じように、彼らに対しても年忌供養がくりかえされた〔岩田二〇〇三：一七－二〇頁〕。

あたりまえといえばあたりまえのことであるが、このように、戦死者たちの枠組を靖国神社ではなく、戦死者たち自身に設定したとき、おのずと浮かび上がるのは、戦死者たちの記憶装置は靖国神社だけではないということである。戦死者たちの家では、他の死者と同じように、仏教的死者供養により、「お墓」・遺影・年忌供養などにより、その記憶を反芻している。

それでは、政治的記憶装置の靖国神社とは異なる、このような家の記憶において、戦死者たちの記憶はどのような性質を持つのであろう。

遺影は、他の死者とは異なり、軍服姿であった。平服ではない。その生涯において、兵士としての軍服よりも、私人としての平服の時間の方が長かったにもかかわらず、遺影は兵士として遺された。

写真38　静岡県護国神社万灯みたま祭（静岡県静岡市葵区柚木）2011年

その生涯が戦死に特化されている。

そして、死者名としての仏教式の戒名は、「忠貫長道居士」「忠賢富嶽居士」であった。ここにも通常の死者とは異なる言葉、「忠」がある。「忠君愛国」の「忠」と考えてよいだろう。

また、この兄弟「忠貫長道居士」「忠賢富嶽居士」の家では、静岡護国神社が行なう祥月命日祭には参加してきたという。祥月命日祭とは、毎月四‐五回程度の頻度で、命日が近い戦死者たちをまとめて、神主が祝詞を述べるものである。また、静岡県護国神社では、**写真38**のように、月遅れのお盆期間中、毎年八月一三日から一五日まで、万灯みたま祭が行なわれ、遺族が「献灯」した提灯が境内をうめつくす。これに対しても、この家では、かならず「献灯」してきたという。

家では、「忠貫長道居士」「忠賢富嶽居士」に対して仏教式の死者供養を行ない、いっぽう、静岡県護国神社での神道式祭祀に参加している。同じ戦死者たちに対して、仏教式と神道式と、二種類の死者祭祀が並存している。そして、両者ともに、政治的記憶と無縁ではなかった。仏教式では「忠」となり、神道式では静岡県護国神社への参加があった。

家の仏教的死者供養でも「英霊」となり、政治的レベルでの神道式でも「英霊」となっていた。戦死者たちは、その身近な近親者のもとに戻されている。それは、政治的記憶装置としての靖国神社とは異なる次元である。しかし、その近親者のレベルにおいても、戦死者たちのなかには「忠君愛国」思想の政治性が侵入している。

地域のなかの「英霊」

このような事例を、もうひとつみてみたいと思う。

山梨県山梨市牧丘町北原《きたばら》に洞雲寺《どううんじ》（曹洞宗）という寺院がある。この寺院の境内に、**写真39**の「忠霊殿」という建物がある。その正面には「忠霊永存」と書かれた額がかかげられ、その内部には、**写真40**のような、この寺院を檀那寺とする戦死者木像四九体が安置されている（うち四六体が日中戦争からアジア太平洋戦争までの戦死者たち）。それぞれ名前を記した木像の前には戒名を記した位牌が置かれ、毎年秋に「慰霊祭」が行なわれてきた。「忠霊殿」は、一九五四年（昭和二九）、この寺院の住職が作ったもので、アジア太平洋戦争敗戦までの戦死者たちの写真を遺族から借り、山梨県出身の彫刻家に依頼して木像を作ったものであった。ひとりひとりの「生けるがごとく」の木像をめざしたという［岩田二〇〇三：二七－三〇頁］。

そして、この「忠霊殿」内部の一体一体の木像前に置かれたひとりひとりの位牌をみると、その戒名の下には「英霊位」と刻まれている。たとえば、**写真41**の、一九四五年（昭和二〇）二月二一日に戦死した人物の位牌には、「還郷 天勝院忠切道義居士 英霊位」とある。

写真39　「忠霊殿」（山梨県山梨市牧丘町北原）2001年

写真40　「忠霊殿」内戦死者木像（山梨県山梨市牧丘町北原）2001年

これら木像と位牌を安置する空間は「忠霊殿」、死者名の戒名の下部は「英霊位」であった。「忠霊」「英霊」という、日本の近現代国家が、靖国神社などで、天皇や近現代国家のために戦死した者をたたえる単語が、この地域社会における仏教的戦死者供養にも浸透している。

表2は、この「忠霊殿」に木像を安置された四九人の戒名一覧である。この「忠霊殿」のある寺院は曹洞宗であるが、曹洞宗では、その戒名は、○○□□居士（男性）、○○□□大姉（女性）などとつけられる。上位の死者に対しては、さらにその先頭に院号がつけられることがある。この「忠霊殿」の戦死者四九体は、上位の死者ということであろうか、すべて院号を持つ。そして、○○の部分が死者の性格・内容を示す道号《どうごう》、□□の部分が法名《ほうみょう》（厳密にいえばこの部分が死者名としての戒名）、居士（男性）・大姉（女性）の部分でこの死者の位号を示す。いまみた「天勝院忠切道義居士」を例とすれば、「天勝院」が院号、「忠切」が道号、「道義」が法名、「居士」が位号となる。

写真41　「忠霊殿」内戦死者木像（山梨県山梨市牧丘町北原）2001年

この「忠霊殿」の四九人の戦死者戒名をみると、上位の死者であることを示す院号が全員につけられ、そのうち、四人の院号には「忠」が使われている。また、三九人の道号に「忠」が使われ、そのうち八人には、「天勝院忠切道義居士」のように、法名に「義」が使われ、合わせて「忠義」となる語呂であった。このばあい、「忠義」の対象は、アジア太平洋戦争敗戦までの日本の近現代国家では、大元帥でもあった天皇であったことはい

表2 「忠霊殿」戦死者戒名一覧

No.	戒名	戦死年
1	忠心院義誠酬国居士	1904
2	顕信院忠征孝国居士	1904
3	忠良院誠心美一居士	1912
4	建功院喜山勇道居士	1938
5	忠純院孝山明道居士	1939
6	忠肝院金山武剛居士	1941
7	天翔院忠良武文居士	1941
8	天信院忠誠良原居士	1942
9	天経院忠勤作道居士	1942
10	天祥院忠晴俊雄居士	1943
11	天祐院忠節友誼居士	1944
12	天彰院忠宏武勇居士	1944
13	天眞院安山忠久居士	1944
14	天巧院忠錬昭光居士	1944
15	天松院忠操良蔭居士	1944
16	禅修院義岳信定居士	1944
17	天随院忠光義雄居士	1944
18	天性院忠厚信義居士	1944
19	大法院忠貞節義居士	1944
20	天高院富岳大雄居士	1944
21	大量院忠敢富壮居士	1944
22	大澤院忠敢善行居士	1944
23	孝徳院忠敢定義居士	1944
24	大成院忠敢武尚居士	1944
25	修篁院忠貫虎勇居士	1944
26	天深院忠賢衛道居士	1944
27	天澤院忠源潤義居士	1945
28	大良院忠敢敏達居士	1945
29	天寿院忠道長久居士	1945
30	大義院忠敢達孝居士	1945
31	天隆院忠敢一道居士	1945
32	大桂院忠順正義居士	1945
33	大鏡院忠敢桂魄居士	1945
34	大雄院忠信正見居士	1945
35	禅恩院美徳俊穎居士	1945
36	天籟院忠敢正人居士	1945
37	大厚院忠敢親征居士	1945
38	大志院忠敢文義居士	1945
39	大詔院忠敢禅孝居士	1945
40	天光院忠琳賢明居士	1945
41	天津院富峯大貴居士	1945
42	海功院忠勤大器居士	1945
43	天正院忠敢孝順居士	1945
44	天勝院忠切道義居士	1945
45	天道院忠敢功篤居士	1945
46	天融院忠敢誠愿居士	1945
47	天徳院忠敢武功居士	1945
48	天運院忠禅一至居士	1946
49	天適院忠高重鑑居士	1946

うまでもない。

この寺院境内の「忠霊殿」には、このような「忠」または「忠義」を戒名に組み入れた位牌が安置されている。

仏教的死者供養装置の位牌、仏教的死者名の戒名にまで浸透する「英霊」の思想とでもいえばよいであろうか。

地域社会独自の戦死者供養が、靖国神社とは無縁に、寺院を舞台として行なわれてきた。しかも、戦死者たちの個性を保存しようとするかのように、ひとりひとりの木像が作られた。しかし、そこにおいてすら、戦死者たちをめぐり靖国神社とのあいだに通底する「英霊」の思想が浸透している。

靖国神社のような政治的記憶装置に対して、社会的記憶装置を対置させたとき、この社会的記憶装置にひそむ観念は、政治性と無縁ではなかった。「英霊」の記憶とでもいうべき政治的記憶が、そこには混在している。社会的記憶は、家の、また、地域社会の私的領域でのみ存在していたのではなく、そのなかに「忠君愛国」思想が侵入している。非政治的存在ではなく、そこにこそ、政治が侵入し生活と渾然一体となって存在するといってもよいかもしれない[18]。

政治的記憶と社会的記憶が、両者の単純な二項対立的枠組で割り切ることができないところに、戦死者たちをめぐる記憶の複雑な現実がある。

3 戦死者戒名のなかの「英霊」

『忠霊録』編纂

このように、地域社会にまで、「英霊」としての記憶が侵入した事例を、さらにみてみよう。

富士山東麓と箱根山西麓のあいだに、静岡県裾野市という市がある。一九五二年（昭和二七）から一九五七年（昭和三二）にかけて、静岡県駿東郡泉村・小泉村・富岡村・深良《ふから》村・須山村の五ヶ村が合併し駿東郡裾野町となり、一九七一年（昭和四六）裾野市となった地方都市である。この裾野市が駿東郡裾野町であった一九六〇年（昭和三五）、町役場が『忠霊録』（一九六〇）という本を編纂した。

（18） 旧著『戦死者霊魂のゆくえ――戦争と民俗』（二〇〇三）では、地域社会や家における戦死者の記憶を、政治性から分離したものと考え、そこに「英霊」意識、「忠君愛国」思想が侵入し混淆していることを、考慮に入れなかった。そこでは、社会的記憶から政治性を脱落させていたが、現時点では、そのような視点のみでは、地域社会や家における戦死者たちの記憶、戦死者祭祀の実態をとらえることができないのではないか、と考えている。

表3　戦争別戦死者（静岡県裾野市）

<table>
<tr><th>戦争名</th><th colspan="3">年月</th><th>人数</th></tr>
<tr><td>西南戦争</td><td colspan="3">1877年2月15日～9月24日</td><td>1人</td></tr>
<tr><td>日清戦争</td><td colspan="3">1894年8月1日～1895年4月17日</td><td>1人</td></tr>
<tr><td>日露戦争</td><td colspan="3">1904年2月10日～1905年9月5日</td><td>23人</td></tr>
<tr><td>第一次世界大戦</td><td colspan="3">1914年8月23日（日本のドイツへの宣戦布告）～1918年11月11日</td><td>1人</td></tr>
<tr><td>満州事変</td><td colspan="3">1931年9月18日（柳条湖事件）～1937年7月6日</td><td>4人</td></tr>
<tr><td rowspan="5">日中戦争</td><td rowspan="5">1937年7月7日（盧溝橋事件）～
1941年12月7日</td><td>1937年</td><td>28人</td><td rowspan="5">73人</td></tr>
<tr><td>1938年</td><td>9人</td></tr>
<tr><td>1939年</td><td>8人</td></tr>
<tr><td>1940年</td><td>16人</td></tr>
<tr><td>1941年</td><td>12人</td></tr>
<tr><td>ノモンハン事件</td><td colspan="3">1939年5月12日～9月15日</td><td>5人</td></tr>
<tr><td rowspan="5">アジア太平洋戦争</td><td rowspan="5">1941年12月8日（真珠湾攻撃）～
1945年8月15日</td><td>1941年</td><td>2人</td><td rowspan="5">461人</td></tr>
<tr><td>1942年</td><td>27人</td></tr>
<tr><td>1943年</td><td>48人</td></tr>
<tr><td>1944年</td><td>218人</td></tr>
<tr><td>1945年</td><td>166人</td></tr>
<tr><td rowspan="4">アジア太平洋戦争敗戦後</td><td rowspan="4">1945年8月16日以降</td><td>1945年</td><td>24人</td><td rowspan="4">66人</td></tr>
<tr><td>1946年</td><td>26人</td></tr>
<tr><td>1947年</td><td>9人</td></tr>
<tr><td>1948年～
1954年</td><td>7人</td></tr>
<tr><td colspan="4">戦時以外</td><td>7人</td></tr>
<tr><td colspan="4">合計</td><td>642人</td></tr>
</table>

＊日露戦争戦死者については戦争後の戦死者についても含めた。以下便宜的に、1931年9月18日柳条湖事件から1937年7月7日盧溝橋事件前までを満州事変とし、盧溝橋事件以後1941年12月8日真珠湾攻撃前までを日中戦争とし（ノモンハン事件を除く）、真珠湾攻撃以降1945年8月15日までをアジア太平洋戦争とした。それ以降については、アジア太平洋戦争の戦死・病死者ではあるものの、アジア太平洋戦争敗戦後として集計した。
＊裾野町編［1960］より集計。

この『忠霊録』は、裾野市域出身の西南戦争からアジア太平洋戦争に至る全戦死者六四二人の氏名・略歴を掲載し（そのほかに一九三九年の箱根山麓陸軍機墜落事故死者八人も掲載）、冒頭には靖国神社宮司筑波藤麿（一九〇五－七八）の題字と「序」、また市域の「忠魂碑」などの写真をかかげる。B5版、上質紙を使い、二段組で一頁に二人を掲載し、そのほとんどに軍服着用の顔写真を挿入するレイアウトである。

たとえば、その一九三頁をみると、上段に一九四四年（昭和一九）一一月一五日中国戦線で戦死した「報国院義鑑正道居士」、下段に同年一一月一九日中国戦線で戦死した「報国院茂山英隆居士」という人物を掲載する。顔写真とともに、軍隊内の位階、戒名、氏名・生年月日、経歴と軍歴が記される［裾野町役場編 一九六〇：一九三頁］。

全戦死者六四二人の戦争別内訳は表3のとおりである。大多数はアジア太平洋戦争であり（四六一人）、敗戦後の死者（六六人。戦病死が多いがBC級戦犯としての処刑・シベリア抑留によるものもある）をも含めると五二七人にのぼる。彼らのうち、アジア太平洋戦争末期の一九四四年（昭和一九）

表4　戦争別院号割合

戦争	戦死者数	院号	戒名不詳	院号なし
西南戦争	1	0	0	1
日清戦争	1	0	1	0
日露戦争	23	10(43.5%)	4	9(39.1%)
第一次世界大戦	1	1	0	0
満州事変	4	3	1	0
日中戦争	73	63(86.3%)	10	0
ノモンハン事件	5	5	0	0
アジア太平洋戦争	461	394(85.5%)	63	4(0.9%)
アジア太平洋戦争敗戦後	66	56(84.9%)	8	2(3.0%)
戦時以外	7	2	1	4
合計	642	534	88	20

＊裾野町編［1960］より集計。

		西南戦争	日清戦争	日露戦争		第一次世界大戦	満州事変		日中戦争		ノモンハン事件		アジア太平洋戦争		アジア太平洋戦争敗戦後		戦時以外	合計	
	諦忠院													1					1
	政忠院													1					1
忠	良忠院													2					2
	肝忠院											1		1					2
	殉忠院																		1
	義信院									1									1
	義岳院									1				1					2
	義烈院									1				1					2
	義膽院													1					1
	義雲院													3					3
	義正院													1					1
	義魄院													1					1
	義法院													1					1
	義薫院													1					1
	義光院													5					5
	義徳院													1					1
	義祥院													1					1
	義勇院													1					1
	義岳院													1					1
	義淳院													1		1			2
義	義勝院								3				33	1	7			43	1
	義昌院													1					1
	義渓院													1					1
	義照院													1					1
	義観院													1					1
	義山院													1					1
	義徹院													2					2
	義彰院															1			1
	義晃院															1			1
	義峰院															1			1
	義鑑院															1			1
	義芳院															1			1
	義栄院															1			1
	南義院													1					1
	大義院													3					3
	星義院													1					1

＊裾野町編［1960］より集計。

表5　戦死者院号主要単語

		西南戦争	日清戦争	日露戦争		第一次世界大戦	満州事変		日中戦争		ノモンハン事件		アジア太平洋戦争		アジア太平洋戦争敗戦後		戦時以外	合計	
戦死者数		1	1	23		1	4		73		5		461		66		7	642	
報国院				2		1			5		1		31		3			43	
護国院									2				5					7	
殉国院									2				1					3	
	忠魂院									1									1
	忠華院									1				1					2
	忠順院													2					2
	忠紘院													1					1
	忠昭院													1					1
	忠胆院													1					1
	忠好院													1					1
	忠道院													1					1
	忠純院													1					1
	忠信院													1					1
	忠山院													1					1
	忠光院													2					2
	忠烈院													1					1
	忠功院													1					1
	忠勇院													1					1
	忠孝院													1					1
忠	忠勲院			2			1		10		1		50	1	7			71	1
	忠誠院				1											1			2
	忠霊院															1			1
	忠香院															1			1
	誠忠院									5				1		1			7
	尽忠院				1			1		1				3		1			7
	顕忠院									1				6					7
	精忠院									1				3		1			5
	大忠院													4					4
	貫忠院													1					1
	誓忠院													1					1
	建忠院													2					2
	徹忠院													1					1
	慶忠院													1					1
	本忠院													2					2
	玄忠院													1					1
	沌忠院													1					1

		西南戦争	日清戦争	日露戦争		第一次世界大戦		満州事変		日中戦争		ノモンハン事件		アジア太平洋戦争		アジア太平洋戦争敗戦後		戦時以外	合計	
忠	忠徹			2				1		10		1		35	1	9			58	1
	忠純														1					1
	忠玄														1					1
	忠英																1			1
	忠麗																1			1
	誠忠										1				1					2
	洵忠										1									1
	殉忠														1					1
	禅忠														1		1			2
	一忠														2					2
	全忠														1					1
	治忠														1					1
	顕忠														1					1
	精忠														1					1
	尽忠				1										1					1
義	義天				1				1											2
	義阿				1						1				2					2
	義烈										3				5					5
	義山										3									8
	義夫										1				4		1			1
	義誉										1									6
	義胆												1							1
	義勇														2					2
	義庵														1					1
	義岳														8		2			10
	義徹														1		1			2
	義堂														3					3
	義光														2					2
	義晃														1					1
	義峰														1		1			2
	義鑑														1					1
	義道														1					1
	義諦																1			1
	義正																1			1
	義運																1			1
	勇義														1					1
	大義														2					2
	法義																1			1
	正義										1									1

＊裾野町編［1960］より集計。

表6　戦死者道号主要単語

		西南戦争	日清戦争	日露戦争		第一次世界大戦		満州事変		日中戦争		ノモンハン事件		アジア太平洋戦争		アジア太平洋戦争敗戦後		戦時以外	合計	
戦死者数		1	1	23		1		4		73		5		461		66		7	642	
報国								1						2					3	
殉国										1				1					2	
忠	忠貫				2															2
	忠誠				1															1
	忠誉				2						4		1		13					20
	忠道								1		1				8					10
	忠心						1													1
	忠山										3				2		4			9
	忠烈										1				3					4
	忠鑑										1				5		1			7
	忠安										1									1
	忠願										1				1					2
	忠厳														7					7
	忠順														6					6
	忠陽														3					3
	忠公														1					1
	忠学														1					1
	忠範														1					1
	忠観														2					2
	忠信														2					2
	忠幸			6		1		1		14		1		91	1	9			123	1
	忠良														1					1
	忠岳														4					4
	忠勲														1		1			2
	忠興														2					2
	忠宏														1					1
	忠真														2					2
	忠光														1					1
	忠孝														1					1
	忠雲														1					1
	忠関														1					1
	忠運														1					1
	忠屋														1					1
	忠達														1					1
	忠極														1					1
	忠宝														1					1
	忠弘														1					1
	忠楽														1					1
	忠月														1					1

		西南戦争	日清戦争	日露戦争	第一次世界大戦	満州事変	日中戦争	ノモンハン事件	アジア太平洋戦争	アジア太平洋戦争敗戦後	戦時以外	合計
義	義照								3			3
	義芳								4			4
	義雲								2			2
	義正								1			1
	義海								3			3
	義彰								5			5
	義明								1			1
	義孝								1			1
	義岳								2			2
	義雄								1			1
	義淳								1			1
	義臣								1			1
	義献								1			1
	義哲								1			1
	義貫								1			1
	義貢								2			2
	義光								4			4
	義本								1			1
	義晃								1			1
	義友								1			1
	義信								1			1
	義豊								1			1
	義心								1			1
	義昭								1			1
	義寛								1			1
	義氾								1			1
	義勝									1		1
	義秀									1		1
	義宏									1		1
	道義								1			1
	日義								1			1
	良義								2			2
	大義								1			1
	文義						1					1

＊裾野町編［1960］より集計。

表7　戦死者法名主要単語

		西南戦争	日清戦争	日露戦争		第一次世界大戦		満州事変	日中戦争		ノモンハン事件		アジア太平洋戦争		アジア太平洋戦争敗戦後		戦時以外		合計	
戦死者数		1	1	23		1		4	73		5		561		66		7		642	
忠	忠嘉			3	1				11				21		2				37	1
	忠烈									1				3						4
	忠雄									1										1
	忠山									1										1
	忠勇									3				1						4
	忠良									2				1						3
	正忠				1									1						2
	忠吾									1										1
	忠和													1						1
	忠華													1						1
	忠行													1						1
	忠彦													1						1
	忠徹													1						1
	忠胤													1						1
	忠道													1		1				2
	忠幢													1						1
	道忠									1				1						2
	勝忠									1										1
	良忠													3						3
	全忠													1						1
	尽忠													1						1
	顕忠													1						1
	誠忠															1				1
	永忠				1															1
義	義国			5	2	1			5		1		65		3		2		82	2
	義順				1															1
	義解				1															1
	義徹						1			1				1				1		4
	義勇				1									2				1		4
	義山									1				2						3
	義徳									1										1
	義範											1								1
	義通									1										1
	義道													12						12

の戦死者たちが二一八人、一九四五年（昭和二〇）が一六六人で、その大多数は敗色が濃厚となり各地で戦線が崩壊しつつあった時期の戦死者たちである。また、アジア太平洋戦争の戦死者四六一人のうち、戦傷死は三六六人（七九・四％）、病死五〇人（一〇・八％）、輸送船死四五人（九・八％）であり、戦死のみならず、病死も多く、アメリカ軍の潜水艦攻撃などによる輸送船沈没のための死も多かった。

戦死者戒名と「英霊」

そして、これら全戦死者六四二人の戒名について、その特徴を、院号・道号・法名の順番で整理した結果は次のようなものであった（宗派によって道号・法名部分の名称は異なるが、ここでは便宜的に先に説明した曹洞宗による）。

まずは、院号についてである。院号は、すでに述べたように、上位の死者につけられるが、戦死者たちでは一般化している。院号を持つ戦死者たちを集計したのが**表4**である。『忠霊録』には戒名の記載のないばあいもあり、それについては「戒名不詳」とした。この「戒名不詳」は、その戦死者たちが戒名を持ちながら記載がなかったばあいと、宗教上の理由から戒名を持たないばあいがあると考えられるが（須山という地域では神葬祭が多い）、確認することが難しいために一括して「戒名不詳」とした。

この**表4**によると、日露戦争戦死者二三人のうち院号は一〇人（四三・五％）で約半数弱であり、日露戦争では院号はいまだ定着してはいない。それに対して、日中戦争では戦死者七三人のうち院号は六三人（八六・三％）、アジア太平洋戦争では戦死者四六一人のうち三九四人（八五・五％）、アジア太平洋戦争敗戦後では死者六六人のうち五六人（八四・九％）が院号を持つ。日中戦争以降、戦死者戒名における院号が一般化していた。

戦死者たちを上位の死者とする思考が、日中戦争からアジア太平洋戦争にかけての時期、定着していったと考えてよいだろう。

表5は、この全戦死者六四二人のうち、この院号にどのような単語が使われているのかを整理したものである。もっとも目立つのは「報国院」であり、四三人（六・七％）にのぼる。そのうち、日中戦争・ノモンハン事件・アジア太平洋戦争（敗戦後を含む）を合計すると四〇人の戦死者戒名が「報国院」の院号を持つ。「報国」といえば、「尽忠報国」「七生報国」の四字熟語を思い浮かべる人が多いだろう。類似する単語として「護国院」が七人（一・一％）、「殉国院」が三人（〇・五％）である。また、「忠」を含む院号を持つ戦死者は全戦死者六四二人のうち七一人（一一・一％）、「義」は四三人（六・七％）である。これら「報国」「護国」「殉国」「忠」「義」を合計すると一六七人（二六・〇％）にのぼり、戦死者院号に、「英霊」思想の典型例の単語が使われていることがわかる。戦死者たちをふつうの死者よりも上位に置く表現形式のなかに、「英霊」の思想が入り込んでいる。

次は、道号についてである。表6は、全戦死者六四二人のうち、「忠」「義」を含む単語を道号に使うものを整理したものである。「忠」が一二三人（一九・二％）、「義」が五八人（九・〇％）であり、「忠」「義」の合計が一八一人（二八・二％）である。院号に多かった「報国」が三人、「護国」が〇人、「殉国」が二人と少ないが、約四分の一の戦死者たちの道号が、「忠」「義」で示されていた。

最後は、死者名にあたる法名についてである。表7は、道号と同じように、全戦死者六四二人のうち、「忠」「義」を含む単語を法名に使うものを整理したものである。「忠」が三七人（五・八％）、「義」が八二人（一二・八％）であり、「忠」「義」を合計すると一一九人（一八・五％）である（「報国」

「殉国」「護国」はない）。院号と道号では「忠」が多いが、法名では「義」が多い。

戦死者たちの社会的記憶のために、地域社会で編纂された戦死者名鑑、そこに掲載されたひとりひとりをめぐる記憶、死者名としての戒名に、「報国」「忠」「義」などにより、「英霊」意識が侵入している。戦死者たちの死者名、家での戦死者たちの記憶にも、「忠君愛国」思想が混在しているといってよいだろう。

4　戦死者たちからの出発

「靖国問題」の「問題」

地域社会また家は、戦死者たちの記憶をそのひとりひとりについて保存しようとする傾向がある。しかしそこにも、たとえば、仏教的死者供養のための位牌、「お墓」に刻まれる戒名に、「英霊」の思想が侵入していた。

しかし、ここでもっとも「問題」であるのは、このような地域社会や家の日常性のなか、社会的記憶装置に「英霊」の思想が侵入していることではない。いっそう「問題」であるのは、こうした社会的記憶の現実に対して、違和感が自覚的に示されることがない、ということである。

たとえば、戦死者たちのための社会的記憶装置、裾野町役場編『忠霊録』（一九六〇）は、靖国神社宮司筑波藤麿の「序」にはじまるが、戦死者たちの仏教式の戒名が掲載される。『忠霊録』編集が神道と仏教の混淆であり、また、仏教式の戒名に「報国」「忠」「義」という「忠君愛国」の単語を含ませていても、それらに対して、違和感は表明されない。日常生活の身近に、恒常的に置かれた位牌、また、「お墓」に、それが刻印されようとも、それがごく自然に受容されている。

戦死者祭祀をめぐる「問題」、あえて、それを「靖国問題」といえば、それは靖国神社の政治性のみにあるのではなく、このような生活レベルでの「英霊」思想の無自覚な受容、「忠君愛国」思想を受容したまま日常をおくる心性、そういったところに、いっそうの「問題」があるのではないだろうか。

靖国神社を肯定もせず、また、否定もせず、しかし、そこにひそむ政治性をおのずから受容し日常をおくる、そうした心性が、生活レベルでの戦死者たちの記憶にひそんでいる。それこそが「問題」であろう。

そして、これを政治的記憶装置としての靖国神社の側からみたとき、靖国神社においても、生活レベルでの記憶を混在させている可能性を推測させる。靖国神社は、戦死者たちを祭神であるとするが、実際には、戦死者たちを抽象化された全体として祀る。個々の凄惨な死、個別性は消失し、戦死者たちが集合として存在する。しかし、遊就館におさめられた花嫁人形、展示された個人遺影、永代神楽の奉納を分析した池上良正「靖国信仰の個人性」(二〇〇六)によれば、遺族が靖国神社における戦死者たちの世界に、集合性ではなく個人性を求めようとする傾向があるという[池上 二〇〇六:四六―五三頁]。政治的記憶装置としての靖国神社は、戦死者たちの私的な記憶をも包含する。

仮に、池上の指摘するように、靖国神社に戦死者たちをめぐる個人の記憶が混在するとすれば、政治的記憶装置の靖国神社は、単なる政治的存在ではないことになる。

最初に設定した単純な二項対立的枠組を使えば、戦死者たちをめぐり、いっぽうの局にある社会的記憶装置、たとえば戦死者たちの位牌にも、私的生活と政治が混在するのに対して、もういっぽうの局にある政治的記憶装置、靖国神社にも政治と私的生活が混在する。靖国神社の継続とは、そこに混在する政治と私的生活の記憶による、ということになろう。

政治的理念ではなく、生活と社会の根の深い次元から、靖国神社が否定されないのは、なぜか。靖国神社に否定的な政治勢力・知識人が靖国神社を批判しても、それが遺族にとって受け入れられると言い難いのはなぜか。

たとえば、戒名を記した位牌や「お墓」、戦死者たちをめぐる地域社会と家における社会的記憶装置には、私的な記憶のなかに、「英霊」意識が混淆している。いっぽう、政治的記憶装置としての靖国神社のその「英霊」意識のなかに、戦死者たちの私的な記憶が混淆している。

靖国神社の「問題」を、政治問題・国際問題の「靖国問題」として、戦死者たちを棚上げし、また、政治利用するのではなく、靖国神社の何が「問題」なのかを、社会的次元・生活的次元のなかで政治性との混淆において考察する必要性があるということである。

たとえ、社会的次元・生活的次元に「英霊」意識が混淆していようとも、それが戦死者たちを出発点とするのであれば、そこを出発とする。出発点は、凄惨な死をとげたひとりひとりの戦死者たちであって、それをめぐって追加された靖国神社であってはならないはずである。

BC級戦犯の遺書

ここでの最後を、BC級戦犯として処刑された人物の遺書をもって終わることにしよう。

裾野町役場編『忠霊録』（一九六〇）のなかに、敗戦後の一九四九年（昭和二四）、インドネシア、チモール島でBC級戦犯として処刑された人物がいる。その死の前日、妻におくった遺書は次のようなものであった。

決して悲しまず強く生き母上に孝養し和子（仮名―引用者）を立派に育てて欲しい。私には何の財産とても無く毎日の生活にも苦しんで居ると思ふが生活の為にはどんな手段方法に依るも差支えないから母と和子の幸福を目標として自己の信ずるまゝに進んで欲しいと思ふ。

〔巣鴨遺書編纂会編 一九五三：一七四頁〕

彼は母と妻と娘を気づかう人間であった。しかし、彼は次のようにも語る。

大東亜戦争は敗れたりと雖も決して無意義なものではないと信ずる。小塚原で三十才の若い身を以て斬罪に処せられた吉田松陰先生などを考へたら喜んで死んでゆくべきだと思ふ。国家のため死することは戦争中でなくとも変りない。

〔巣鴨遺書編纂会編 一九五三：一七四頁〕

国家意識がかいまみえる。遺書の最後、「辞世」は、次のような一首であった。

七度も生れ替りて国の為め尽す心を紅に染め逝く

〔巣鴨遺書編纂会編 一九五三：一七五頁〕

翌日を処刑日と知り、妻に語りかけた彼は、母・妻・娘を気づかう。いっぽうでは、彼は最期に「七生報国」をうたいあげた。三三歳であった。

もちろん、BC級戦犯であったひとりの人間をして、すべてを語ることはできない。

しかし、彼がふつうの生活意識を持つと同時に、「忠君愛国」思想をも持つ、日本の近現代の成員であったこと、そのような意識と、これまでみてきた、戦死者たちをめぐる社会的次元・生活的次元と「英霊」意識の混淆に、共通性をみることができないだろうか。

それらでは、肉親への情と「忠君愛国」は矛盾しない。混淆し存在する。

戦死者たちをどのように記憶するのが適切であるのか、戦死者祭祀をどのようにするべきであるのか、判断の難しい現実が存在する。しかし、そうであるとしても、戦死者たちの記憶の出発点、また、戦死者たちをめぐる議論の出発点は、靖国神社のような追加装置ではなく、あくまで戦死者自身に設定されなければならない。

第八章　戦死者多重祭祀論

1　瀬川清子「花嫁の喪服」

靖国神社の近くに職場があったひとりの民俗学者の回想からはじめたい。

瀬川清子（一八九五－一九八四）。

すぐれたフィールドワーカーとして知られる。若者組織・婚姻・女性労働・服飾・人生儀礼など、民俗学の多くの分野で先駆的な仕事を残した。

戦時下、瀬川の勤務先は第一東京市立中学校（現東京都立九段高校）であった。(19)

私は靖国神社の近くにつとめていましたので、日支事変以来七・八年に及ぶ間、年々の春と秋のお祭に参加するために、地方から集る靖国の妻や父母に行きあうことが多かったのであります。この祭だけは、貴賤貧富の区別なく津々浦々の民が参集したので、はじめのうちは、箪司の中に二・三十年もしまって置いたものであろう、と思われる縞の着物や羽織を着た村人が多く、そこに夫がいるそうな、と思ったり、行ってやらなかったら息子が寂しかろうに、と、バスも通らないような海山の村からやってきたであろうと察しられる姿ばかりでありました。そのなかで、一しおあわれをそそるのは、嫁入りの日の胸高の裾模様の紋付を着た婦人たちでありました。あの日の装を、そのまゝ靖国の夫に見せにきたような若さを思い、もしかしたら私の郷里の人ではないか、と、おのずから涙がこぼれるのでありました。靖国神社のお祭は、葬式というわけではないのですけれども、何といっても悲しいお祭で、遺族として集るのですから、暗い沈んだ色あいに包まれて居りますので、裾模様の人たちは、東京にきてみてはじめて自分の喪服がちがうのに気がついて、礼を失した恥かしさに、いたたまれない様子でありました。

「それでよい、それでよいことを知っている私がここにいる」

と、親のない雀を激励した一茶のように、ぼろ〳〵と涙をこぼして見送ったのであります。

〔瀬川 一九六一：一〇四－一〇七頁〕

多様性に富んでいた喪服、色彩が、日中戦争からアジア太平洋戦争期、黒色の喪服に画一化されていった、と静かな調子で説く。

瀬川は、続けて次のようにいう。

私自身も、葬送に花嫁衣装を着る地方に育ったので、東京に住みつくまでは、黒の喪服というものを知らなかったのかもしれません。子供の時には、美しい紋服を着た大勢のあね様たちが出揃うのは、この時ばかりと、葬式の行列を見物に走りまわったものです。

〔瀬川 一九六一：一〇七頁〕

このエッセイのタイトルは「花嫁の喪服」。

瀬川の故郷秋田県では、白無垢の花嫁衣装が葬儀の喪服としても使われていた。葬儀のときにこそ、美しい花嫁衣装のあね様たちが出そろい、このときばかりと、葬式行列見物に走りまわった、と幼時をなつかしむ。

それが戦時下、黒色の喪服に移行していったという。

瀬川は、靖国神社批判を目的としているわけではない。逆に、靖国神社を受容した上での発言である。しかし、それは、民俗事象のレベルからの発言であったがゆえに、その視点からの「靖国の妻」「靖国の母」のとらえなおしにもなっていた。

僻陬の地に住む「靖国の妻」「靖国の母」であっても、彼女たちは、靖国神社参拝を行なう、つまりは、日本の近現代国家の論理に吸収されていた。政治的記憶装置としての靖国神社で、戦死者たちを記憶しようとした。しかし、彼女たちが無意識に伝承してきた民俗事象は、それとの違和感を醸し出した。

遺族の生活伝承の奥に、靖国神社がとらえきれない部分が存在していないだろうか。

（19）　瀬川が、第一東京市立中学校嘱託であったのは、一九二六年（大正一五・昭和一）五月－一九四四年（昭和一九）三月である［女性民俗学研究会編　一九八六：二－六頁］。国語、漢文の教師であった。一九二四年（大正一三）開学の第一東京市立中学校は、瀬川在職中の一九四三年（昭和一八）七月、都政施行により東京都立九段中学校と改称された。

レイテ沖の特攻機

一九四四年（昭和一九）一〇月二六日、ひとりの特攻隊員がレイテ湾で逝った。名を仮にKとしておく。はじめての特攻機は前日の二五日、関行男（一九二一－四四）など五名が逝き、Kの戦死はその翌日であった。前々日二四日、レイテ沖海戦で戦艦武蔵をはじめ多くの艦船が沈没、連合艦隊は事実上壊滅、戦闘能力を失った。連合艦隊の壊滅とともに、特攻機が登場した。

Kは一九二五年（大正一四）九月静岡県東部の農村に生まれた。一九三八年（昭和一三）四月、旧制中学校入学、一九四二年（昭和一七）四月、海軍予科練習生（甲種）となる。そして、海軍土浦航空隊に入隊。レイテ沖での死はその二年半後である。二〇歳であった。

一九四五年（昭和二〇）四月から六月にかけての沖縄戦とは異なり、レイテ沖の特攻隊員は、戦死のあと、ひとりひとりが実名報道された。豊田連合艦隊司令長官の「布告」を経て、美談的エピソードに顔写真つきであった。解説もついた。

たとえば、関行男など五名の戦死発表時、『朝日新聞』の解説は、次のようなものであった。

比島決戦に初めてその名を現はした神鷲神風隊はその別名を必死必中隊といふ、元寇の役に来襲元軍を殲滅し神国の危急を救つたかの神風にわが現身をもつて代へ、敵米英の来寇によつて皇国興廃の重大関頭に立つ現戦局危急を必中の体当りをもつて救はんとの意気から結成されたものである、神風隊はこの特別攻撃機隊の総称でその下に敷島隊、大和隊、朝日隊、山桜隊及び菊水隊の諸隊がある、死所を得れば鮮かに散るわが大和魂、その大和魂を詠じたかの『敷島の大和心を人とはゞ朝日に匂ふ山桜花』の一首よりそれ〴〵その隊名を選んだものであり、また菊水隊とは楠公《なんこう》父子の七生報国の精神にちなんで名づけたものである。

［「廿四歳以下の若桜」『朝日新聞』一九四四年一〇月二九日第四面］

「神風」「大和魂」「七生報国」、戦意高揚のための単語がならぶ。「敷島の大和心を人とはゞ朝日に匂ふ山桜花」とは、よく知られた本居宣長（一七三〇―一八〇一）の歌、特攻機各隊「敷島隊」「大和隊」「朝日隊」の名称は、この歌に由来するという。「菊水隊」の「菊水」は、南北朝期南朝方の武将、楠正成・正季・正行の家紋である。

次のような解説も加わる。

身をもつて神風となり、皇国悠久の大義に生きる神風特別攻撃隊五神鷲の壮挙は、戦局の帰趨岐《きすうわか》れんとする決戦段階に処して身を捨てて国を救はんとする皇軍の精粋である、愛機に特別爆装し機、身もろ共敵艦に爆砕する必死必中の戦法は絶対に帰還を予期せざる捨身の戦法であり、皇軍の燦然《さんぜん》たる伝統の流れを汲み、旅順閉塞隊あるいは今次聖戦劈頭《へきとう》における真珠湾特別攻撃隊に伝はる流れに出でてさらに崇高の極致に達したものである、殊に神風隊はかねて決戦に殉ぜんことを期して隊を編成し、護国の神と散る日を覚悟して猛訓練を積んだものである。

［「身を捨て国を救ふ　崇高極致の戦法」『朝日新聞』一九四四年一〇月二九日第四面］

戦死者たちを悼む心、悲しみの感情、そのような筆致はない。非人間的行為の連続である戦争、その典型例である自死攻撃の正当化が、当然のように行なわれている。

そして、特攻隊員は「護国の神」とされた。

特攻隊員の多重祭祀

特攻隊員を「軍神」として英雄視するこのような風潮のなかで、地元ではレイテ湾に逝ったKの石像建立の話がもちあがった。集められた寄付金によって、飛行服に身をつつんだKの石像が、生家に近い小高い丘の上に建立された。**写真42**がそれである。生家の前には、特攻隊員の生家である旨を記す立看板が立てられた。家族のもとには、鹿児島県内の基地でKと交流のあった女学生などから、驚きと敬愛の念をつづった手紙が届けられた。

しかし、敗戦を境にして、この熱狂は逆転する。敗戦の翌年末頃、Kの石像が横倒しされているのを目撃した人がいる。

このKの石像建立の計画が持ち上がったとき、陸軍の航空隊で飛行兵の教育にあたっていたKの長兄はその計画に反対であった。というのは、みずからが教育にあたった若者のなかからも特攻隊員を出しており、Kだけが特別ではなかったからであるという。しかし、この家族の反対がありながらも、Kの石像が建立され、敗戦後は手のひらをかえすように横倒しにされた。

それでは、敗戦後、死んだKはどのようになったのだろう。

写真42　特攻隊員石像（静岡県裾野市上ヶ田）2006年

Kは独身のまま死んだので子孫がいない。死者は、ふつう子であり孫であり、子孫によって祀られるが、Kには彼らがいない。そのために、K家を継承した長兄が、K家の檀那寺境内に、Kの墓を建立した。もちろん遺骨はない。写真43の林立する戦死者たちの石塔群のひとつとしてKの墓がある。他の戦死者たちと同じ規格の石塔群のひとつとしてある。長兄は、他の死者と同様に年忌供養を行ない、この地域では、五〇年忌が最終年忌となるので、その最後の年忌供養も長兄により行なわれた。

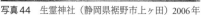

いっぽう、K家にはK家の先祖代々墓がある。それは、Kの墓がある檀那寺境内とは別に、集落の共同墓地にある。この先祖代々墓にもKを祀っているという。ここにもKの遺骨はない。

写真43　戦死者墓地（静岡県裾野市葛山 仙年寺）2006年

写真44　生霊神社（静岡県裾野市上ヶ田）2006年

戦死者Kの墓は、ひとつは檀那寺境内に、もうひとつはK家の先祖代々墓として、二ヶ所ある。ふつう死者は家の墓一ヶ所であるが、戦死者Kは、二ヶ所に墓地を持つという変形である。家のなかで二重祭祀とでもいうべき状況が生まれている。

　この地域では、旧行政村単位で、地元遺族会・郷友会などが、一九五〇年（昭和二五）九月、全戦死者一八一名のために生霊《せいれい》神社という祭祀施設を設け、毎年八月一五日などに祭祀を行なってきた。写真44がそれである。Kの石像に並列してある。Kは、この生霊神社にも祀られた。Kには、二ヶ所の墓、地域社会で一ヶ所の神社、一ヶ所の石像、合計四ヶ所の祭祀施設が存在する。四重祭祀である。

そして、靖国神社。Kは靖国神社にも祀られている。これで五重祭祀である。

ふつうの死者は一ヶ所の墓で祀られれば、それでたりる。しかし、戦死者たちには、ひとりの死者に対して、複数の祭祀施設が存在する。多重祭祀である。しかも、神仏混淆、家の墓は仏教式であり、石像は無宗教であるとしても、生霊神社と靖国神社は神道式である。戦死者たちの多重祭祀は、宗教的にも多重祭祀であった。

戦死者祭祀は、次々と重層的に拡大する。

このような戦死者たちの多重祭祀は、Kのような特攻隊員という特別な戦死者たちのみではない。ここではひとつの典型例としてみたが、他の戦死者たちも同様であった。

3　靖国神社への収斂

靖国神社批判の論理

こうした戦死者多重祭祀の現実をふまえた上で、これをどう理解するのかが、戦死者祭祀をめぐる基本的課題とされるべきであろう。戦死者祭祀はイコール靖国神社とする議論が多いが、靖国神社は戦死者祭祀のなかの一部分にしかすぎない。

「靖国問題」を、肥大化した政治問題・外交問題としてではなく、そもそもの靖国神社の持つ「問題」としてとらえたとき、それは、靖国神社を軸に設定されるべきではないということであった。靖国神社は戦死者たちのための政治的記憶装置である。しかし、その政治的からくりを解き批判するのみで、靖国神社を超えることができるのであろうか。

戦死者たちの記憶をめぐり、靖国神社とは異なる論理を提出すること、それは、ここでみたような戦死者多重祭祀の現実をふまえた上で展望すべき課題であろう。

しかし、日本の戦死者祭祀論は、その実態を把握することなく、靖国神社のみで議論されてきた。靖国神社を肯定する政治勢力・知識人のみならず、批判的な政治勢力・知識人も、靖国神社をフィルターとし、靖国神社の「英霊」祭祀のみを対象としてきた。肯定派も批判派も、戦死者たちではなく、靖国神社の土俵のみでの議論である。

高橋哲哉『靖国問題』（二〇〇五）をとりあげてみよう。高橋は、靖国神社が戦死者の「追悼」ではなく「顕彰」施設であり、戦死者を「追悼」する感情を、国家が吸い上げる政治装置としてとらえる。たとえば、一九六九年（昭和四四）から一九七四年（昭和四九）までくりかえし国会に提出された靖国神社法案、二〇〇二年（平成一四）一二月小泉純一郎（一九四二－）内閣の福田康夫（一九三六－）官房長官の諮問機関「追悼・平和祈念のための記念碑等施設の在り方を考える懇談会」がその報告書で出した「国立の無宗教の恒久的施設が必要である」という結論。高橋は、これらは政教分離を貫くようであるが、宗教とされないために、他の宗教さらには国民全体をそこに吸収する機能を果たすとする［高橋 二〇〇五：一一九－一四八頁］。靖国神社および「国立の無宗教の恒久的施設」を通して、戦死者たちを政治システムのなかに復活させるからくりを指摘している。

田中伸尚『靖国の戦後史』（二〇〇二）も、靖国神社を政治的装置としてとらえる。田中は、反靖国裁判闘争にあらわれる個人対靖国神社、個人対国家の対抗関係のなかで、個人の信教の自由を立脚点として、靖国神社を批判する。キリスト者・仏教者の闘争がとりあげられ、それにより、靖国神社の政治性が照射される。

高橋・田中の議論にあるように、靖国神社は政治的装置である。その核心は、戦死という理不尽な人間の死を、国家的規模で隠蔽するための装置にほかならない。靖国神社が政治的装置であることを指摘する彼らの議論は、靖国神社の政治性を指摘することにおいては適切であろう。

靖国神社への思考の固定化

しかし、靖国神社の「問題」とは、靖国神社がこのような政治的装置であることだけで起こっているのであろうか。

靖国神社に議論が集中する、この思考様式こそが「問題」ではないのか。靖国神社の肯定派にせよ、批判派にせよ、戦死者たちをめぐる議論を、戦死者たちではなく、靖国神社を出発点とさせる。靖国神社は、戦死者たちをめぐる思考を、彼らではなく、靖国神社に固定させる機能を持つかのようである。戦死者たちが、ひとりひとりの人間の死として、議論されることがない。

この思考様式の「問題」、靖国神社への思考の固定は、戦死者たちからその死をますます乖離させる。二〇〇五年（平成一七）四月、中国で「反日運動」が最高潮に達した。その際、政治家・ジャーナリズムが、小泉首相の靖国神社参拝を批判するためにとった戦略は「国益」論であった。日本の「国益」のために、靖国神社参拝を中止するべきだというのである。

たとえば、外相経験者でもある河野洋平（一九三七－）衆議院議長が、六月一日宮澤喜一《きいち》（一九一九－

二〇〇七）元首相など首相経験者との会談のなかで、「昨今の日中、日韓関係の急速な悪化は看過できない。大きな原因の一つに、首相の靖国参拝がある」と述べ、靖国神社参拝中止の考えを示した。小泉内閣の与党公明党の神崎武法《たけのり》（一九四三－）代表も、同日の記者会見で、小泉首相に靖国神社参拝自粛を求め、「個人の信条はあると思うが、国益を考えると首相としては参拝を自粛すべきだ」と強調した。最大野党民主党も同様で、岡田克也（一九五三－）代表も、国連の常任理事国入り、北朝鮮をめぐる六者協議など、外交政策面での利益の損失がないよう、小泉首相は靖国参拝をめぐる中国の対日批判を考慮するべきであるとした［「靖国参拝「慎重に」衆院議長・元首相ら一致」『朝日新聞』二〇〇五年六月二日朝刊第一面］。

こうした「国益」を前面に押し立てての、政治家による小泉首相批判には、政略的な思惑もあろう。これは政治家にとどまらない。ジャーナリズムもそれに同調した。

たとえば、『朝日新聞』は、このような政治家の発言があいついだ翌々日、六月三日朝刊第一面に、政治部長持田周三記名原稿「首相は国益を語れ」を掲載した。「国益」追求を機軸として、小泉首相の靖国参拝の持つ不明瞭さを批判しつつ、外交上の「国益」のために靖国参拝に配慮する必要があるという。『朝日新聞』のばあい、中曽根康弘（一九一八－）元首相の靖国参拝中止をとりあげた同日の社説「重鎮からの忠告」も、「国益」論からの小泉首相批判であった。

『朝日新聞』の対局にある『読売新聞』のばあい、六月四日朝刊の社説「国立追悼施設の建立を急げ」にみられるように、「追悼・平和祈念のための記念碑等施設の在り方を考える懇談会」の報告書にそった主張が強い。しかし、『読売新聞』も、「国益」論を前面に打ち出した。翌五日朝刊第一面から二面にかけて、外交評論家岡崎久彦記名原稿「政教分離貫く姿勢を」を掲載し、「長期的戦略立案者の至上命令は国益であり、国民の安全と繁栄である」ことを前提とした上で、「靖国問題では譲ってはいけない。後々の日本人の安全と繁栄に禍根をのこす」と言いきる。対外強硬派としての小泉外交批判であった。

このように、靖国神社が政治的装置であるがゆえに、「靖国問題」は「国益」論にまで飛躍した。そして、それは政治家のみにとどまらない。ジャーナリズムまでもが、その「国益」論の枠内に吸収されていた。

戦死者たちの政治利用、靖国神社は、すりかえがすりかえを生む。そして、戦死者たちは忘れ去られる。

4　多重祭祀から単一祭祀へ

戦死者たちを取り戻す

再び戦死者多重祭祀に戻ろう。

靖国神社ではなく、戦死者たちおよび戦死者祭祀を基本とするためには、戦死者多重祭祀をどう理解すればよいのだろう。

戦死者たちは、特攻隊員Kのように、その家で祀られてきた。また、追悼されてきた。それについては、ふつうの死者と同じであった。戦死しなかったと仮定して、家でふつうに死んだばあいと同じであった。死者祭祀また追悼としては、必要にして充分であろう。戦死者たちも、ふつうの生活のなかに戻されている。

しかし、戦死者たちには、ふつうの死者と異なることがあった。戦死者としての墓と、家の先祖代々墓、二つの墓で祭祀が行なわれていることである。特攻隊員Kをすべての戦死者にあてはめることはできないかもしれないが、家のレベルでも二重祭祀であった。

「問題」はその祭祀空間である。戦死者墓地の空間に注意すると、Kの生まれ育った地域では、戦死者墓地だけがその共同墓地として家の墓域から分離し、寺院境内前面に位置することが多い。誰もがその光景を目にすることができる。たとえば、その隣の集落の戦死者墓地も同様で、寺院入口に配置される。写真45がそれである。この寺院を訪れる者は誰でもが目にすることができる。家の墓域に戦死者墓地があるばあいも多いが、それとても、先祖代々墓とは別に、ひと目でそれとわかる大きめの石塔である［写真2］。

写真45　戦死者墓地（静岡県裾野市下和田）2006年

戦死者墓地は人々の眼前に露出している。墓といえば、ふつうは祭祀装置と認識されるが、このばあい、記念碑的性格さえ帯びている。

祈念と記念との交錯とでもいうべきか、戦死者祭祀には、死者記念の性格が強い。これについては、特攻隊員Kの石像および生霊神社のある小高い丘も同様で、ここはこの地域の幹線道路の脇に位置する。かつては国道、バイパス（国道）の開通により県道となったが、主要交通網に沿った空間にある。靖国神社も、東京都千代田区、靖国通りに面した都心の中央部に位置する。多重祭祀として拡大した戦死者祭祀は、衆人環境のもとに露出している。

このように、多重祭祀としての戦死者祭祀の拡大は、死者祭祀というよりも、死者を記念するために露出度を高め、靖国神社という頂点にむかうほどに、注目されやすくもなる。

そして、この多重祭祀としての拡大は、合祀によって成立する。たとえば、特攻隊員Kも合祀されている地域の生霊神社は一八一人の合祀である。靖国神社も戦死者たちの合祀であり、死者を抽象化させている。あいまいな真空空間を創作しているにすぎないともいえる。そして、この拡大の規模がすすめばすすむほど、抽象化の程度は高まり、ひとりひとりの凄惨な戦死は抹消される。

記念、それによる露出・抽象的性格、ふつうの死者とは異なる、靖国神社の政治的装置としての性格がここにあるのではないか。それは、祈念、習慣、個性的性格とでもいうべきふつうの死者とは真逆である。

戦死者たちといえども、多重祭祀ではなく、ふつうの単一祭祀、戦死しなければそうであるはずであった家でのふつうの死者祭祀に戻すこと、それでよいのではないか。また、戦死者たちといえども、戦死という事実ではなく、兵士であった時間よりも長かったはずの通常の生活の事実に即して、死者祭祀を行なうこと、それでよいのではないか。たとえ、そこに「英霊」意識が浸透していようとも。

そうした地点に立つことにより、靖国神社など多重祭祀に吸収されてきた現実、あるいは、今後も多重祭祀に組み込まれていくこと、これらに対する自覚的な点検を行なうことができるように思われるのである。

靖国神社と民俗的世界についての誤理解

最後に、次のことを付け加えておきたい。

靖国神社をして、民俗的世界との連続面でとらえようとする考え方が、いまだあるように思われる。論外といってよい議論である。

そのひとつは、靖国神社をして非業の死をとげた御霊《ごりょう》信仰の文脈でとらえようとする議論である。戦死者たちは非業の死を遂げている。その意味では御霊信仰の体系に属する。しかし、御霊信仰の最大の特徴は、非業の死をとげた死者の敵がその祟りを恐れて祀ることにある。たとえば、太宰府に左遷されて亡くなり、京に天変地異をもたらした菅原道真（八四五－九〇三）を祀ったのは、その祟りを恐れた政敵の藤原氏と朝廷であった。

しかし、靖国神社は殺した敵の祟りを恐れて敵を祀るのではない。味方だけを祀り、敵は捨てておかれる。戦死者たちは非業の死をとげているので御霊信仰の体系に属するが、靖国神社の祭祀方法は似て非なるものである。

また、両墓制との連続性を説く議論がある。それは、両墓制が、遺体埋葬地点と石塔建立地点が空間的に分離するので、後者を遺体のない霊魂祭祀空間とし、それを靖国神社に横滑りさせ、遺体のない靖国神社を両墓制と連続させる議論である。これについては、近畿地方・中部地方西部に濃厚に分布し、仏教的死者供養としての性格の濃い両墓制と、政治的装置として戊辰戦争以降に形成されてくる靖国神社を、連続的にとらえることじたいが、両者の歴史的性格に照らしても、乱暴な議論である。また、生活レベルの墓制としての両墓制と、特殊な死者祭祀である靖国神社を、同質的にとらえることなど、論証できることではなかろう。

第九章　生活のなかの戦死者祭祀

1　父が戦死した子

調査地トラブル

調査地トラブルの話からはじめたい。

民俗調査をくりかえしていると、慣れ、また、相手を配慮しているつもりでも、トラブルを起こしてしまうことがある。というよりも、フィールドワークには大なり小なりトラブルはつきものであり、そこから学ぶ点も多い。自身がトラブルを起こしていることに気づいていないのは、鈍感というよりも論外である。

現実には、民俗学のみならずフィールドワーク、また、取材には、こうしたトラブルに対する無自覚の方が多いように思われる。

二〇〇四年（平成一六）冬、埼玉県のある山村で、二度とその家を訪問できないようなトラブルを起こしてしまった。

経緯はこうである。その家の戦死者祭祀の調査を行なっていた。相手は当時七〇歳の男性、その家の主人であった。仮にSさんとしておく。最初、家で聞書を行ない、そのあと、その家の背後に位置する墓地を案内してもらった。聞書を確認しつつ墓碑銘を筆写し、簡単なスケッチをとろうとしていたときのことである。最初に調査の趣旨を話しており、Sさんは最後までたいへん協力的であった。ところが、Sさんの妹にあたるという方が、突然、すさまじい剣幕でいっさいの話を中止してくれ、とどなるようにいってきたのである。私は何が起こっているのかもわからず、ともかくも調査を中止し、「何か失礼があったのか」とSさんにたずねた。Sさんは何もいわず、その後はただ黙ってしまった。

最初に、調査の趣旨を説明し、了解してもらった上での調査であり、それには問題がないと思われたのだが、どなってきたSさんの妹という方がいうには、ただ「嫌だから」というだけであった。

今もって、なぜ調査をやめてくれといわれたのかわからない。残雪の山道をとぼとぼ歩きながら、「遺族年金の問題では?」と想像をたくましくした。

現金収入と遺族年金

Sさんは、一九四四年（昭和一九）、国民学校五年生のとき父親が戦死した。三四歳であった。白木の箱が届けられた。揺するとカタカタ音がするので、中をあけてみると父親の写真が一枚あるだけで遺骨は入っていなかった。五年生のとき、父親が戦死したわけであるから、その後の苦労はたいへんなものであったと思われる。ただ、このSさん、そういった方向に話をむけてもいっこうにのってこず、「うちは三人戦死している」のだという。三人戦死者を出した家は、同じ郡内でもめずらしいという。

Sさんの父親は四人兄弟、うち三人が男、一人が女であった。男兄弟は全員戦死した。長男がSさんの父親であった。Sさんの叔父の次男は一九三九年（昭和一四）現役入隊、中国大陸で負傷し傷病兵として帰還、その後、甲府の病院で死亡した。帰還後の死亡であったので遺骨があるという。Sさんのもうひとりの叔父、三男も一九四〇年（昭和一五）現役入隊、一九四四年（昭和一九）戦死した。遺骨は戻ってはこなかった。

埼玉県のこの山村地域は、共同墓地の形態をとることは少なく、各家で家の背後の畑地・山林などに墓域を持つことが多い。このSさんの家もそうであり、確認できたもっとも古い石塔が寛政年間、新しい先祖代々墓も作られていた。古い墓地であるにもかかわらず、雑草・落ち葉もなく掃除がゆきとどいていた。Sさんがていねいに墓地を守っているという印象を受けた。その墓域にすこし大ぶりな三人の戦死者たちの石塔が並列している構図であった。

Sさんの家をみていると、靖国神社や護国神社がなくとも、そして、遺体・遺骨がないばあいがあるとはいえ、戦死者たちを出した家はその死者祭祀をしっかり行なってきたことが明瞭であった。靖国神社や護国神社での複数の祭祀を行なう、不自然な多重祭祀などなくともよいことを示している。地域社会では、戦死者祭祀が家によるものであることが、解決済の問題であると思われた。そして、Sさんはごくふつうに応対してくれた。

ところがいっぽうで、その妹さんという方から、調査拒否に出会った。なぜだろう。

それは、濃密な人間関係を持つ地域社会の場合、戦死者たちの存在は、追悼のみならず、経済的問題ではないのか、ということである。この埼玉県の山村地域では、かつて現金収入といえば、養蚕とこんにゃく栽培程度であった。現在でこそ、こうした地域でも、現金収入は当然である。しかし、農山漁村における現金収入は、一九六〇年代までは限られていた。そのなかで、このSさんの家では、三人の遺族年金という固定的現金収入を確保していた。

戦死を代償としたが、この固定的現金収入を周囲はどのようにみていたのだろう。陰に陽に揶揄されることはなかっただろうか。

2　夫が敗戦後死去した妻

調査地での歓迎

次は、調査で歓迎された経験を紹介させていただきたい。

二〇〇二年（平成一四）夏、山梨県のある山村で、はじめての訪問でありながら妙に歓迎されたことがある。調査地トラブルがあるいっぽうで、突然の来訪でありながら、喜ばれることもある。後日、礼状をしたためるとき、それを自覚していないと、これまたきちんとした礼状を投函することができない。調査地トラブルを自覚することが重要であると同時に、歓迎されていることに自覚的であることも必要なことである。

一九一九年（大正八）生まれ、はじめて訪れたとき八三歳。その父がメソジスト派のキリスト教信者であったため、幼児洗礼を受けたというキリスト教徒の女性からの調査であった。

仮にA子さんとしておく。

あらかじめ、調査目的として、キリスト教受容による民俗事象の具体的変容とでもいうべき状況を知りたいと説明し、年中行事を中心にそれとの関係で生産生業・労働慣行・食生活まで含め全体を通したあと、出産産育儀礼まで話が展開した。この山村地域のなかでは比較的ゆとりのある農家のひとり娘として育てられ、婿とりであったこともあり、社会・生活・文化の豊かな伝承者であった。くりかえし「親戚の子供がやってきたと思った」といわれた。ご令息は他出しひとり暮らしが長くなっていることもあろう、ご自身の子供に接するかのような感覚さえ受けた。そして、A子さんがあまりに歓迎的なので、ついこちらも調子にのり、予定していなかった出産産育儀礼まで調査がすすんだ。

A子さんの母親はA子さんが三歳のとき、お産に失敗して死んだ。そのため、事実上、祖父母に育てられたという。ひとり娘であったため、一九四一年（昭和一六）、婿をとり結婚、長男が翌々年一九四三年（昭和一八）に生まれた。誕生は六月、ハルゴ（春蚕）の真っ最中、お産のため寝ている枕もとまでお蚕だったという。ひどく難産だった。陣痛がはじまり三日たっても生まれず、ついに、隣家の人が、「これではA子が死んでしまう。子供はまたできる」といって、母体を助けるために胎児を処置しようとして、隣村の医者を呼んだ。しかし、幸運にも、その医者が到着した、まさにそのときに、子供を産むことができた。医者はへその緒の処置をしただけだった。産み方は、近所のおばあさんにトリアゲオヤ（取り上げ親）になってもらい、その指示でうつぶせになり枕をかかえ、「息をとめてうなれ」といわれたとおりにして産んだ。男子であった。しかし、この子がA子さんにとってのただ一人の子であった。

婿にきた夫は出征、敗戦後、無事帰還するが、病弱な状態が続き、やがて病死した。

出産産育調査との関連で、A子さんの簡単なライフ・ヒストリーとでもいうべき話を聞くことになった。こうした話をほぼ聞き終わったあとで、A子さんが大きな声ではないが、断言するような言い方で次のようにいった。

「せめて（夫が）戦争で死んでくれていたら」。

その意味を聞き返したところ、次のような返答がかえってきた。

「（遺族）年金があるから」。

「（夫は）戦争で身体をこわしたが、戦病死したわけではなく、帰還後ぶらぶらして死んでしまったから、年金もなにもない」。

生活のなかの戦死者

A子さんにとって重要なことは靖国神社でも戦死者祭祀でもない。その生活と家計が優先されてきたように思われた。

戦争をめぐる体験は、戦争それのみで存在しているのではない。それぞれの人間の生活、ライフ・ヒストリー全体のなかの一部分、しかし、不可欠な構成要素として存在している。たとえば、A子さんの場合、戦争はその婿とり・出産・夫の死と連続していた。戦時下においても、敗戦後の混乱期でも、生活していかなければならない人間にとって、生活の継続が第一義的にあり、戦争はそのなかの部分であった。

靖国神社また「靖国問題」がクローズアップされることが多い。これらに肯定的な政治勢力・知識人、また、否定的な政治勢力・知識人、いずれもが、戦死者たちについての議論を、これらによって展開する。しかし、戦死者たちの遺族にとって、それらの重要性の意味はどこにあろう。遺族の現実の生活において、戦死者たちとは、また、靖国神社とは、どのような存在であったのだろう。

現実の生活から遊離した靖国神社論また「靖国問題」論ではなく、生活の内部においてそれらを位置づける、ごくあたりまえのことが重要であることを再確認してほしいと思う。現実の生活から乖離した議論の空中戦ではなく、生活を継続していかなければならない人間にとって、靖国神社また「靖国問題」とはどのような意味を持つのか、それを現実に即してとらえなおすことが重要ではないだろうか。

Ⅲ

朝ごとに
一つ二つと
減り行《ゆ》くに
なにが残らむ
矢ぐるまの花

長塚節（一九一四年）

第一〇章　安丸良夫の文献史学方法論

1　三つの分析視点

安丸良夫（一九三四‐二〇一六）の文献史学[20]について、大きく三つに分けて、その方法的特徴を論評してみたいと思う。一つめは、「通俗道徳」の方法について、二つめは、「周縁的現実態」の方法について、そして、三つめは、一つめと二つめをふまえて、安丸の「生産力」論についてである。

その際、安丸の文献史学には、人類学・民俗学・宗教学と関係する部分があるので、これらとの関係を中心にして、前記三つの点を論評してみたいと考えている。宗教学なかんずく神道（教派神道・国家神道）・仏教については、坂本是丸「安丸国家神道論から見えるもの・見えないもの」（二〇一〇）・島薗進「宗教研究から見た安丸史学――通俗道徳論から文明化論へ」（二〇一〇）による論評があり、人類学・民俗学からの論評は小松和彦「安丸良夫の民俗論」（二〇一〇）があるが、小松の論評は小松自身に引き寄せた議論が多く不充分であるので、安丸文献史学における人類学・民俗学との関連を整理することにも意義があろう。

安丸の著作は、二〇一〇年（平成二二）時点で、単行本に限定すれば、合計九冊をかぞえる。

(1)『日本の近代化と民衆思想』(一九七四、青木書店)
(2)『出口なお』(一九七七、朝日新聞社)
(3)『日本ナショナリズムの前夜』(一九七七、朝日新聞社)
(4)『神々の明治維新――神仏分離と廃仏毀釈』(一九七九、岩波書店)
(5)『近代天皇像の形成』(一九九二、岩波書店)
(6)『〈方法〉としての思想史』(一九九六、校倉書房)
(7)『一揆・監獄・コスモロジー――周縁性の歴史学』(一九九九、朝日新聞社)
(8)『現代日本思想論――歴史意識とイデオロギー』(二〇〇四、岩波書店)
(9)『文明化の経験――近代転換期の日本』(二〇〇七、岩波書店)

これらのうち、(1)(3)(6)(7)(8)(9)は、既発表の論考を所収した論文集の性格が強く、初出から単行本への所収まで二〇年以上を経ている論考もあるが、ここでは、単行本を定本として考えてみたい。

2 「通俗道徳」の方法

「通俗道徳」の「生産力」

まずは、特に一九七〇年代までの著作で、その基調に存在する「通俗道徳」論からである。その方法を整理してみると、次の三点に要約できるのではないだろうか。

第一には、「通俗道徳」論は、倫理思想（内的生活規範）を近代社会形成のためのファクターととらえたことである。これは、「通俗道徳」が一般的に近世封建思想および近代体制内思想としてとらえられてきた通念からの解放であり、また、安丸によって「発見」された思想的価値であると同時に、それを分析概念とする方法の提出でもあった。さらにそれは、安丸みずからが、丸山学派の村落共同体観とは異なっていたとかえりみるように〔安丸 二〇一〇：二六頁〕、石田雄《たけし》（一九二三－）『明治政治思想史研究』（一九五四）・『近代日本政治構造の研究』（一九五六）の家族国家論、神島二郎（一九一八－一九八）『近代日本の精神構造』（一九六一）の〈第一のムラ〉〈第二のムラ〉共同体論、丸山真男（一九一四－一九九六）「日本の思想」（一九五七）の「伝統」「固有信仰」＝「無限抱擁」性論などにみられる、村落共同体の「停滞性」を自明視して、それを日本の近代国家の支配原理の根底におく分析方法との違いでもあった。

安丸が日本の村落共同体を一定程度肯定的に評価するのに対して、政治思想史研究者が否定的に評価するという異相である。またこれは、丸山真男『日本政治思想史研究』（一九五二）が代表的思想家をとりあげ、たとえば、古学派荻生《おぎゅう》徂徠《そらい》（一六六六－一七二八）から国学本居宣長への思想的連続性を対象として、その近代的性格を評価するいっぽう、民衆的世界を対象とするときには、「停滞性」を

（20）歴史学の資料には多様な形態がある。文献資料はそのうちのひとつにすぎず、また、扱う資料によって、資料操作・方法、さらには、視点・時間認識、えがかれる歴史に違いが生じることも多い。安丸が使う基本的資料は文献資料であるので、「史」＝文献という意味で、ここでは、「文献史学」という限定的な表記をする。

その方法的基礎とすることに対しての、おのずからなる批判でもあった。

第二には、この「通俗道徳」は、人間の観念、上部構造でありながら、歴史的発展の「生産力」とされているることである。これについても、安丸は「通俗道徳」をマルクス主義的方法によって分析しようとしたとかえりみているが〔安丸 二〇一〇：二一－二三頁〕、『日本の近代化と民衆思想』（一九七四）の冒頭、その基本的方法を述べたところで、「通俗道徳の巨大な規制力を一瞥《いちべつ》するだけで、大衆をとらえるとき思想も一つの巨大な「物質的な力」であることを信ぜずにはおられない」〔安丸 一九七四：四－五頁〕、「実現された徳目からみれば、通俗的で前近代的な道徳とみえるものが、ある歴史的段階においてはあらたな「生産力」なのである」〔安丸 一九七四：九頁〕という。

マルクス主義的な社会構成史における、下部構造による上部構造への規定、それを「逆立ち」させて、上部構造を「生産力」発展の要素とする。いわば、修正社会構成史とでもいうべき方法をとる。ただし、この修正社会構成史によって、安丸「通俗道徳」論の方法は、下部構造と上部構造を連動させて歴史を把握する構造的な歴史認識を示すとともに、その歴史叙述を単一の発展段階の過程として把握する時間意識のなかにおいた。

これを第一の点と関連させていえば、政治思想史研究者が社会構成史的方法をとらないのに対して（否定しているのではなく）、安丸の「通俗道徳」論は、上部構造に「生産力」を認める「逆立ち」とはいえ、社会構成史の枠内で歴史的発展をえがく方法であった。

「通俗道徳」と「民俗的世界」

第三には、第一の点にせよ第二の点にせよ、安丸は「通俗道徳」を歴史的発展のファクターととらえる際、その議論の起点に「民俗的世界」を置くことである。[21]安丸によれば、「通俗道徳」が展開する原因に、近世後期、商品経済の浸透による農民層分解＝「荒村」状況があった。しかし、その「荒村」状況のなかで、「民俗的世界」が衰退あるいは分解させられ、それにとってかわり、近代社会形成のためのファクターとして「通俗道徳」が登場してくるという。

安丸の「通俗道徳」論は「民俗的世界」を起点とするが、その際に、安丸が主に依拠するのが、柳田国男の文献学的民俗文化論であった。ミロク信仰では宮田登（一九三六－二〇〇〇）・和歌森《わかもり》太郎（一九一五－七七）、祭礼研究では堀一郎なども利用されているが、彼らも文献学的研究者である（例外的に「世間師」論における宮本常一）。安丸も、近世から近代初頭にかけての文献資料に基づいて「民俗的世界」をえがくが、たとえば、安丸が頻繁に登場させる「若者組」についてその叙述方法を確認してみると、その「民俗的世界」の把握は、柳田の成果を利用しているように思われる。

安丸のえがく「若者組」は、その性にせよ、祭の執行者としての行動にせよ、柳田の代表作のひとつとされる、『婚姻の話』（一九四八）の文脈にあった。

『婚姻の話』は若者と娘をめぐる自由恋愛論を説いた著作である。これに所収された一〇本の既発表論考は、「聟入考」（一九二九）・「仲人及世間」（一九四二）を除く八本が、一九四六年（昭和二一）から翌一九四七年（昭和二二）にかけての発表であった。柳田の主張は、「戦後改革」のなかで男女をめぐる民主化がアメリカ主導で推進されるなか、かつての日本の村落社会にも男女の民主的な性関係が

（21）『日本の近代化と民衆思想』（一九七四）では「民俗的世界」（「伝統的生活慣習」「民俗的生活慣習」「民俗的諸習慣」）などの用語が使われ、一九八〇年代以降は「民俗的なもの」が主な用語として使われるようになると思われる。

あったというものである。ここでの柳田は、『明治大正史 第四巻 世相篇』(一九三一)および『先祖の話』(一九四六)で主張した「家永続の願ひ」に幸福を求めるのではなく、男女一対の自由な家族形成を理想化する。柳田に即していえば、その主張の矛盾を示すものであるが、安丸が参照する「若者組」の世界は、柳田が「戦後改革」を意識して「若者組」を高く評価しようとして発表した論考であった。そして、それらは、一九四〇年代後半、柳田がみずからのフィールドワークによらず、他者のフィールドワークの成果および文献資料を利用してえがいた「若者組」であった。[22]

柳田の「若者組」をやや詳しく紹介したのは、ここでその学説の当否を問うとか、それをふまえて、安丸の「若者組」理解の当否を問おうとするためではない。柳田が「戦後改革」の時期に肯定的にえがいた「若者組」論が、安丸によって積極的に利用されていることに、安丸の「若者組」論、さらには、その文献史学の特徴を見ることができないだろうかということである。安丸のえがく「若者組」は、支配秩序を動揺させる変革主体になり得る社会勢力として肯定的にとらえられているが、その基本は、「戦後改革」を射程に入れた柳田の「若者組」論をベースとすることで、立論することができた主張ではなかったかということである。

ハレの重視

こうした立論については、柳田にひそむその歴史認識におのずと影響をうけざるを得ない点もある。『婚姻の話』における「若者組」は、ばくぜんとした「過去」にあったらしい存在を価値基準(美化)とし、そこから現代までの経過を混乱(悪化)ととらえる歴史認識による。それがおのずと安丸にも影響を与えていることはないだろうか。

議論をわかりやすくするために、他の例をひとつあげてみよう。時期的にはあとの論考であるが、『文明化の経験』（二〇〇七）所収の「民俗の変容と葛藤」〔初出の『日本民俗文化大系一 風土と文化』（小学館、一九八六）では「「近代化」の思想と民俗」〕は、近世の「民俗的なもの」が、近代国家形成過程のなかで、抑圧・再編成されるという。その際に、安丸は近代国家形成過程を、近世社会ではバランスのとれていたハレとケの生活リズムの動揺、ケ（日常など）によるハレ（非日常など）に対する優越、およびハレの零落の過程としてとらえる。神仏分離と廃仏毀釈を、同じく近代国家による「神々」の抑圧・再編成（序列化）としてとらえた『神々の明治維新——神仏分離と廃仏毀釈』（一九七九）に比べて、「過去」の近世的世界を価値基準とする志向が強いように思われる。

「民俗の変容と葛藤」での直接的な引用は、高取正男（一九二六‐八一）『民俗のこころ』（一九七二）における「オオヤケ」「ワタクシ」論であり、そのハレ・ケ論の基本的方法は、柳田の『明治大正史第四巻 世相篇』にあった。『明治大正史 第四巻 世相篇』は、近代社会の感性をハレとケの混乱ととらえる「新色音論」にせよ、大家族から小農家族への分化を共同性からコ（個・孤）への解体としてそれを「不幸」と認識する「家永続の願ひ」にせよ、その価値基準は「過去」にある。近代社会はそこからの零落ととらえられる。柳田におけるハレ・ケ論は、生活リズムの循環を説くだけではなく、ばくぜんとした「過去」を価値基準とする思考様式を存在させていた。そうした価値基準の設定が、安丸の「民俗的世界」「民俗的なもの」の基準を近世社会に求め、そこから近代社会の再編成をえが

（22）正確にいえば、柳田は『明治大正史 第四巻 世相篇』で、すでに若者と娘との間の自由恋愛論を主張している。それは、「家永続の願ひ」と並列して、同じ著作に存在していた。

く方法を成立させた一要因になっていないだろうか、ということである。

このように、安丸は近世社会のハレ・ケに価値基準を設定した。その上で、安丸が重視したのは解放としてのハレであった。[23]祭との連続性をもって、一揆の世界がとらえられ（たとえば『日本の近代化と民衆思想』の第五章「民衆蜂起の意識過程」）、また、ユートピア観念（ミロク信仰など）が新宗教の世界観と連続性をもってとらえられる（たとえば『日本の近代化と民衆思想』の第三章「「世直し」の論理の系譜」）。

先に指摘したように、上部構造を「生産力」ととらえ、そこに分析の中心と歴史的発展の原動力をみるために、生産・労働（下部構造）のケではなく、消費・祭（上部構造）のハレを重視したのは当然のことであろう。

安丸のいう「民俗的世界」「民俗的なもの」を中心としてみれば、ハレが牽引する歴史発展論、さらにいえば、ハレによる変革主体論とでもいってよいかもしれない。ふつう社会構成史は下部構造、ここでの用語をあえて使えば、ケの重視によって歴史的発展を叙述するのに対して、安丸は上部構造のハレによって歴史的発展をえがこうとしている。

ついでながら、安丸との関係において、宮田登の近世社会文化研究、『ミロク信仰の研究』（一九七〇）をはじめ『生き神信仰』（一九七〇）、『近世の流行神』（一九七五）、『土の思想』（一九七七）についても私見を述べておきたい。

一九八〇年代以降の宮田は、そのほとんどがくりかえしであり、これらの著作でその研究は完結していると思うが、そこでの論述の中心は近世（なかんずく都市）の生活・文化であり、資料のほとんどは文献学的資料である（伝承資料についても宮田自身のフィールドワークによるものではない）。その際、宮田の方法は、たとえば、近世の富士講・流行神にせよ近代の大本教にせよ、これらの「基層」に、地域をこえて共時的に、また、時代をこえて通時的に、ミロク信仰のようなユートピア観念が存在するというものである。日本社会の「基層」に、超時代的に通底するある特定の観念があり、それが、近世社会に噴出したときには富士講・流行神となり、近代社会に噴出したときには大本教になる、という方法をとる。日本社会に「常民」がいるのではなく、超時代的な「常民性」が存在する、そうした思考のもとにえがかれている。

3　「周縁的現実態」の方法

「周縁的現実態」と「民俗的なもの」

安丸の文献史学は、一九七〇年代まで、「民俗的世界」を「通俗道徳」論の起点に位置させる論理

（23）ハレ・ケの用語使用は、柳田国男『明治大正史 第四巻 世相篇』（一九三一）にはじまると考えてよいが、たとえば、柳田国男『服装習俗語彙』（一九三八）が服飾語彙の分類で使っているように、もともとは、「晴着」と「褻着《けぎ》」という服飾文化論がベースである［柳田 一九三八：一一―一三頁］。すくなくとも、その民俗語彙のなかには、解放といった意味はない。
また、一九七〇年代から八〇年代はじめにかけて、ハレ・ケだけではなくケガレまでをも含めた関係概念としての概念化がはかられた。ここでは、このハレ・ケ・ケガレ論の詳細は省略するが、概念化されたハレにも、まったく異なる内容があるので、それを紹介しておきたい。

坪井洋文（一九二九―八八）『稲を選んだ日本人――民俗的思考の世界』（一九八二）は、『イモと日本人――民俗文化論の課題』（一九七九）とともに、ケ＝イモ＝畑作文化とハレ＝米＝稲作文化とを対置させ、後者による前者に対する優越を説いた。その際、後者のハレ＝米＝稲作文化は、「オオミタカラノアリカタ」＝天皇の文化であるという。坪井が概念化したハレとは、解放ではなく、支配者の文化に接しそれに包含されることを意味していた。

構成をとった。しかし、一九八〇年代半ば以降、そうした論理に展開がみられる。用語としても「民俗的なもの」に統一され、それが「周縁的現実態」という概念のなかで論じられるようになり、「通俗道徳」論が前面から退く。

その初出は、先にも紹介した『文明化の経験』(二〇〇七)所収の「民俗の変容と葛藤」(初出は一九八六年)であったと思われる。

民俗的なものは、江戸時代の社会体系の全体において周縁的な現実態にとどまるかぎりでは、中枢部からずれたままで既存の秩序と併存することが許容されるような世界ではあるが、それが周縁的なものから逸脱的なものへと発展し、さらにまた凶々《まがまが》しい〝敵〟に転化しうるものだとすれば、周縁的世界の安易な許容や黙認はゆるされない。

〔安丸二〇〇九:一一二頁〕

民俗的なものは、近世の社会体系の全体からすれば、権力の統制があいまいとなる周縁的現実態を構成しており、人びとの欲求・願望・不安などが表出される具体的なかたちとなっていた。

〔安丸二〇〇七:一一三頁〕

近世社会では、「民俗的なもの」は支配体制の「周縁的現実態」に位置し、民衆の存在およびその意識が支配体制を動揺させる可能性があるという。

安丸がこの論考で紹介するのは、漂泊宗教者野田泉光院《せんこういん》(一七五六―一八三五)のみた民衆、また、流行神の流行であり、安丸の指摘は、こうした「周縁的現実態」に位置する「民俗的なもの」が、近代社会形成過程のなかで、抑圧・「編成替え」されていくというものである。

歴史的な視座をいくぶん長期的にとって眺めれば、一八世紀の寛政改革の時期あたりを始点として明治中期までのおよそ一世紀間には、民俗的なものは、あるいは抑圧され、あるいは編成替え(24)をうけて、近代国家の支配体制のなかへ繰りこまれていたのだと思われる。［安丸二〇〇七：一三〇頁］

主に、明治初年の政府の法令によって論じられるが、政治的禁圧のなかだけではなく、啓蒙思想家・自由民権運動家においても、同様の思考があったと指摘する。

このような「民俗的なもの」を「周縁的現実態」とするのは、『近代天皇像の形成』（一九九二）でも同様であった。その第三章「民俗の秩序との対抗」のなかで、「民俗信仰を中心とする民俗的なものを、ここでは近世社会の周縁的現実態と名づけよう。この周縁的現実態は、社会体系の中枢部からはズレた位置にあることによって、独自に分化し発展する活力にみちた次元である」といい［安丸一九九二：六六頁］、近世のハレ的世界、「若者組」・祭礼・流行神の事例を紹介する。しかし、安丸によれば、この「周縁的現実態」にある「民俗的なもの」が近代国家形成過程において、抑圧・再編成されるという。主に、第七章「近代天皇像への対抗」でそれは論じられ、「近代天皇制は、民俗とい

（24）細かなことであるが、安丸の著作では、再編成にあたる表現に「編成替え」という言葉を使うことが多い。この言葉は、「講座派」山田盛太郎《もりたろう》『日本資本主義分析』（一九三四）で頻繁に使われた言葉である。山田のばあい、生産様式の再編成、「下部構造」の展開を表現するときに「編成替え」を使う。安丸は、この言葉を意識的に使ったのであろうか、それとも、無意識的であったのだろうか。

う周縁的現実とふれあいながらも、しかもそれを超越した権威として聳立《しょうりつ》しなければならなかった」〔安丸 一九九二：二三二頁〕とされる。

このようにしてみると、一九八〇年代半ば以降、「周縁的現実態」という概念によって表現された「民俗的なもの」の位置づけは明らかであろう。

第一には、安丸が「民俗的なもの」として汲みとる社会生活はハレに限定されていた。それによるケの脱落は、ふつうの日常生活・労働を脱落させるが、いっぽうで、ハレにおける社会の創造を重視する志向性として読みとることができる。

第二には、安丸が、この「民俗的なもの」を歴史的過程に含み入れるとき、それは、近世社会では支配体制の末端で、秩序と逸脱との境界領域に位置していた。しかし、それは、近代社会形成過程のなかで、近代国家の支配体制のなかに再編成されていくという。

「民俗的なもの」を組み込んだ「周縁的現実態」の概念は、階層的には中下層を念頭におきつつ、彼らによって担われている社会生活、特に、そこにおけるハレを示すものであった。ある特定の階層によって担われている文化の一部を表現する概念といってもよいかもしれない。

「天皇制」の位置

したがって、この「周縁的現実態」は単独で存在する概念であり、「中心」と「周縁」という関係概念（対概念）として使われてきた、一般的な「周縁」概念とは似て非なるものであった。

たとえば、一九七〇年代から八〇年代にかけて、「中心」と「周縁」概念により文化分析を行なった山口昌男（一九三一－二〇一三）と比較してみると、それは明らかであろう。山口も、宮田登ほどではないが、一九八〇年代以降はくりかえしが多いので、一九七〇年代の代表作、『文化と両義性』(一九七五)、『知の遠近法』(一九七八)、『新編 人類学的思考』(一九七九)をひもとくと、そこで論じられたのは、社会現象を「中心」と「周縁」に分割し、「中心」の動揺が「周縁」との接触によって行なわれるというものであった。社会的階層を示す概念ではない。注目すべき山口の方法は、「中心」をゼロ状態とし、「周縁」をプラス・マイナス両方が混在する両義的存在としたことであった。「中心」が、「周縁」におけるプラスとの、また、マイナスとの、はたまた、その両義性を保有するトリックスターとの接触によって、活性化(プラス)・破壊(マイナス)が起こるというものである。

山口の「周縁」概念によって表現される内容は、「中心」との関係において選択・設定された社会事象であり、社会的階層を示すわけでもなく、それじたいで示される文化現象でもない。ただし、この関係概念の方法により、山口は日本王権を「周縁」に位置づけ、その両義性を抽出しつつ、「中心」による、「周縁」にある日本王権に対する心性を明らかにしようとした。『知の遠近法』の第一二章「天皇制の深層構造」・第一三章「天皇制の象徴的空間」はその代表といってよいだろう。

こうした「中心」と「周縁」の関係概念による山口の日本王権論をみたとき、それは、安丸の「天皇制」論のみならず、安丸の「周縁的現実態」に示される「周縁」概念とも、異なることが明らかである。安丸の「天皇制」は、近代国家の支配秩序(イデオロギーを含む)であり、それは「周縁的現実態」ではなく、「周縁的現実態」を抑圧・再編成するシステムである。強いて、「中心」と「周縁」の関係概念に落とし込めば、安丸における「天皇制」は「周縁」ではなく「中心」に位置する。

網野善彦(一九二八-二〇〇四)の「天皇制」論と比較してみてもよいかもしれない。『日本の歴史一〇 蒙古襲来』(一九七四)、『日本中世の非農業民と天皇』(一九八四)、『異形の王権』(一九八六)などによって示された網野の「天皇制」論は、後醍醐天皇（一二八八－一三三九）の政権が、悪党また非農業民などと提携し、彼らを総動員することによってその権威と権力を掌握したというものである。「周縁」の総連繋が後醍醐天皇政権であった。しかし、室町期以降、この「周縁」が、天皇の非政治化と、いっぽうでの、非農業民の被差別民化として進行するとされる。社会構成史とは異なる列島史とでもいうべき方法を模索した網野においては、天皇は非農業民とともに「周縁」に位置する。網野のばあい、「中心」と「周縁」という用語により主張しているわけではないが、実質的には、「中心」＝農業民＝幕府と「周縁」＝非農業民＝天皇という図式を設定していたと考えてよいだろう。

このように、山口や網野のばあい、天皇は「周縁」であった。いっぽう、用語使用においては、山口の影響にあると思われる安丸の「周縁的現実態」は、そこに天皇を含むものではない。近代の「天皇制」とは、「周縁的現実態」をその支配秩序に組み込む、「中心」の支配体制として理解されている。

ルン・プロ変革主体論

唐突に聞こえるかもしれないが、「周縁的現実態」を高く評価する安丸の研究が、世直し一揆・新宗教研究のなかで展開されたとき、それは近代社会形成期におけるルン・プロ変革主体論とでもいうべき性格を持つことはないだろうか。

すでに指摘したように、『日本の近代化と民衆思想』第五章「民衆蜂起の意識過程」は「民俗的世界」から世直し一揆への連続性を説き、また、『一揆・監獄・コスモロジー』（一九九九）の第Ⅰ章「一揆と世直し」は「民俗の根茎」「民俗の伝統」から世直し一揆への連続性を、第Ⅲ章「大本教の千年王国主義的救済思想」はミロク信仰から出口なおの「立替え」「立直し」への連続性を説くなど、これらでは「周縁的現実態」という用語を使っていないものの、「周縁的現実態」に位置づけられた「民俗的なもの」が変革主体の意識形成の起点に位置づけられた。また、一九七〇年代の『出口なお』（一九七七）も、「通俗道徳」の典型的実践者である出口が、極貧の地域雑業層（ボロ買い）としての生活をおくるなかで神がかりし、「天皇制」国家からは異端視される大本教の開祖となっていく過程がえがかれた。

「民俗的なもの」を起点としての変革主体（意識）の形成、それが、世直し一揆および大本教であった。[(25)] 世直し一揆は、物価騰貴を背景に、借財などで困窮する農民などの一揆、大本教の出口なおは地域雑業層、時代はやや異なるが、おおざっぱにいえば、ルンペン・プロレタリアートを主体とする変革運動である。といっても、世直し一揆の共同体動員や出口なおが教団を形成したように、そのルン・プロはただの群衆ではなく、一定程度組織的であるので、ふつうイメージされるようなルン・プロとは異なる存在形態をとる。

このように、ごく素朴に考えると、安丸の世直し一揆および大本教研究は、組織的ルン・プロを変革主体とみなす、一種のルン・プロ革命論ということができる。そのためであろうか、ふつう文献史

（25） 安丸は、『文明化の経験』の「序論」のなかで、稲田雅洋『日本近代社会成立期の民衆運動——困民党研究序説』（一九九〇）・鶴巻孝雄『近代化と伝統的民衆世界——転換期の民衆運動とその思想』（一九九二）の困民党研究＝モラル・エコノミー論を、みずからの分析とは区別し、彼らがあらかじめ措定されたモラル・エコノミーを基準とする方法的陥穽におちいっていると指摘す（安丸は『文明化の経験』第六章「困民党の意識過程」のように、モラル・エコノミー論じたいを否定しているわけではないと思う）。しかしここでは、稲田・鶴巻の分析基準の中心が土地慣行というケの「民俗的なもの」であるのに対して、安丸の起点がハレの「民俗的なもの」であることに、違いを見い出したいと思う。

学者がその政治運動を高く評価してきた自由民権運動に対する安丸の評価は多面的であり、たとえば、『文明化の経験』第四章「民衆運動における「近代」」では、単なる政治運動ではなく、共同幻想としての自由党であり、政治演説会はパフォーマンスとしても把握される。

ここでルン・プロ変革主体論ではないかというのは、ルン・プロ革命論にイメージされた否定的ニュアンスで言っているのではない。マルクス主義的文献史学の相対化あるいは深化とでもいうべき意味である。

というのは、対象とする時代も地域も違うのであるが、良知力《らちちから》(一九三〇－八五)のウィーン一八四八年研究が、近代社会形成期を対象とした、同じような変革主体論であるように思われるからである。良知の研究は、マルクス主義の相対化と深化のために、マルクス以前の思想家を対象とするとともに、『向う岸からの世界史——一つの四八年革命史論』(一九七八)のタイトルに象徴的に表現されたように、西ヨーロッパ的秩序のマルクス一八四八年(いうまでもなく『共産党宣言』)に対して、スラブ世界および農村部からウィーンへ流入してきたルンペン・プロレタリアートの地点から、一八四八年を対置させた。『向う岸からの世界史』だけではなく、『青きドナウの乱痴気——ウィーン一八四八年』(一九八五)・『女が銃をとるまで——若きマルクスとその時代』(一九八六)でえがかれた、良知のウィーン一八四八年の最終的主人公は、最後までバリケードを守り倒れていったプロレタリアートとルン・プロ女である。特に、ルン・プロ女の存在形態は『女が銃をとるまで』で詳細にえがかれた。良知がえがこうとしたウィーン一八四八年の頂点は、ブルジョワジーと組織的労働者ではなく、ウィーン市周辺部に外部から流入してきたルン・プロ女であった。

良知のウィーン一八四八年研究は、近代社会形成期における変革主体を、ブルジョワジーや前衛プロレタリアートではなく、プロレタリア化過程の流入ルンペン・プロレタリアートに求めていたように思われるのである。安丸の世直し一揆・新宗教研究を、ルン・プロ変革主体論ではないかといっているのは、このような意味であり、中下層の雑業層に変革主体を「発見」する作業が、そこで行なわれていたのではないかということである。

4　「生産力」について

「講座派マルクス主義」批判

最後に、安丸が「通俗道徳」を「生産力」としてとらえていたことに戻ってみたい。

安丸は、「講座派マルクス主義」文献史学を整理して、それは、(i)「土台・上部構造論」、(ii)「(i)を前提としたうえでの、国民国家単位の比較史的発展段階論」、(iii)「(i)と(ii)をふまえたうえでの、より具体的な歴史過程としての政治史への集約」とする。その上で、「現在の若い世代の研究者たちの多くは、こうした方法的前提とほとんど無縁かもしれないが」とことわりつつ、「しかしまたこうした方法的前提を放棄すれば、それはそれで新たな困難を担わざるをえないことになる」という［安丸 二〇一〇：四七－四八頁］［傍点－引用者］。

一見するとなにげない発言であるが、この発言はひとつの問題提起であると考えることはできないだろうか。

「講座派マルクス主義」を無関係として議論を組み立てたとしても、ふつうに学習されてきた文献史学、通説の形成が、この「講座派マルクス主義」の成果によっている可能性があるからである。自明視された研究成果のなかに、「講座派マルクス主義」が無意識のうちに浸透している可能性がある。「古い」「昔の」学派・党派で済まされるものではなかろう。

そのような意味でいえば、たとえば、安丸が「通俗道徳」論を「生産力」としたことは、単に「講座派マルクス主義」批判というだけではなく、それを乗り越えようとする試みであったといってよく、またそれは、最初に指摘したように、「講座派マルクス主義」と並列的に存在していた政治思想史研究批判でもあった。

ここで政治思想史研究にふみ込むことは手に余るので、「講座派マルクス主義」、なかでも、そのもっとも特徴とするところの、農村の社会経済を「停滞性」ととらえ、その「半封建制」を重視する点を中心として、安丸の文献史学との比較を行なってみよう。

もっとも、「講座派」といっても単純ではない。周知のように、「講座派」は『日本資本主義発達史講座』（一九三二―三三、岩波書店）に由来するが、その指針を作った野呂栄太郎（一九〇〇―三四）の検挙・死ということもあり、野呂の執筆はない[26]。また、ふつうは山田盛太郎『日本資本主義分析』（一九三四）、平野義太郎（一八九七―一九八〇）『日本資本主義社会の機構』（一九三四）がイメージされるが、山田が日本資本主義の「半封建制」と「帝国主義」の構造的連続性に分析の比重を置くのに対して、平野は「半封建制」を前提としつつもブルジョワ民主主義の発展（自由民権運動）に比重を置くなど、細部では異なる。また、ふつう「講座派」に分類される服部之總《しそう》の幕末厳マニュ時代論にいたっては、近世後期から幕末にかけての地域社会における資本主義的発展をえがこうとしており、社会経済史的な内発的近代の模索と受け取ることができる。もっとも、服部は軍・封帝国主義論（「軍事的・

半封建的帝国主義」）をも展開しているので、「半封建制」の重視は服部においても貫かれているといえる。さらに、野呂の『日本資本主義発達史』（一九三〇）では、零細・脆弱な小農経営への比重が高く、「収奪」も含めた小農の実態解明により「半封建制」の残存を論証しようとする傾向が強い。

このように、「講座派マルクス主義」といっても、その初発から分析の軸は異なり、単純化できない。しかし、ほぼ共通するのは、日本の農村社会とその生産の「停滞性」を基本的対象とした分析視角であり、そこにおける「半封建制」の残存と資本主義経済の発展が、どのような連続性をもって形成されてきたのか、という課題であった。

彼らのこうした課題設定は、同時代の農村の現実を、彼らなりに把握し、「アジア的」を意識しての課題設定であったとも考えられる。「アジア的」は「古典古代」の前にくる発展段階というよりも、「アジア的」特質とでもいうべきとらえられ方であり、彼らによって強く意識されたのは、農村の「停滞性」、「半封建制」の残存であった。

「講座派マルクス主義」が規定されていた同時代の現実、「アジア的」意識、また、党派性、それらを念頭におきつつ、「講座派マルクス主義」を批判するべきであって、安丸が指摘したように、「講座派マルクス主義」文献史学を単純に過去完了形とするべきではないだろう。

すでに指摘してきたように、安丸の文献史学は、下部構造中心の発展段階論を基本としたこのよ

（26）細かくいえば、『講座』と三二年テーゼとの関連もひとつの課題となるが、三二年テーゼの公表が一九三二年（昭和七）七月、『講座』刊行開始が同年五月からで、『講座』が先行しているので、ここではいちおう別物と考えて議論からはずす。

うな「講座派マルクス主義」に対して、上部構造（「通俗道徳」）を「生産力」としてみとめ、歴史的発展をえがこうとした。それは、「講座派マルクス主義」の「停滞性」重視の方法的特徴に対して、おのずからなる批判でもあり、「講座派マルクス主義」とは異なる進歩史観の提出でもあった。しかし、それは、「停滞性」や「半封建制」の残存にこだわりぬくのではなく、異なる地点に重心を移しかえ、上部構造重視で歴史的発展を重視する進歩史観であったようにも思われる。

そのために、安丸の対象は、「民俗的世界」「民俗的なもの」への着目でも、その対象はケではなくハレになり、ふつうの日常生活、小農の生産生活への着目は少ない。また、「通俗道徳」が生産を発展させる倫理思想であったとしても、生産生活じたいを対象とすることは少ないのではないだろうか。

その進歩史観において、「通俗道徳」を「生産力」ととらえるならば、小農の生活のなかで「生産力」はどこにあったのか、「通俗道徳」だけなのか、それとも、共同体論理なのか、幕藩体制の支配論理なのか、これら全部の複合なのか、あるいは、「講座派マルクス主義」的に農業「生産力」・商品経済の発展にそれを求めるのか。「生産力」とは何か、あるいは、歴史的発展の原動力とは何なのか、そうした議論も必要であったのではないだろうか。

神がかりの両義性

高取正男『民俗のこころ』（一九七二）に紹介された、山女の話で終わりたいと思う。

大正末頃、奈良県吉野町南国栖、三重県境の山中に「髪をふり乱し」「ほとんど裸に近い格好」の山女がいた。

村の人たちの話によると、この山女は、もともと国中《くんなか》とよばれている奈良盆地の、ある村の農家の若嫁さんであった。それがふとしたことから眼病をわずらい、高見峠の頂上に近い蘇我入鹿を祀る高見神社が眼の病に効験《ききめ》があると聞いて参籠すると、ふしぎに眼がみえるようになった。本人はこれも神さまのおかげと喜んで家に帰ったが、しばらくすると再び眼が悪くなり、この神社にお籠りすると、また見えるようになる。こんなことを二度、三度とくり返しているうちに、この嫁さんは離縁され、行くところもないまま高見神社のあたりに住みついて、とうとう山女になってしまったとのことである。

〔高取 一九七二：一三六頁〕

山女は、農家の嫁としてふつうの日常生活では眼病となった。しかし、高見神社で蘇我入鹿が神がかっているときだけ、正常に戻っていた。山女は、神がかり＝狂気のときにのみ、正常でいることができた。

これについて、高取の整理は次のようなものであった。

村といい、家といい、所属する共同体のなかでもっとも力の弱いもの、それゆえにいちばん温順、貞淑で、村の掟や家の秩序に没我的に従順なものが、そのためにかえって抜き差しならない袋小路に追込まれ、もはや万策つきたときにひき起こされたネガティブな拒絶反応、蒼白い負の方向への爆砕であり、暴発であった。

〔高取 一九七二：一三七頁〕

「通俗道徳」の実践者出口なおは、ボロ買いでかろうじて生き抜いていたとき、神がかった。

安丸の『出口なお』がえがいた出口は、「艮《うしとら》の金神《こんじん》」の神がかりにより「立替え」「立直し」を説き、近代文明・近代国家批判者になり得た。家・地域社会の矛盾を一身に集中させた出口は、神がかりによって社会に向けて自己を発信することができた。

しかし、同じく自己に矛盾が集中し神がかった高見神社の山女は、社会と遮断することによって、自己を保ち得た。

現実は、出口のように矛盾を社会に向けて爆発させる例は少なく、この山女のようにより内攻的にしか矛盾を解決できない、そんな人々の方が多かったのではないのか。

神がかりというハレは両義的であって、出口のようなプラスの方向の神がかりばかりではない。マイナスの方向に向いた神がかりでしかあり得ないばあいも多い。

小農の世界に、「アジア的」とか「半封建制」とか、決めつけるようなレッテルを貼るべきではない。しかし、日本の小農がその小規模家族経営のなかで、泥沼に足をとられたような状態に置かれていたことは、おおよそ承認されてよいことだと思う。「生産力」が低位で「停滞」していたのではなく、小農経営それじたいにひそむ矛盾があったのではないだろうか。

これらを考慮に入れたとき、ハレを肯定的にのみとらえて、秩序の破壊と解放といったプラスの側面だけからとらえてよいのだろうか。よりいっそうの矛盾の内攻、あるいは、せいぜい矛盾のガス抜き、そうした視点からのハレへの迫り方も必要であったのではないか、そのようにも思われるのである。

第一一章　民俗学と差別──柳田民俗学の社会政策的同化思想および「常民」概念

1　折口信夫と赤松啓介

折口信夫「ものゝかげ」

ひそかなる心をもりて　をはりけむ。命のきはに、言ふこともなく

折口信夫（釈迢空《しゃくちょうくう》）のこの歌は、一九二二年（大正一一）に詠まれた（発表は翌一九二三年）。「供養塔」という五首連作の四首めである。『自選歌集 海やまのあひだ』（一九二五）におさめられた。歌の前には次のような詞書きが記されている。

数多い馬塚の中に、ま新しい馬頭観音の石塔婆の立ってゐるのは、あはれである。又殆《ほとんど》、峠毎《ごと》に、旅死《じ》にの墓がある。中には、業病《ごうびょう》の姿を家から隠して、死ぬるまでの旅に出た人のなどもある。

〔折口 一九二五b：三三─三四頁〕

調査に歩くなか、漂泊のなか死んでいった旅人、ハンセン病患者、彼らに身をよせて、折口は歌を詠んだ。

晩年の自身の回想によれば、この歌は、長野県・岐阜県から愛知県東部三河地方・静岡県西部遠江地方の山間部を歩いているとき詠んだものであり、「思想的なものをとらへようと努めてゐる」ものであった(27)。「明治以来我々は、我々の先輩から、ものゝかげをとらへよ、といふ難題を始終課せられてゐた」という〔折口 一九五六：二一七－二一八頁〕(28)。

「ものゝかげ」。

それは、社会的にみれば、疎外され、差別されている人たち、精神誌的にみれば、そのかなしさと孤独感を他者と共有できない人間の感性、そのようなものとして理解することができるであろうか。

家群《やむら》すら荒れて　住むなり。かたゐ等は　さゝ鳴く鳥も　とりて喰ふらし

かたゐ等の家は　くさむら。荒れあれて、こぞ居しあとは　すでに移れり

この二首は、一九三五年（昭和一〇）に詠まれた。『釈迢空短歌綜集(三) 水の音』におさめられた「乾く春」という一〇首連作の六首めと七首めの歌である〔折口 一九四八：二八二頁〕。漂泊する「かたゐ」の人たちを詠む。

短歌史のなかでは、根岸派からアララギ派への系譜に位置する折口の歌は、他のそれらの歌人と同様にして、写実や写生による景観のなかに、あるいは、自己をとりまく生活世界のなかに、その感性

をうたい込めた。そのなかで、こうした「ものゝかげ」にみずからを寄せ、そこに生きる、あるいは、生きた人たちを詠んだ。もちろん、折口の歌のすべてがそうであったわけではない。しかし、折口が研究者であると同時に、あるいは、フィールドワークのさなかにも、「ものゝかげ」を詠むことのできる歌人として歩いたこと、そのことに、まずおもいをはせておきたいと思う。

赤松啓介「非常民」

赤松啓介（一九〇九－二〇〇〇。栗山一夫）が晩年に提出した「非常民」という概念がある。一九八〇年代後半から一九九〇年代前半にかけて、赤松の「非常民」の視点からの著作は快哉をもって受け入れられた。しかしいま、この赤松が論じられることは少ない。

赤松は、その辛辣な柳田国男および柳田民俗学批判のいっぽうで、折口信夫に対しては、晩年まで好意的であった［赤松 一九七三：一五頁］［赤松 一九八〇：二八頁］。

（27）折口信夫は、短歌など文学作品についての批評で、「思想的」という言葉を使うことがある。折口の「思想的」とは、文字通りの「思想」あるいは「哲学」というよりも、メッセージ色のある作品について、このような表現をとる。純粋芸術的、純粋情景描写的ではない作品についての折口的な表現が、「思想的」であるともいえる。

（28）『自選歌集 海やまのあひだ』（一九二五）の「自歌自註」は、折口が、一九五三年（昭和二八）二月からその死去（一九五三年九月）までの間に、折に触れて、岡野弘彦に口述筆記したものであった［折口 一九五六：「あとがき」一頁］。その前半は、一九五四年（昭和二九）一月から八月にかけて、『中央公論』（第六九年第一号－第八号）に六回に分けて、「自歌自註（遺稿）――海やまのあひだ」として、断続的に連載された。しかし、それは全体の前半部分のみで、その全体は、一九五六年（昭和三一）刊行の『折口信夫全集 第二六巻』（旧版）の「自歌自註」として、はじめて公開された。引用した部分は、この『折口信夫全集 第二六巻』（旧版）を底本とした。

赤松は、一九三〇年代の初期の論考、そのうちでも重要な論考のいくつかを、折口が主宰した雑誌『民俗学』（一九二九年七月第一巻第一号を刊行、一九三三年一二月第五巻第一二号で終刊）に投稿している。故郷兵庫県加西市をフィールドとした調査報告「子供の遊び――兵庫県加西郡下里村」（第三巻第三号、一九三一年三月）、「兵庫県下里村の民俗」（第三巻第四号、一九三一年四月）、「村の記録」（第三巻第五号、一九三一年五月）、生駒山地をフィールドとした民俗宗教調査報告「大阪及び附近民間信仰調査報告――その一 生駒山及び附近行場の調査(一)(二)」（第四巻第一〇号・第一一号、一九三二年一〇月・一一月）、一九三三年（昭和八）三月最初の検挙の際、留置場で聞いた隠語「お船玉さま（留置場にて採集せる話）」（第五巻第一一号、一九三三年一一月）である。

赤松の民俗学的論考の発表は、一九三一年（昭和六）からであった。その最初の主要投稿雑誌のひとつに、折口の主宰する雑誌『民俗学』があった。一九〇九年（明治四二）生まれの赤松は、一九三一年（昭和六）時点でいまだ満二二歳である。そのスタートラインの舞台を、雑誌『民俗学』は提供していた。署名も、いくつかのペンネームのひとつ赤松啓介ではなく、本名の栗山一夫の時代であった。

やがて赤松は、アジア太平洋戦争前の金字塔『民俗学』（一九三八）を経て、晩年、「非常民」の視点から日本の民俗をえがき、また、その民俗学を再編成した『非常民の民俗文化――生活民俗と差別昔話』（一九八六）などをもってその到達点をむかえる。

『非常民の民俗文化――生活民俗と差別昔話』の書き出しは、次のようにはじまる。

これは一人の男の、敗北と挫折の記録である。いまから金儲けしようとか、立身出世したいという希望をもっているような人間が読んで、ためになるような本では断じてないだろう。また労働運動、反差別運動、平和運動など、いわゆる社会運動のなかで、あるいは加わって、民衆を指導し、指揮しようという大志をもつ連中も、読まない方がよい。社会変革を達成するために、民衆、あるいは市民を鼓舞激励する手法などは、なに一つ発見できないからである。むしろ民衆とは、市民とは、こんなつまらないものであるかと、失望するだろう。

〔赤松 一九八六：二頁〕

晩年の赤松特有の抑揚のある文体である。『非常民の民俗文化――生活民俗と差別昔話』が「敗北と挫折の記録」であること、それは赤松の正直な述懐であろう。
その上で、次のパラグラフは次のように展開する。

いったい民衆とか、市民とか、あるいは柳田のいう常民とは、どんなものなのだろうか。というのが私の疑いであった。母子家庭に育ち、漸く小学校高等科を卒業させてもらい、証券会社給仕を振り出しに、小商店や廉売市場の丁稚小僧、露店やヤシ仲間の下働き、超零細工場の工員、どれ一つとっても、まともなものは一つもない。私のような育ちの者は、民衆、市民、常民の端にも加えてもらえないのではなかろうか。それが長い間の、私の疑問であった。世間でいう民衆、市民、あるいは柳田の常民には、どこかで切り捨てている部分がある。てめえらは人間でねえ、犬畜生にも劣る屑だという感覚が、どこかにあるのだ。

〔赤松 一九八六：二頁〕

赤松は、実際には、一九二九年（昭和四）一一月から一九三三年（昭和八）四月まで大阪中央郵便局に通信事務員として勤務しているので、高等小学校卒業後、アジア太平洋戦争以前の職歴のすべてが、都市雑業層的生活であったわけではない。しかし、その生活体験にも根ざし、都市雑業層にみずからの身をよせ、そこを拠点として、安定的な生活をいとなむ「常民」を照射することにより、「非常民」の民俗的世界をえがこうとつとめた。

柳田民俗学の「常民」が「切り捨てている」階層、社会的にみれば疎外された階層からの赤松民俗学であった。

赤松の提唱した概念「非常民」は、都市雑業層をイメージして実態概念として創造された。そして、赤松がこの実態概念「非常民」によってえがいたのは、彼らの現実の生活であり、なかんずく、彼らの性であった。「常民」における性規範とは異なる、あるいは、そこから逸脱した「非常民」の性規範、それをえがいた。

赤松の「非常民」は、社会的に疎外された階層を示す実態概念であると同時に、そこにおける性規範に代表されるような、精神誌的概念でもあった。

一九八〇年代後半から一九九〇年代前半にかけて、赤松民俗学がインパクトを持ち得たのは、こうした概念「非常民」に付与された意味が、単なる実態概念であるだけではなく、その内実が詳細に紹介されたことにより、精神誌的概念としての性格をも包含していたからであった。

国学者としての折口信夫、マルキストとしての顔をも持ち考古学者でもある赤松啓介、両者における、その学問的バックボーンは大きく異なる。しかし、「もの丶かげ」から社会を視ようとした折口と、「非常民」のひとりとしての経験も含めて、そこから社会を照射した赤松、それぞれが、社会的に、また、精神誌的に疎外された地点に、みずからをよせようとしていたこと、そこに重要性を認めたい。

厳密な意味で他者と経験を共有することなどできない。記憶の共有は困難である。経験が深刻であればあるほど、経験の共有が拒否されるばあいもある。それでも、大なり小なり、あるいは、自覚する自覚しないとにかかわらず、疎外を経験してきたひとりひとりが、他者の地点にみずからをよせようとすること、それが第一歩であるように思われてならない。

2　差別研究と被差別部落民研究の異相

民俗学における差別研究について、素朴な疑問が浮かぶ。

差別を研究することと、被差別的な地点にいる人たちや集団を研究することは、同じであろうか。たとえば、部落差別を研究することと、被差別部落民を研究することを、等号で結ぶことができるであろうか。あるいは、性差別の研究と性的マイノリティを研究対象とすること、人種差別の研究と少数民族・マイノリティを研究対象とすること、これらそれぞれはイコールであろうか。

言い換えれば、被差別部落民を研究対象としてしているからといって、それは、かならずしも部落差別それじたいを研究することにはなり得ないのではないか。

一例をあげてみよう。

被差別部落には白山神社が多いとされる。かつて、宮田登が、それとの関連で、愛知県三河地方の花祭とともに伝承されてきた大神楽の白山《しらやま》行事に言及し、東日本に多い被差別部落民の「長吏」が葬送儀礼で使用する白色方形の装置との類似性を説き、「長吏」は「生まれ清まわり」、死と再生の儀礼の執行者であると指摘した［宮田 一九七九：一二六－一五八頁］。被差別部落民が生と死の境界領域に位置していたという。しかし、このような、「長吏」の儀礼論を、そのまま被差別部落をめぐる差別研究であるとみなすことができるだろうか。

また、宮田には、「妹の力」を、あるいは、ケガレ（血穢）を、方法論的中心に据えた女性研究がある。その妖怪研究および怪異現象研究とも関連して、宮田は、境界領域にある女が発揮する力、月経・出産をめぐる女性のケガレを扱った。女性を両義的存在として、「周縁」に位置づけ、ケガレを分析の中心にすえた［宮田 一九七九：四〇－七〇、七四－一〇一頁］［宮田 一九八三：七－三六、五九－七六頁］［宮田 一九九三：八－四九、一五六－二〇四、二一二－二六六頁］。しかし、このような宮田の研究は、それが女性を対象とした民間信仰的研究としての意味を持っていたとしても、女性をめぐる性差別研究として成立していたわけではない。

宮田による、被差別部落民および女性をめぐるケガレ（死穢・血穢）観の解明は、被差別部落民および女性の民俗事象の着目ではあった。しかし、そうであるからといって、それらは、部落差別および性差別の解明ではなかった。たとえば、宮田の重視したのはケガレであり、それを被差別部落民および女性の特徴であるとしたが、現実の民俗事象では、ケガレのすべてが差別の対象ではない。ケガレはイコール差別ではない。差別とは無縁なケガレも多い。

たとえば、関東地方で、ケガレのことをブクといい、死穢により神事へ参加できないことがある。死者が出た家の者、ブクのかかった者は一年間祭に参加できないなどという民俗事象である。この死をめぐり、葬儀全体の執行の多くは葬式組によって行なわれてきた。かつては遺体埋葬がふつうであった関東地方では、墓穴掘りから遺体埋葬まで、葬式組のなかの数人の男性が順番でそれを担当した。しかし、この遺体処理に関係し、ケガレにもっとも関係する葬式組から選ばれた者が、差別の対象となることはなかった。

仮に、ケガレを方法論的中心として、差別の意味をとらえるとすれば、差別の原因となるケガレと、差別とは無関係なケガレ、これらの区別がまず行なわれる必要があった。差別の原因は、地域性だけではなく、政治支配であり、社会経済的構造であり、さらにそれらをめぐる歴史的蓄積であり、ケガレもそのひとつとして、多様な要素が複合的にからまりあう。その複合的現実のなかで、それらのうちの一要素であるケガレが、差別の原因となるばあいとそうならないばあいとがあった。差別の意味をとらえるためには、ケガレているから差別の対象である、とするような一方通行的な理解ではなく、さらに、それを含めた複合的現実において、差別の解明にむかう必要があった。

しかし、民俗学は、ケガレているがために、あるいは、漂泊民であるがために、そうした理由により、現象の特定の性格にのみ焦点をあて、常に一面的に、被差別部落民の特徴のみを抽出していた。

これについては、いまみた宮田にとどまるものではなく、このあとみる柳田民俗学の被差別部落民研究についても同様であった。

3　同化政策としての柳田民俗学

柳田国男の被差別部落民研究

一九一〇年代の柳田民俗学が、被差別部落民を研究対象のひとつとしたことはよく知られている。一九二〇年代には影をひそめ、その研究対象から消えるが、一九一〇年代柳田民俗学の出発の時期、被差別部落民研究は、それと関係する漂泊民研究・山人研究などとともにその大きな課題のひとつであった。

この柳田民俗学における被差別部落民研究の解消は、かつて、「祖霊」信仰学説の形成と関連されて論じられた。

その代表的論考は、有泉貞夫「柳田国男考――祖先崇拝と差別」（一九七二）である。この論考は、一九七〇年代以降の柳田民俗学研究に、陰に陽に影響を与えた。特に、初期の柳田民俗学と、一九三〇年代以降のそれとの異相を強調しようとする論者には基本となった論考であった。

この有泉の「柳田国男考――祖先崇拝と差別」によれば、柳田民俗学後半における「常民」の「家永続の願ひ」、「祖霊」信仰を中心とする民俗学の形成は、その初期に展開された被差別部落民研究からの転換によるという。転換の直接的契機は、一九二一年（大正一〇）一月から二月にかけての沖縄旅行、「沖縄の発見」（柳田『郷土生活の研究法』）であり、それが、柳田民俗学を「祖霊」信仰中心の学問形成へ導いたという〔有泉 一九七二：二一五頁〕。また、柳田民俗学の「祖霊」信仰学説は、被差別部落民が「常民」的な「家永続の願ひ」、「祖霊」信仰を成立させなかった現実があり、被差別部落民とその生活世界を切り捨てたところに成立したのではないかという〔有泉 一九七二：二一八－二一九頁〕。

小農の世界では「祖霊」信仰が成立していても、被差別部落民においてはそうではないために、被差別部落民は小農の世界から疎外されていたのではないか、あるいは、疎外された被差別部落民が存在するために、それとの相対的関係において、はじめて小農（「常民」）と「祖霊」信仰（「家永続の願ひ」）が維持され得たのではないか、それが有泉による課題の提出であった［有泉 一九七二：二一九－二二四頁］。

たとえば、有泉は、次のようにいう。

封建支配下の一般小農民の日常生活・生産活動のなかで不可欠あるいは不可避である仕事——落牛馬処理、隠亡、野守、刑執行・死骸取捨などを一部特定の人々に押つけ隔絶することによって、一般小農民の宗教意識は、自分を清浄な、あるいは子孫の追慕と祭祀によって浄化可能な程度の罪穢しか身についていないものと観念できる方向へ展開した。そうして、〝祖先崇拝＝家永続の願い〟は世界史に類のない成熟純化を遂げ、一般小農民の生活とモラルの規範としての位置を確立することになった。［有泉 一九七二：二二〇頁］

近世小農の「祖霊」信仰の「世界史に類のない成熟純化」は、そこから析出されるケガレを、被差別部落民に担わせることによって、成立し得たというのである。

有泉は、柳田民俗学が「祖霊」信仰をその学説の中心として選択したことは、その学説の必然性として、被差別部落民とその生活世界をその研究対象から除外することを意味していたとする。そして、有泉は、こうした柳田民俗学の形成をもってして、「被差別民の問題を切捨てて成熟した〝柳田学〟

の破綻」という〔有泉 一九七二：二一八頁〕。

有泉の「柳田国男考――祖先崇拝と差別」の整理が長くなったが、この論考の特徴は、その副題を「祖先崇拝と差別」するように、柳田民俗学における被差別部落民研究の解消を、「祖霊」信仰学説への転換としてとらえたことにあった。

柳田民俗学が、その研究領域から被差別部落民を意図的に脱落させたというのは、有泉の指摘の通りであろう。

しかし、一九三〇年代以降の柳田民俗学における「祖霊」信仰学説の形成は、初期の被差別部落民研究からの転換の上に成立したものであったのだろうか。

為政者としての柳田民俗学

結論的にいえば、そのようなことはなかろう。

柳田民俗学には、そもそも質的転換などない。その出発点から、その重視するところの「常民」なるものを中心として、異なる存在を「常民」へ同化させるために、そこを基軸として民俗学を形成しようとする志向に満ちている。

初期の柳田民俗学は、何のために、何を目的として、その被差別部落民研究を展開していたのであろう。まず、その目的を確認しなければならない。

柳田は、一九一一年（明治四四）四月から八月にかけて、『人類学雑誌』第二七巻第一号－第二七巻第五号に「踊の今と昔」を、一九一一年（明治四四）九月・一一月、一九一二年（明治四五・大正一）二月、『人類学雑誌』第二七巻第六号・第二七巻第八号・第二八巻第二号に「「イタカ」及び「サンカ」」を連載、被差別部落民研究を開始した。

続いて、一九一二年（明治四五・大正一）九月、『産業組合』第八三号に、「農村問題の二三」という短文を寄せる。そのなかの「特殊部落問題」の項は、「特殊部落問題、之れも常に私の頭を放れぬ問題である、サテ、之れを如何に改善して行くかは、浮浪人取締問題と同じ事で」あるという〔柳田一九一二：六七頁〕。

「特殊部落問題」は、「浮浪人取締問題と同じ事」で、「改善」されるべきであるという。次のように続ける。

特殊部落の人々の、荒々しい空気から彼等を救ふて淳朴なる田舎の人と伍する事が出来たら、どんなに幸福なことであらうか、私は是れ等も私等の好研究題目として居る。如何に特殊部落を取締るべきかより寧ろ一歩を進めて、如何に特殊部落を改良すべきかと云ふとこ《ママ》に着眼すべしである。〔柳田一九一二：六八頁〕

柳田民俗学の被差別部落民研究の目的は、「特殊部落の人々」が「田舎の人と伍する」ように、「特殊部落を改良」することであるという。

「常民」への同化政策がその研究の目的であった。

この「農村問題の二三」以前に、柳田民俗学が発表した「踊の今と昔」は被差別部落の起源をササラ・田楽・唱門師などの漂泊芸能民にみようとする論考、「「イタカ」及び「サンカ」」は半僧半俗の漂泊宗教者イタカと漂泊民サンカを解説した論考であった。

しかし、その研究目的は、被差別部落民を「常民」に加えるために、その「改良」「改善」を行なうというものであった。

柳田民俗学の被差別部落民研究は、その初発から、「常民」を思考の中心にすえた研究であった。こうした柳田民俗学の思考は、一九一三年（大正二）五月、『国家学会雑誌』第二七巻第五号に発表された「所謂特殊部落ノ種類」に、もっとも顕著であろう。掲載誌が『国家学会雑誌』であったことをとっても、そこに柳田民俗学の性格があらわれているが、この「所謂特殊部落ノ種類」には、次のような発言さえもあった。

今ノ最《もっとも》完全ナル改良方法ハ論理上目的物ノ消滅ノ他ニ之ヲ求ムベカラズ。即チ特殊ナル階級ヲ普通ナルモノト変ズルヨリ他ニヨキ手段ナシ。〔柳田 一九一三a：九二頁〕

被差別部落民の「改良」は、それを「普通」のものに変えるよりほかはないという。同化の提案である。そして、被差別部落民のなかでも、「穢多」のそれは容易ではあるが、漂泊民のサンカについてはそれが困難であるとして、次のように述べる。

余ガ見ル所ヲ以テスレバ、特殊部落ノ問題中最モ解決シ難キハ此等ノ未定住者ナリ。穢多ハ数ニ於テハ甚《はなはだ》大ナリト雖《いえども》、其改良ハ唯一歩ニシテ、或ハ中古伝説ノ忘却又ハ其成立ニ関スル理解ヲ以テ簡単ニ之ヲ常人階級ニ迎入ルヽ望アリ。其上ハ尋常ノ救貧政策ヲ以テ一様ニ之ヲ善導シ得ベシ。之ニ反シテ「サンカ」ノ徒ニ至リテハ今尚《いまなお》一所不住ナルガ為ニ其生活状態ヲ監視スル能ハズ。

〔柳田 一九一三a：一一九頁〕

「穢多」を「改良」して「常人階級」に同化させることは可能であるが、サンカは漂泊しているために「監視」する必要があるという。さらに続けて、彼ら被差別部落民に対しては、「何ヨリモ必要ナルハ編貫《へんがん》ノ事業ナリ」といいきる〔柳田 一九一三：一二〇頁〕。被差別部落民を一段劣った存在とみなし、それを「普通」のもの、「常民」へ編成しようとする同化政策の主張であった。

また、柳田は、なぜ自分が被差別部落民研究を行なっているのかを、次のようにいう。

現時ノ地方吏員等直接此案件ニ接触スル者未《いま》ダ十分ニ問題ノ幅ト深サトヲ会得《えとく》セズ、所謂特殊部落ノ改善ガ我々ノ社会ニトリテ何程ノ意義ヲ有スルカヲ知ラザルガ為ニ、時トシテ当ラザル判断処分アリ、頗《すこぶ》ル学徒ノ言説ノ無用ナラザルヲ感ゼシム。〔柳田 一九一三a：九二頁〕

「地方吏員」が被差別部落民についての正確な知識を持っていないために、行政上の判断を誤ることがある。そうならないために、研究者の「言説」が必要なのであるという。

柳田民俗学の被差別部落民研究は、明らかに、為政者、行政官の視点からの政策であった。柳田民俗学の被差別部落民研究とは、被差別部落民に身を寄せたものではない。ひらたくいえば、為政者的感覚により政治的な高みから見下ろし、政策上の必要性として、彼らを「普通」のもの、「常民」へ同化させることを目的としていた。

一九三〇年代以降の柳田民俗学の中心、「祖霊」信仰学説は、「祖霊」を中心におき、そうではない新《あら》（荒《あら》）精霊《じょうろう》および無縁仏・餓鬼を、そこから脱落した存在として、「祖霊」へ同化されなければならないものととらえた。

柳田民俗学が、いかに「祖霊」信仰を中心にすえたのかについては、その「祖霊」信仰学説の到達点、『先祖の話』（一九四六）に紹介された、象徴的なエピソード「御先祖になる」を読むだけでも充分であろう。

アジア太平洋戦争中、柳田が散策の途次出会った「陸川」という老人との会話である。「陸川」老人は、新潟県生まれ、長野県で大工の修行をし、やがて東京へ出て、さらに、材木商に転じた。子供は六人、家作を持ち、悠々とした生活をいとなんでいるという。この「陸川」老人が「新たな六軒の一族の御先祖になるのです」と語ったというのである〔柳田 一九四六：九頁〕。

また、アジア太平洋戦争で戦死した壮年の、あるいは、若年の人たちをめぐって、「死者が跡取ならば世代に加へる制度を設けるもよし、次男や弟たちならば、之を初代にして分家を出す計画を立てるのもよい」という。人生を中断せざるを得なかった戦死者たちも、家によって「祖霊」信仰のなかに組み込むことができるという〔柳田 一九四六：二五二頁〕。

『先祖の話』を到達点とする、柳田民俗学の祖霊信仰学説の思考、それは「祖霊」信仰の文脈に含まれない戦死者たちまでをも、「祖霊」信仰に組み込もうとしていた。柳田民俗学は、多様な霊魂を「祖霊」へ同化させることを目的としている。

柳田民俗学は、「常民」および彼らが維持してきたとされる「祖霊」信仰に、被差別部落民および

「祖霊」以外の多様な霊魂を同化させようとする意志のもとに形成されていた。

しかしそれは、有泉がいう転換を経て形成されたものではない。

その出発の時期から、「常民」への同化、また、「祖霊」への同化のための社会政策であった。その同化政策的志向は一貫する。

4　関係概念としての「常民」

「常民」とそうならざる人々

柳田民俗学は、被差別部落民など多様な人間を「常民」へ、また、多様な霊魂を「祖霊」へ、多元的な存在と観念とを「常民」へ一元化させようとしていた。

それは、その初期も後半も異なることはなく、「常民」ではない人たち、また、「常民」以外の生活・観念を、「常民」との対応関係において把握しようとする姿勢に貫かれていた。概念としての「常民」は、単独に設定された概念ではなく、そうではないものとの関係概念（対概念）として想定されている。

この柳田民俗学の「常民」概念の内容をとらえつつ、それによりさらに、その被差別部落民研究を掘り下げてみよう。

よく知られているように、柳田民俗学が「常民」概念をもっとも頻繁に使用するのは、一九二〇年代後半以降である。しかし、この「常民」概念は、初期の早い段階から散発的に使用された。たとえば、「「イタカ」及び「サンカ」」（一九一一－一二）では、被差別部落民の原初的姿を漂泊するサンカに見ながら、サンカと「常民」とを対比させつつ次のように述べる。

サンカの徒が普通人の零落して偶々変形したる者に非ざる一証としては彼等の間に完全なる統一と節制とあることを述べざるべからず。勿論常民の此仲間に混入したる者は少なからざらんも、此等一代サンカは決して勢力を得る能はざるのみならず十分に既存の不文法に服従し去り終《つい》に慣習の一部分をも変更し能はざるが如し。〔柳田 一九一一b：四六八頁〕

サンカは、「普通人」が零落したのではなく、その固有の秩序により、「常民」とは異なる生活を維持してきた人たちであるという。サンカの独自性を強調しつつも、それは「常民」との対比によって説明されている。

また、被差別部落民ではなく、農民ではない人たちとの対比のなかで「常民」が使用されることもあった。

たとえば、一九一六年（大正五）一二月、『郷土研究』第四巻第九号に掲載した短報「マタギと云ふ部落」（「山崎千束」のペンネームで発表）では、マタギ集落の人たちが「夏中は耕作に従事し冬だけマタギに出るので、常民と著しく変つた所は無い。強ひて特色を求むれば年中犬を連れあるくと云ふ位なものである」として、狩猟者のマタギと「常民」とを対比する〔柳田 一九一六：三〇頁〕。また、一九一七年（大正六）一月、『郷土研究』第四巻第一〇号に掲載した短報「鍛冶屋の話」（「板垣小棠」のペンネームで発表）でも、「石黒忠篤氏の話に。越後の片貝村では池津に行く村はづれの処に鍛冶屋住し、些《すこ》しく常民より軽視せられて居る」として、鍛冶屋と「常民」とを対比する〔柳田 一九一七：六〇頁〕。

このような柳田民俗学の「常民」とそうではない人たちとの対比は、次のような、一九二一年（大正一〇）一月から五月にかけて、『中央仏教』（第五巻第一号－第五号）に連載された「俗聖沿革史」における、和歌山県のヒジリ、被差別部落民をあつかった文章において、もっとも顕著であろう。

此地方（和歌山県－引用者）に於てヒジリと称し、例令《ママ》農作を以て主たる活計として居ても、猶《なお》常民が縁組を躊躇《ちゅうちょ》する一種の家は必ず別に特殊なる職業を兼ねて居た。例へば伊都郡神野々の聖村は職業がオンバウ即ち火葬取扱人で、其土地の小学は極楽菴である。葛城山の麓に接した那賀郡山崎庄の原村なども、慶長の検地帳には聖村とあり、村民は行基菩薩の教を奉じて居るから、聖の教に従ふ村と云ふ意味だと謂つたさうだが、世間からは又之をオンバウ村とも呼んで居たのは、即ち所謂御坊聖（オンバウヒジリ）の村だつたことを証して居る。〔柳田 一九二一：八〇－八一頁〕

和歌山県ではヒジリ、阿弥陀聖・勧進聖・高野聖などが、「常民」から結婚差別を受けていた。なぜならば、彼らは「隠亡」、火葬執行者でもあったからであるという。被差別部落民が「常民」との対比において浮きぼりにされている。

柳田民俗学の「常人」

もっとも実際には、柳田民俗学の被差別部落民研究の論考をひもとくとき、「常民」よりも頻繁に使用されているのは「常人」であった。同義語と考えてよいが、初期の柳田民俗学においては「常民」よりも「常人」の方が多い。

たとえば、一九一四年（大正三）一月にかけて、『郷土研究』第一巻第一一号に掲載した「筬《おさ》を持てる女（巫女考の十一）」（「川村杳樹」のペンネームで発表）では、「近世の箕直《み》し乞食」と「常人」とを対比させ、次のように述べる。

近世の箕直《み》し乞食の徒にも袋は其特色ある携帯品の一つである。自分が遠州で聞いて来た所では、乞食の袋に二つの種類があつて、布の袋を持つ方は何時でも足を洗つて只の人に成れるが、今一方の袋は世襲の身分であるから捨てられぬ。而して其袋は何か一種の植物で編んだ物と云ふことであつた。（中略）今の箕直しの如きも別に賤しい業務でも無いのに、常人が競争しなかつたのはどこにか彼等に及ばぬ点があつた為であらう。〔柳田 一九一四：六頁〕

「常人」と対比させ、漂泊する「近世の箕直し乞食」の宗教的卓越性を示唆する。

「所謂特殊部落ノ種類」（一九一三）では、「非人」と「常人」とを対比させ、「非人トハ乞食ノコト、思フ者アリ、或ハ又常人ガ貧乏シテ乞食ヲスル状態ヲ意味スル者ト思フ者」があるが、「非人」は「常人」とは異なる職種に位置する。また、「鉦打」と「常人」とを対比させ、「千葉茨城辺ニテ葬式ニ頼マル、念仏ノ衆ハ勿論皆常人ナレド、鉦打ハ以前此事務ト深キ関係ヲ有セシカト察セラル」として、関東地方では、かつて「鉦打」が「念仏ノ衆」ではなかったかという〔柳田 一九一三a：一〇七頁〕。

「常人」の使用例は、この二例にとどめておくが、初期の柳田民俗学は被差別部落民について、それを「常民」「常人」概念と対比させることにより説明していた。

なお、「平民」も柳田においては類義語であるが、「平民」は「常民」「常人」と同義のばあいもあるが、ふつうの「平民」、明治の新語「四民平等」の「平民」の意味で使用されているばあいが多いように思われる。

関係概念「常民」⇕被差別部落民

初期の柳田民俗学の被差別民研究は、被差別部落民の「常民」への同化政策が目的としてあった。そうであるがゆえに、「常民」概念の定置は、おのずと被差別部落民との相対的関係において形成された。実態的には、ふつうの農民、小農がそれに対応するが、そこで意味されていることは、

「常民」⇕被差別部落民

の関係性である。

さらに、初期の柳田民俗学に即していえば、このあと検討するように、

「常民」⇕山人《やまびと》

の関係性もあった。

いずれにせよ、「常民」とは単に小農を示す実態概念ではなかった。「常民」とは、被差別部落民・山人との相対的関係において設定された関係概念であり、彼らを「常民」に同化させることを目的とした設定であった。そのような意味では、従来あった、「常民」概念をして小農を意味する単独の実態概念としての把握は〔福田 一九八四：二二〇－二二七頁〕、一面的把握にすぎないといえよう。

5 文化概念としての「常民」

関係概念「常民」（大和民族）⇕山人（先住民族）

柳田民俗学の被差別部落民研究を掘り下げるために、被差別部落民との関係概念として設定された「常民」概念の内容を、もうすこし検討してみよう。

初期の柳田民俗学には、被差別部落民研究とともに、山人＝先住民族論とでもいうべき山人研究があった。

その山人研究を要約的にいえば、天皇を中心とする大和民族が日本列島に渡来した時点ですでに先住民族がいた。大和民族はその先住民族を支配し同化させることにより、混淆・融合し日本民族が形成された。しかし、その先住民族のうち、大和民族に同化せず、それを拒否した人たちが深山にのがれ、独特の生活様式を維持し山中を漂泊する山人として残存した、というものである。

一九一三年（大正二）三月から一〇月にかけてと一九一七年（大正六）二月、『郷土研究』第一巻第一号・第一巻第二号・第一巻第六号・第一巻第七号・第四巻第一一号に連載した「山人外伝資料――山男山女山丈山姥山童山姫の話」（「久米長目」のペンネームで発表）、『山の人生』（一九二六）所収の「山人考」（一九一七年一一月一日、日本歴史地理学会第一〇〇回談話会記念大会公開講演）が、その山人論の代表作であろう。この山人論のなかで、山人との相対的関係において「常民」をとらえようとする柳田の思考が顕在化している。

「山人外伝資料――山男山女山丈山姥山童山姫の話」は、次のようにはじまる。

拙者の信ずる所では、山人は此島国に昔繁栄して居た先住民の子孫である。

〔柳田 一九一三b：三九頁〕

続いて、先住民族が大和民族に同化させられていく過程、および、山人としての残存が説明される。「山人考」では、この先住民族の末裔としての山人と「常民」とが対置され、「上古史上の国津神が末二つに分れ、大半は里に下つて常民に混同し、残りは山に入り又は山に留まつて、山人と呼ばれた」という〔柳田 一九二六：二六五頁〕。ここでは、天皇を中心とする大和民族が「常民」とされ、いっぽうで、それに支配され同化させられていく先住民族の末裔が山人とされる。

「常民」（大和民族）⇕山人（先住民族）

という関係概念の設定であった。

被差別部落民研究では、「常民」⇕被差別部落民が関係概念として設定されているとき、「常民」

概念の内容はふつうの農民、小農であった。しかし、この山人論の「常民」⇕山人の関係概念では、「常民」として意味される内容は天皇を中心とする大和民族、日本人ということになる。「常民」が相対的関係で設定される関係概念であるために、その関係性のとり方によって、「常民」の意味される内容に微妙な偏差が生じている。

しかし、こうした相違があるからといっても、柳田民俗学はそれらを矛盾なく使用していた。

「常民」（大和民族）の稲作農耕文化

それでは、この「常民」⇕山人の相対的関係において、「常民」を意味する大和民族とは、どのような存在であると考えられたのであろう。

初期の柳田民俗学の論考から、その思考を対応させてみよう。

一九〇九年（明治四二）一一月、『山岳』第四年第三号に掲載された「山民の生活」という、山村の焼畑および切替畠を概観した論考がある。山村の人たちは、次のような特徴を持つという。

> 唯焼畑を作つ《ママ》て衣食を営むと云ふことが決して大和民族の特性とは言はれぬばかりです。然らばその新参の我々祖先が生活の痕跡は何れの点に求めるかと申しますと。自分はそれは稲の栽培耕作だと答へたいのであります。〔柳田 一九〇九：九六頁〕

大和民族としての山村の人たち、彼らは深山にまで進入し焼畑および切替畠で作物栽培をしている。続けて次のようにいう。

我々の祖先の植民力は非常に強盛でありましたがそれにも明白に一の制限がありました。如何なる山腹にも住む気はある。食物としては粟でも稗でも食ふが。唯神を祭るには是非とも米が無くてはならぬ。今日の考では解しにくいが昔の人の敬神の念は中々生活上重要なものでありました。そこで神には粢《しとぎ》なり神酒《みき》なり必ず米で製したものを供へねばならぬ故に。仮令《たとい》一反歩でも五畝歩でも田に作る土地の有ると云ふことが新村を作るに缺くべからさ《ママ》る条件であったのです。

〔柳田 一九〇九：九六－九七頁〕

山村で生活する人たちは、日常食として、粟・稗など焼畑および切替畠での作物を食べるが、祭のときの儀礼食は、粢あるいは神酒など米を原材料とした食物であった。大和民族は、畑作物（雑穀）を日常食としていても、儀礼食には稲作（米）による栽培作物文化があるという。柳田民俗学は大和民族の文化的結合紐帯に、稲作農耕文化をおいている。

実態的な関係概念としての「常民」のなかに、その性格をあらわす文化概念、従来使われてきたいいまわしを使えば、「常民性」概念が設定されていたことになる。その初発から関係概念であった「常民」は、同時に、その初発から「常民性」概念、関係概念のなかに文化的特徴をも包含する概念でもあった。関係概念としての「常民」は、稲作農耕文化を文化的結合紐帯とする性格、「常民性」を伝承する存在であるとされた。

そのような意味では、かつて一般的であった「常民」イコール「常民性」論、「常民」とは実態概念ではなく文化概念としての「常民性」と同義であるとした通説も、きわめて一面的であった。たとえば、一九六七年（昭和四二）三月、『日本民俗学会報』第四九号に発表された竹田聴洲「常民という概念について――民俗学批判の批判によせて」は、「常民」および「常民性」の具体的内容には言及しないまま、「常民」とは地域および階層とを超越して保持される文化概念としての「常民性」であるとしたが［竹田 一九六七：四－五、九頁］、これなどはその代表といってよいだろう。

6 「常民」概念と差別の研究

精神的同化のための柳田民俗学

柳田国男の「常民」概念について、これまで論じたことを整理してみよう。

「常民」概念とは、実態的な関係概念として、被差別部落民との相対的関係において、また、先住民族の末裔とされた山人との相対的関係において設定された。しかし、その中心は、同化されるべきとされた被差別部落民や山人にあるのではなく、あくまで「常民」にあり、被差別部落民や山人を劣位に位置づけた関係概念の設定であった。

それのみならず、この「常民」概念には、文化概念として、稲作農耕文化としての意味が包含されていた。

やがて、一九三〇年代以降の柳田民俗学が、『先祖の話』（一九四六）などにより、総合的学説としての「祖霊」信仰学説を完成させていくとき、「常民」の稲作農耕文化は、その「祖霊」信仰学説の一要素にもなる。

柳田民俗学は、その初発から、「常民」中心の、また、そこへの同化を目的とする思想、社会政策的視点によっていた。その「常民」への同化思想が、のちに、「祖霊」であり、稲作農耕文化であり、はたまた氏神であり、それらを精神的結合紐帯とさせようとする精神的同化のための研究を展開させる。

差異と差別

柳田民俗学が、被差別部落民を研究対象としていたからといって、差別を研究していたといえるのであろうか。

明らかに、そうではなかった。

個々の人間のあいだ、また、集団のあいだ、そのいずれであっても、差異のない人間、また、差異のない集団はない。しかし、差別は、単なる差異ではなく、差異のある人間のあいだ、また、集団のあいだに、強者と弱者の関係が存在し、前者が後者を、物理的かつ精神的に、さらには、身体感覚として、劣位な状態におとしめる。それにより、前者は後者に対して優位性を確保する。

差別は、ふだんはあらわれていなくても、たとえば、結婚差別のように、決定的な契機に顕在化する。差異をして、差別にまで質的転換を与えるのは、社会経済的条件であり、政治的条件であり、また、それらの歴史的蓄積であり、さらには、多様な生活上の条件が複合的にからまりあっていることであろう。

部落差別研究だけではない。たとえば、性差別であり、人種差別であり、優位にある個人・集団を中心とした思考によって、劣位にある個人・集団を、そこへと同化させることを目的とし、また、その目的に即した学問体系を持つことが、差別をめぐる研究であるといえるだろうか。あるいは、実践であるといえるだろうか。

柳田民俗学が、被差別部落民に対して差別をする側を「常民」として相対的関係を設定し、それにより「常民」中心の被差別部落民研究を行なったことは、被差別部落民研究のひとつではあった。しかし、それは、差別研究としては成立し得ていなかった。柳田民俗学は「常民」の地点から、そうならざる他者を睥睨し、そこへの同化を目的とした。

一見、差別研究を行なっているようで、似て非なる柳田民俗学の被差別部落民研究があった。「常民」中心の柳田民俗学の被差別部落民研究は、民俗学の差別研究を遅延させる原因を作ったように思われてならない。そうであるがゆえに、折口信夫の「もの〻かげ」と赤松啓介の「非常民」は、卓抜であったといえよう。

もちろん、折口の「もの〻かげ」、また、赤松の「非常民」、両者ともが差別それじたいの研究として昇華し得ていたかどうかについては、疑問の余地がある。しかし、彼らは、すくなくとも、柳田民俗学のように、優位な地点から、差異のある人間・集団を、劣位な存在として睥睨してはいない。

いまさらながら、かもしれないが、差別研究は、これが第一歩であるべきであったのではないか。異なる存在として生きてきた人間が、他者とその体験を共有しようとすることは、厳密にいえば不可能である。しかし、すくなくとも、劣位とされる人たちの地点から、優位とされる人たちをとらえ、両者の相対的関係、また、複雑な存在の実態を解明すること、それが必要であったと思われる。また、現実には混淆しながらも、概念上は区別するべき差異と差別について、差異にひそむ多元的性格を認めつつ、差異がそれにとどまらず、優位者と劣位者との相対的関係として差別へと質的転換をとげている要因、その民俗学的解明の方法が模索される必要性があったように思われる。

差別に大きく関係する、人間の生物的差異、また、集団の文化的差異、こうした多元性の併存についての理解は重要であるとしても、それらと表裏一体であるかのように差別が存在するとき、近現代社会が他者理解および異文化理解の重要性を説く認識のありようじたいについても、それをときほぐす必要性があるのかもしれない。

第一二章　『風土記日本』の現代的課題

1　民衆社会史の視点

『風土記日本』と『日本残酷物語』

一九六〇年代から七〇年代にかけてよく読まれ、現代の古典といってよい民衆社会史的作品に、『日本残酷物語』全七冊（一九五九‐六二）がある。平凡社の編集者であった谷川健一（一九二一‐二〇一三）、民俗学者宮本常一（一九〇七‐八一）などの執筆者によって企画・叙述された。

この『日本残酷物語』には、それに先行して、同じく、谷川と宮本らによって創られた作品があった。

それが、これからその積極的意義を考察する『風土記日本』全七冊（一九五七‐五八）である。

分析視点からいえば、『風土記日本』が場を重視した日本列島の民衆社会史、地域史的な民衆社会史であるのに対して、『日本残酷物語』はテーマごとの縦割りによった民衆社会史である。『風土記日本』の主軸が空間と環境による場にあり、そこに即して歴史をえがくのに対して、『日本残酷物語』の主軸は編集者谷川と執筆者たちが「残酷」と認識する視点からの歴史叙述である。『風土記日本』

の場ごとの叙述は、おのずからある地域が主軸であるのに対して、『日本残酷物語』は「残酷」という特定の視点によるテーマ設定であった。視点の設定としてみれば、『日本残酷物語』の方が明快である。

六〇年安保をはさみ刊行された『日本残酷物語』には、安保賛成あるいは反対、そのどちらとも無縁な人たちの姿が「残酷」により切りとられていた。「残酷」と価値判断された人たちを、「残酷」によって浮かび上がらせていた。

いっぽう、『風土記日本』は、このような特定の価値判断を前面に押し出してはいない。地域ごとの民衆社会史が淡々とつづく。『風土記日本』が地域ごとの叙述であることにより価値判断を抑制しているのに対して、「残酷」の価値判断によって民衆社会史を切りとったのが、あとに続いた『日本残酷物語』であった。

『日本残酷物語』は『風土記日本』の延長線上にあるが、「残酷」の価値判断による切りとりは、この特定の視点による対象の客体化であり、対象を「残酷」な異文化として位置づける作業であったと考えることもできる。

『風土記日本』『日本残酷物語』のマルクス主義文献史学批判

『風土記日本　第一巻　九州・沖縄篇』（一九五七）の冒頭、全巻の「はじめに」は次のようにいう。

本叢書が、風土記の形式をとり、各地方の生活と文化を通じて、日本文化の本質をとらえようとするのは、従来の文化史の枠をやぶって、真の民衆の歴史を描こうとしたからにほかならない。これまでいわゆる日本文化史なるものは、中央の一部社会にかたよりすぎるか、さもなければ階級の緊張関係の上に組み立てられたものがほとんどであり、歴史の裏街道にかくれて生きた民衆社会の内部にいたっては、かえりみられることがあまりにも少なかった。

〔下中編 一九五七ａ：「はじめに」（ページ数なし）〕

『風土記日本』は、この時期一般的であった政治史中心の歴史観、また、階級概念によって歴史叙述を行なうマルクス主義文献史学を批判・否定していた。マルクス主義文献史学は民衆の歴史をかえりみていないといい、『風土記日本』はそうではない地点から民衆社会史をえがくという。

これについては、『日本残酷物語』も同様であった。その刊行最中の一九六〇年（昭和三五）三月、雑誌『民話』第一八号に掲載された岡本太郎（一九一一―九六）・深沢七郎（一九一四―八七）・宮本常一の対談「鼎談 残酷ということ――『日本残酷物語』を中心に」のなかで、宮本が次のようにいう。

ぼくなんかが歩いてみていると、みんなこの仕事を持って働いており、それぞれ精いっぱいに生きている――それを見ているとその場ではちっとも残酷ではないです。（中略）ところが、その同じ世界を、経済学者たちが分析しますと、階級闘争とかいろいろな形でとらえて、こういうふうに民衆というのはしいたげられている、こういういい方をしているんですね。そのしいたげられている方の生活の中に入ってみると、そういう人たちは自分がしいたげられているとも何とも思っていないで、力いっぱい生きているんです。そしてその生活を軽蔑しているか、というとそうでもない――やっぱりあるほこりを持っている――その関係をもっとはっきり出されてもいいんじゃないかと思っておったんです。

〔岡本・深沢・宮本一九六〇：九頁〕

マルクス主義文献史学の階級概念によって定置された、民衆イコール被抑圧者・貧困者といった固定観念への疑義が提出されている。

この時期、マルクス主義文献史学をリードした歴史学研究会の一九四九年（昭和二四）の大会テーマは「各社会構成における基本的矛盾とは何か」であった。原始・古代社会、封建社会における「基本的矛盾」を、資本主義社会では「一般的危機」をとらえ、その止揚のなかで「歴史の発展過程」をとらえようとしていた。この大会報告集は『世界史の基本法則』（一九四九）というタイトルで刊行されたために、このタイトルの方が知られるようになった。明治維新を絶対主義の確立と位置づけた遠山茂樹（一九一四－二〇一一）『明治維新』の刊行が一九五一年（昭和二六）、「国民的歴史学運動」に影響を与え「民族」を重視する石母田《いしもだ》正（一九一二－八六）『歴史と民族の発見』刊行が一九五二年（昭和二七）、『続 歴史と民族の発見』も翌年には刊行された。また、歴史学研究会の一九五一年（昭和二六）の大会テーマが「歴史における民族の問題」、翌一九五二年（昭和二七）のそれが「民族の文化について」であり、この時期、マルクス主義文献史学は「民族」および「民族」文化を重要課題としていた。

一九五七年（昭和三二）から翌年にかけて刊行された『風土記日本』全七冊は、これら『世界史の基本法則』、遠山茂樹『明治維新』、石母田正『歴史と民族の発見』などから一〇年も隔てていない。『日本残酷物語』全七冊であってさえもこれらから約一〇年後である。

このようなマルクス主義文献史学の全盛期、それが「アメリカ帝国主義」を念頭に日本「民族」と「民族」文化を重視した時代、それによっては民衆の歴史をえがくことができないと批判・否定し、日本列島の場に即した民衆社会史を叙述したのが『風土記日本』、「残酷」の価値判断によって叙述したのが『日本残酷物語』であった。

確かに、石母田の『歴史と民族の発見』(続も含めて)をひもといたとき、マルクス主義文献史学特有の、その価値基準により正誤(善悪)を分ける叙述が続く。また、その鍵である「民族」概念による実態把握では、たとえば、大衆文化であり、民俗文化としての「民話」「民謡」であり、それらに対する現実的理解を欠如した観念的で一方的な理解が目立つ。

「民衆史」とフィクション

いっぽう、一九六〇年代半ば以降、マルクス主義文献史学への批判・修正として文献史学内部におこってきた「民衆史」(「民衆思想史」)の潮流があった。時期的には近世後期から近代にかけてを対象とした思想史の分野から起こった。明治維新期から民権期にかけての豪農の民権思想を明らかにした色川大吉(一九二五―)『明治精神史』(一九六四)、近世後期から幕末期の通俗道徳を近代化過程の倫理意識として評価した安丸良夫「日本の近代化と民衆思想」(一九六五)、近世後期から明治末期までの思想史を階級意識の対抗軸とその止揚、展開過程のなかで通史的に叙述した鹿野政直(一九三一―)『資本主義形成期の秩序意識』(一九六九)が知られる。

年代的にみると、『風土記日本』『日本残酷物語』は、彼らの「民衆史」に先んじる。また、色川・安丸・鹿野がふつう「民衆史」といわれつつも、それは思想・意識に比重が置かれた「民衆思想史」であり、社会的現実そのものが中心的対象ではないために、『風土記日本』『日本残酷物語』の民衆社会史は、それらが社会的現実を中心的対象としたという意味で、彼らの「民衆史」とは異なっていた。

『風土記日本』『日本残酷物語』の同時代には、フィクションの世界で、これらに類似する視点の作品が相継いだ。中国地方の山村で人力による運送業をいとなむ主人公をえがいた山代巴《やましろともえ》（一九一二－二〇〇四）『荷車の歌』（一九五六）、伝説に取材して姥捨ての物語をえがいた深沢七郎『楢山節考《ならやまぶしこう》』（一九五七）、同じく深沢が戦国期甲斐武田氏の勃興と壊滅のなかに翻弄される百姓の世界をえがいた『笛吹川』（一九五八）、金閣放火焼失に取材しつつ丹後の山村を背景とした水上勉（一九一九－二〇〇四）『五番町夕霧楼《ごばんちょうゆうぎりろう》』（一九六二）などである。『荷車の歌』は一九五九年（昭和三四）新東宝から（山本薩夫監督）、『楢山節考』は一九五八年（昭和三三）松竹から（木下恵介監督）、『笛吹川』は一九六〇年（昭和三五）松竹から（木下恵介監督）、『五番町夕霧楼』は一九六三年（昭和三八）東映から（田坂具隆監督）、いずれも映画化され高い評価をうけた。

『風土記日本』『日本残酷物語』はこれらフィクションの世界における民衆への視点と、軌を一にした動向であったといってもよいかもしれない。

2　場からの民衆社会史

風土と地理

それではこうした状況のなかで刊行された『風土記日本』とは、どのような作品であったのだろう。

『風土記日本』全七冊は（〇数字は刊行の順番）、

第一巻　九州・沖縄篇　一九五七年（昭和三二）五月刊行　①
第二巻　中国・四国篇　一九五七年（昭和三二）一一月刊行　③
第三巻　近畿篇　一九五八年（昭和三三）六月刊行　⑤
第四巻　関東中部篇　一九五七年（昭和三二）八月刊行　②
第五巻　東北・北陸篇　一九五八年（昭和三三）三月刊行　④
第六巻　北海道篇　一九五八年（昭和三三）八月刊行　⑥
第七巻　総記・索引篇　一九五八年（昭和三三）一二月刊行　⑦

の構成をとる。

第七巻総記・索引篇を除いて、第一巻から第六巻までの六冊を地域別に分け、各地域における原始・古代から近現代までの民衆社会史が叙述される。各巻ともその最初には「序」がつけられ、各地域の風土と地理が概観される。

たとえば、第三巻近畿篇の「序」は、政治的中心地であった近畿地方を述べるにあたり、その地域的特徴に言及する。


アジア大陸から船でくると、その船は北九州から瀬戸内海にはいり、東にすすんで大阪湾でゆきづまる。そこからさらに航行するためには紀伊半島の南に出て太平洋の荒海にもまれなければならない。

造船技術のじゅうぶんすすまなかった時代には、ここから東への航行はできるだけさけて陸行した。しかも海をあがったところには広い平野があり、盆地があり、その東には伊吹、鈴鹿の諸山脈が南北につらなって、それから東の世界との間に大きい境をなしていた。

［下中編 一九五八ａ：二一―三頁］

アジア的規模で俯瞰すると、大陸から東アジアに東行したとき、近畿地方の地理的条件はその行き止まり、袋小路にあたるという。この袋小路であるために、文化は重層的に堆積し豊かになるとともに、さらにそのなかの小地域ごとで文化圏が形成されるという。

大陸や南方から船でもたらされた文化が、おのずから吹きだまりになるようにかさなりあって厚みのあるものになっていったのは当然のことであったが、しかし、地形のふくざつなために多くの地域にわかれていて、地域ごとの文化にそれぞれすこしずつの差がみられた。

［下中編 一九五八ａ：三頁］

政治的中心地についても、その地理的条件を視野に入れつつ、地域的特徴を重視する方法であった。他の巻でいえば、第一巻九州・沖縄篇では、この地域が、対馬を仲介地点として朝鮮半島・大陸と連続し、また、沖縄・南西諸島は東南アジアとも連続する、海洋性の高い地域であるという。第一巻九州・沖縄篇の叙述は、おのずと、海と船をめぐる叙述が多くなる。第五巻東北・北陸篇では、まずそこが雪国であるといい、時代的にはあとからの開発であったとして次のようにいう。

戦いにやぶれたもの、あるいは企業精神に富む人々が、未開の荒野を求めて、北へ北へと移動したのは当然のことであった。こうしてこの地帯がすばらしい米産地になってくるのである。と同時にそこには多くの危険があった。第一に長い冬のあることがその一つであり、また太平洋岸を寒流がおそくまで流れる年は、きまったように山々の上を雲がおおい、夏でも冷い雨を降らせた。

〔下中編 一九五八b：二頁〕

風土と地理を、その民衆社会史をえがくための避けて通ることのできない条件として、設定している。実態を欠如したところで観念的に民俗文化を「民族」文化として評価しようとした石母田正『歴史と民族の発見』などマルクス主義文献史学とも異なり、また、『日本残酷物語』のような「残酷」の価値判断によって切りとるのでもなく、逃れられない条件としての風土と地理をその分析の基本に設定している。

『風土記日本』は、人間と自然とのかかわりあいのなかでの民衆社会史が基本であった。

自然条件からの民衆社会史

このような総論をふまえて、風土と地理に関係づけたひとつひとつの民衆社会史が叙述される。たとえば、雪を重視する第五巻東北・北陸篇では、雪上にひくソリにふれて、次のようにいう。

雪の道の交通用具としてはふるくからソリが多く用いられた。（中略）越後平野の北から秋田地方へかけては、春三月の雪どけまえになって天気が続きはじめると、百姓たちは肥出しをはじめる。

家の前の広場に積んである堆肥をソリにのせ馬にひかせて田んぼの中に運ぶのである。白い雪の上に黒い肥塚が点々としてならびはじめると春らしさが日一日くわわってくる。雪のある間に肥を運ぶのがいちばん簡単である。思うところへソリ一つでもっていけるからである。

〔下中編 一九五八b：二〇八頁〕

水田に雪のあるうちに堆肥をソリで運んでおく。近年までみられた光景であった。人力のみで運ぶよりもはるかに楽であったことはいうまでもない。豪雪地域の雪を否定的にとらえず、そこでの社会事象を肯定的にみる。

豪雪地域の雪は冬季の農業労働を不可能にさせる。それによる出稼ぎにふれ、かつて全盛をきわめた北海道のニシン漁について、次のようにいう。

ニシン漁場へは三陸地方からの出稼ぎも多く、文化一五（一八一八）年ころ、北海道江差のニシン漁期には漁船が本州各地から三〇〇〇隻もあつまり、それを目あてに海岸には菓子屋、小間物屋がたちならび、また料理屋もできて、夜となく昼となく三味線の音がひびき太鼓が鳴り、江戸の両国の夜店を見るようであったという。しかしそこに働いている人々は津軽や南部の貧しい農民であり、百姓だけでは食えなかったのである。このようにして奥羽の北部のものは北海道開発につれて急に大きく北へ移動しはじめる。

〔下中編 一九五八b：三五三頁〕

北海道の開発が、北海道開拓使による政策を中心に叙述されるのではなく、東北地方貧農層の出稼ぎ過程において説明される。それは、ニシン漁の光と影としての叙述でもあった。

経済・産業からの民衆社会史

西日本の例もみてみよう。第二巻中国・四国篇では、海にかこまれたこの地域の、特に、瀬戸内海が重視される。たとえば、この瀬戸内海でかつて盛んであった製塩業について、揚げ浜式塩田から入り浜式塩田への過程を説明しつつ、江戸時代の寛文年間から元禄年間に盛んになった入り浜式塩田について、赤穂の技術が各地に伝わったという。

揚げ浜時代には海に面した村の乙名百姓たちが浜割をして農業の余暇に製塩したものだが、入り浜塩田をつくるには厖大な経費がかかる。小さな百姓の資本ではとうてい築造はむずかしい。そこで力あるものがその築立てに投資するようになる。力あるものとは町に住んでいる町人かまたはもとは相当の武士で、戦いにやぶれて帰農したようなものが多かった。そういう人たちは企業精神にとんでいた。〔下中編 一九五七b：二一一頁〕

製塩業は、瀬戸内海地域を代表する産業であった。そこで発達した入り浜式塩田にふれ、それが上げ浜式塩田に比べて、資本が大規模化しているとして、その社会経済史的発展についてもさりげなく述べている。しかし、『風土記日本』は、このような社会経済史に際しても、マルクス主義文献史学のような発展段階論にそれを位置づけることはない。あくまで瀬戸内海の場における地域史としてである。

また、同じ第二巻中国・四国篇では、阿波《あわ》徳島県の藍《あい》生産が近世蜂須賀《はちすか》藩の専売政策による発展であり、しかし、幕末・明治維新期以降は衰退したことにふれて、次のようにいう。

さすがの阿波藍も、時勢の流れに抗することはできなかった。江戸時代にも美濃、摂津、備前、讃岐、伊予、筑後などの藍作地帯があったが、幕末になって鎖国が解かれると、いちはやくインド藍が輸入され、明治にはいってからは株が開放された。ここに阿波藍の取引は、一時極度の混乱におちいったが、その後いくらかたちなおったものの、優秀で安価なインド藍の輸入は日一日とまし、かてくわえて、明治三四（一九〇一）年、ドイツで合成藍が工業化し、まもなくそれが舶来されると、阿波藍はさいごの大打撃をこうむった。それが阿波藍だけではなく、世界の天然藍の挽歌であった。

［下中編 一九五七b：二八六頁］

日本列島では棉花《めんか》栽培もこの藍とほぼ同様の歴史的過程をたどった。しかし、このような社会経済史を、マルクス主義文献史学におけるような資本主義の発達、世界市場の形成といった枠組で、一般化して終わらせるのではなく、具体的な阿波藍の栽培・生産と、阿波藍の地域経済的変容としてとらえている。

3 「自然に加えた人間の愛情」

『風土記日本』は、マルクス主義文献史学に典型的に示される、研究者・知識人が陥りがちな、思想性を前面に押し出した社会現象の客体化と価値判断を行なわなかった。マルクス主義文献史学では、その価値判断が正誤（善悪）による断罪にまでいたることがあるが、『風土記日本』の分析視点はあくまで場あり、対象とされた地域社会に身に寄せ、その上で、地域社会の歴史的変遷を理解できる構成をとる。

その方法が、その地域を理解するための総合的な民衆社会史を完成させていた。

石母田正『歴史と民族の発見』に所収されたエッセイのなかに、「村の歴史・工場の歴史」というよく知られた文章がある。これは二つのエピソードによって語られる。一つは、江戸時代の美濃国「平次郎」なる百姓の越訴《おっそ》（直訴）と極刑の義民伝承、もう一つは、池貝鉄工所のあるボーリング工の労働運動家の下積み的生涯である。「村の歴史・工場の歴史」はこの二つの物語を典型例として、「村」や「工場」にある「闘争の歴史」を掘り起こし、「日本の労働者階級全体の歴史のすばらしい進歩」を語った〔石母田 一九五二：二七九－二九一頁〕。それは、マルクス主義文献史学の人民闘争史観による、「村」「工場」の歴史の「発見」であり、それが石母田および当時のマルクス主義文献史学のいう「民族」文化であった。

しかし、そこでは、彼らの党派性をともなう特定の視点による社会現象の切り取りは行なわれたが、民衆社会の実態がかえりみられることはなかった。

いっぽう、宮本常一は『風土記日本』の第二巻中国・四国篇の『月報』のなかの文章「庶民の風土記を」のなかで次のようにいう。

人手の加わらない自然は、それがどれほど雄大であってもさびしいものである。しかし人手の加わった自然には、どこかあたたかさがありなつかしさがある。わたしは自然に加えた人間の愛情の中から、庶民の歴史をかぎわけたいと思っている。

〔宮本 一九五七：二一‐三頁〕

『風土記日本』が基本においた風土と地理とは、宮本常一の言葉を借りれば、「自然に加えた人間の愛情」によった、人間と自然とのかかわりあいであった。それを基本にすえて歴史をえがくことであった。

当時一世を風靡した石母田のような「村」「工場」の歴史の「発見」は、その観念的で一面的な社会現象の切り取りにより風化した。マルクス主義文献史学そのものの風化というよりも、マルクス・レーニンさらにはスターリンをも権威として「民族」と「民族」文化を語る、実態から乖離したその観念論と正誤（善悪）で断罪する姿勢の退潮であった。

いっぽう、『風土記日本』における、自然とのかかわりあいにおいて歴史を思考し叙述すること、それこそが現在的課題として甦る。

二〇一一年（平成二三）三月一一日の東日本大震災をはじめ、大地震・集中豪雨・台風など自然災害と、それらによる犠牲者の続出はあとを絶たない。自然は猛威をふるう。現代社会は自然から遠くなったように見えるが、自然は現代社会を直撃している。

自然とのかかわりあいを忘れがちな現代、しかし、その自然が猛威をふるう現代こそ、『風土記日本』における民衆社会史の方法を再検討すべき時代なのかもしれない。そのような意味でいえば、「残酷」を価値判断の基準とした『日本残酷物語』、一九六〇年代半ば以降文献史学の「民衆史」、またその後の社会史も、『風土記日本』で提唱された自然と人間のかかわりあいの歴史については継承できなかったといってよいだろう。

宮本のいう「自然に加えた人間の愛情の中から、庶民の歴史をかぎわけたい」の発展、それが谷川健一や宮本常一たちが現代に残した『風土記日本』の課題であるように思われてならない。

おわりに——二〇一一・三・一一 東日本大震災の記憶

花束

東日本大震災のあった二〇一一年（平成二三）年《とし》の瀬、岩手県上閉伊《かみへい》郡大槌《おおつち》町をたずねた。夏以来の二度目の訪問であった。夜行バスで早朝に着いた。アポイントメントをとっておいた寺院の副住職からお話をうかがったあと、被災後、はじめての師走を迎えるかつての市街地を歩いた。

川にはサケが遡上していた。

瓦礫がほぼ撤去されまっさらになったかつての市街地をはしる幹線道路脇に、倒壊をまぬがれた土蔵がひとつあった。写真46のように、大きめの容器が置かれ、花束が咲き乱れていた。夏に訪れたときと同じ光景である。

倒壊をまぬがれた鉄筋コンクリート三階建てがぽつんとあった。なんとその二階で喫茶店を営業している。廃墟とでもいうべきなかの喫茶店である。客はわたしひとり。

この喫茶店の窓からさきほどの土蔵をながめていた。問いかけたわけでもなく、店主のかたが、話してくれた。

お嫁さんとお孫さんを亡くした女のかたが、ほとんど毎日のように、この土蔵をおとずれて、花を手向けているという。遺体の発見場所ということであった。

ゼロ泊一日

東日本大震災の年、四月、わたしは父を亡くした。末期がんの宣告、一年半の介護の末であった。震災の三月一一日、すでに寝たきりに近く、みずから歩行できなくなっていた父を抱きかかえ、トイレを済まさせ、介護用ベッドに戻した。疲れてコタツにもぐり込みうとうとした。東北地方からはるか遠い、駿河湾に近いかつての農村、いまは住宅地となったこの土地でもドーンときた。父の死はそれから四〇日後であった。

わたしには、東日本大震災とその犠牲者のかたがたは、父の死と重なる。六月、四十九日が終わった。気持ちもすこし落ち着き、被災地を歩いてみようと思った。

夜行バスのゼロ泊一日をくりかえした。池袋あるいは新宿から夜行バスに乗る。早朝七時前には着く。前もってのアポイントメントはひとりだけにして、あとは地面をひたすら歩いた。夜、夜行バスに乗り、翌朝、東京へ戻った。

被害が甚大であった土地では、宿泊施設などみつけることはできなかった。岩手県大槌町・釜石《かまいし》市・陸前高田《りくぜんたかだ》市、宮城県気仙沼《けせんぬま》市・石巻《いしのまき》市・女川《おながわ》町・東松島《ひがしまつしま》市・亘理《わたり》町・山元《やまもと》町。

仮設住宅

震災の年、一二月はじめ、陸前高田市をおとずれたときである。午後五時には真っ暗となった。瓦礫が撤去された夜の市街地跡には闇しかない。

それを抜け出し、気仙川東側の仮設店舗の多いところまでたどり着いた。仮市庁舎（といってもプレハブ）前バス停、池袋行き夜行バスが午後九時五一分発なので、寒さをしのぐために、仮設店舗のいくつかをうろうろする。

ひとつ食べ物を買い暖をとり、また、隣の仮設店舗で……、とそれをくりかえした。地元資本のスーパーの店長さんから不審がられてしまった。このスーパーから出て隣のコンビニエンスストアに入ったとき、店長さんがやってきた。

写真46　手向けられた花束（岩手県上閉伊郡大槌町）
2011年12月20日

といっても、悪いことをしているわけではないので、夜行バスを待つ間、寒さをしのいでいると説明したところ、納得してくれた。

連れて行ってくれたのは、このスーパーの従業員控室。ストーブをつけてくれた。いったん出て行った店長さんが戻ってきた。

「うちへ来ないか」「昨日の残りだけれども鍋がある」

「仮設だけどな」

というわけで、この店長さんの車に乗せてもらい、五分ほど走っただろうか、仮設住宅へ着いた。夫妻と子供が四人、六人家族で、三部屋ある仮設住宅ということだった。奥様が稲荷寿司も出してくれて、鍋と稲荷寿司で、店長さんとコタツをかこんだ。家は全壊（というよりもすべて流された）が、幸いに、ご家族や近親者では、犠牲者はいないということだった。震災時の状況や、仮設住宅での生活ぶりを、聞くともなしに話してくれた。

「それでは行くか」

バス時刻の午後九時五一分近く、車に乗せて送ってくれた。信号機があるわけでもなく、すぐ、仮市庁舎前バス停に着いた。

子を亡くした母

宮城県では、震災直後、収容された遺体の火葬ができず、いくつかの市町で遺体の仮埋葬が行なわれた。

七月、宮城県石巻市で、複数あった犠牲になった方々の仮埋葬地のひとつをおとずれたときのことである。ある年配の方と炎天下での立ち話になった。

家は高台にあるために、震災時には孤立したが、被害はほとんどなかった。しかし、三〇歳前のご令息を津波で亡くした。遺体は、ちょうど四十九日の日、ある民家の片隅で発見された。時間が経過しているにもかかわらず、遺体の損傷は少なく、身元確認のあと、仮埋葬された。仮埋葬からの火葬は、石巻市が順番に行なうが、自分たちで重機を使い遺体を掘りおこし、他市の火葬場に依頼して火葬した。

津波によるご令息の死去、仮埋葬、それの掘り起こしと火葬、それらから、いくらも時間がたっていない。淡々と話してくださった。

「いま買い物から帰ってきたところ」

「これをどうぞ」

お茶のペットボトルをくださった。

妻を亡くした夫

同じ七月、石巻市で、また、別の仮埋葬場のひとつをおとずれたときだった。遺体安置所が置かれた仮埋葬場には、担当の市役所職員、県警（および他県の警察官）が常駐していたが、この仮埋葬場には、だれひとりいなかった。順列に仮埋葬され、それぞれに番号札が立てられてあった。花束のあるもの、位牌のあるもの、遺影があるもの、番号札だけのものもあった。

ひとりの年配の男性が自転車でやってきた。ある番号札の前に手を合わせていた。こんな話をしてくれた。

三月一一日は家にいた。津波が襲ってきたとき、一階にいた妻は流された。二階にいた自分は流されなかった。厳寒のなか四日間孤立した。食料はなかった。屋根にのぼり救助を求め、自衛隊に救出された。石巻市内でアパートを借りることができ、いまは、ひとりでその部屋に住んでいる。この番号札の仮埋葬は、遺体で見つかった妻のものである。市から通知がきた。五日後、この仮埋葬を掘りおこし、火葬する。遺骨を受け取りに行くが、当分は、アパートの部屋に置く。

津波は四回、襲ってきた。一回目と二回目が大きく、砂・土とともに襲われ、このときさらわれた人たちはなかなか遺体が見つからない。三回目と四回目はやや小さく、砂・土も少なく、ここでさらわれた人たちは見つかる人たちが多い。震災から四ヶ月たったが、まだ葬儀をやっていない。おたがいに迷惑になるので、できるものではない。

三年前、勤めていた工場を定年退職した。家は破壊された。住宅ローンはまだ残っている。これから旅行に行くなど、楽しもうと思っていたが、それもできない。どうやって生きて行こうかと考えている。

淡々と静かに話してくださった。

「なにもやることがない」

「毎日自転車でここにくるしかやることがない」

「火葬された遺骨を受け取ったあとは何をしようかと思う」

仮埋葬

石巻市は、海岸線に面した平地が壊滅的打撃を受けた。石巻市でも、

写真47　手向けられた花束（宮城県石巻市）2011年7月8日

写真48　自衛隊災害派遣車輌（宮城県石巻市）2011年7月1日

壊滅した住宅地・市街地で、写真47のような手向けられた花束が目についた。そして、七月でも、写真48のような自衛隊の災害派遣車輌が走っていた。

石巻市では、遺体収容所・仮埋葬地で、犠牲者・遺族への配慮を優先しつつ、市役所の担当職員、他県からの応援の担当警察官が、くりかえし対応してくれた。

しかし、担当者からの話で、現時点でも、記しても可と思われることは、次のようなことくらいであろうか。七月・八月までの段階では、瓦礫の撤去作業のなかで遺体が見つかることも多く、それは完全体であった。しかし、秋に入り、一一月段階では、もはや完全体は少なく、海浜・海中などからの離断遺体の収容になった。

写真49　仮埋葬場所入口（宮城県東松島市）2011年7月8日

写真50　仮埋葬地（宮城県東松島市）2011年7月8日

写真51　仮埋葬地（宮城県気仙沼市）2011年7月12日

石巻市の西隣の東松島市でも、**写真**49の「東日本大震災 犠牲者埋葬場」の案内板のもと、仮埋葬場が設営された。**写真**50がそれである。東松島市では一ヶ所に約三八〇体が仮埋葬された。石巻市でもそうであったが、焼香所が設置された。東松島市では、仮埋葬の段階での身元判明者と不明者との区画を分けていた。身元判明者の仮埋葬場所には、地区と氏名が記され、花束・水などが手向けられてあった。生前の写真が置かれているもの、結婚式のツーショットもあった。おもちゃ・鯉のぼりが供えられたものもあった。

気仙沼市でも、**写真**51のように、仮埋葬が行なわれた。海岸に面した平地の被害は甚大であった。石巻市、岩手県大槌町などでもそうであったが、気仙沼市では火災もあった。また、津波により流され陸上にそのまま残された船舶も多い。気仙沼市では大型船舶が多かった。**写真**52は、七月でも残るそのような大型船舶と自衛隊災害派遣車輌である。

遺骨の安置——陸前高田市

岩手県陸前高田市は、その市街地全体が津波により壊滅した。**写真**53は、震災の年、八月時点での、瓦礫がほぼ撤去された陸前高田市旧市街地を俯瞰したものである。

写真52　陸に残された大型船舶と自衛隊災害派遣車輌（宮城県気仙沼市）2011年7月12日

写真53　陸前高田市旧市街地（岩手県陸前高田市）2011年8月11日

犠牲者の仮埋葬が行なわれた宮城県に対して、岩手県では、犠牲者の遺体を他県・他市町村へ搬送して火葬を行なった。しかし、市庁舎さえもが全壊した陸前高田市では、戻された遺骨、特に、身元不明者については、収容する場所がなかった。

被災をまぬがれた寺院が身元不明者の遺骨を収容した。陸前高田市の普門寺《ふもんじ》（曹洞宗）という古刹《こさつ》が、市からの依頼により、その本堂に身元不明者の遺骨を安置した。**写真54**は、その庫裡《くり》の玄関に貼られた案内、**写真55**は、安置された遺骨である。震災の年の八月一一日時点で約一六〇体が安置されていた。

写真54　震災犠牲者遺骨安置の案内（岩手県陸前高田市米崎町 普門寺）2011年8月11日

震災のあと、四月に入り、陸前高田市では、犠牲者の遺体を千葉県など関東地方の火葬場に搬送、火葬された遺骨を再び市内に戻すという作業をくりかえした。ある運送業者がそれにあたった。戻された遺骨が普門寺本堂に安置された。四月当初は、一日に数十体の遺骨が戻されることすらあったという。安置された身元不明者の遺骨は、もっとも多いときで約四〇〇体、六月時点でも、約三四〇体を数えた。DNA鑑定などにより身元が判明し、遺骨が遺族に戻されていった。

その身元不明者の遺骨が、八月一一日時点で、約一六〇体にまで減った。一二月八日時点では、五三体にまで減った。

しかし、身元が判明しても、遺族が仮設住宅などにいるなど事情があり、遺骨を引き取ることができないばあいは、本堂奥に別に祭壇が設営され、遺骨があらためて安置された。普門寺を檀那寺とする犠牲者と、そうではない犠牲者があったが、写真56のように、位牌・遺影などが置かれた。

震災犠牲者の葬儀と法要――陸前高田市

普門寺は市街地の北側、やや内陸の農村部にある。その普門寺を檀那寺とする家々でさえも、約一〇〇人の犠牲者が出た。

震災直後は葬儀もなかった。ライフラインが壊滅した。たとえば、普門寺では、ボランティアの援助物資、発電機によって、ボイラーを起動させ、はじめて風呂をわかしたのが三月二一日、はじめてテレビが点いたのが三月二三日、市の上水道再開が五月二九日であった。特に、震災直後は、電気がないために暗闇となり、盗難、ガソリンが抜かれる、などの噂がながれた。実際には、これらは噂にすぎなかったようであるが。

普門寺では、もっとも早い葬儀は三月末だった。四月に入ると、犠牲者のうち、身元判明者は、葬儀ができるようになり、連日、葬儀が続いた。同日に複数の葬儀が続く日もあった。たとえば、四月三日は、次のような状態であった。

九時火葬場（陸前高田市）で法要、九時三〇分葬儀、一一時葬儀、一二時三〇分葬儀。昼までに、三人の葬儀が行なわれた。そして、午後に入り、二時三〇分火葬場（大船渡市）で法要、引き続きこの犠牲者の通夜、六時この犠牲者の葬儀である。一日のうちに、火葬場での法要が二回、葬儀が四回である。

身元判明者については、震災からかぞえて四十九日前に、ということで、四月中の葬儀が多かったという。しかし、葬儀のあとの初七日法要などは、行なうことができる状態ではなかった。

身元不明者は、徐々にその身元が判明していったとはいえ、その数は多かった。その遺骨を安置した普門寺では、ヒャッカニチ（百か日）に際して、施食会《せじきえ》法要を行なった。といっても、身元不明者は、無縁状態にあるので、施主が存在しない。そこで、形式上、普門寺住職が施主となり、施主となった住職が同宗岩手県宗務所長に供養を依頼する形式をとり、施食会法要を行なった。また、寺院では宗派を問わず、毎日のオットメがあるが、普門寺では、そのオットメを、東日本大震災殉難者全

写真55　安置された身元不明者の遺骨（岩手県陸前高田市米崎町 普門寺）2011年8月11日

写真56　安置された身元判明者の位牌・遺影・遺骨（岩手県陸前高田市米崎町 普門寺）2011年8月11日

体に対しての供養とした。

震災の年の八月は、犠牲者の新盆（初盆）であった。葬儀を行なっていなかった遺族が、この新盆の前に、七月から八月はじめにかけて、葬儀を行なった。行方不明のままであっても、このころになると、やむを得ず、遺骨がないままに、葬儀を行なう遺族もあった。普門寺を檀那寺とする家々の犠牲者の新盆は、個々に行なうことは不可能であり、本堂での合同供養となった。これについては、四十九日法要、ヒャッカニチ法要も同じであった。

死を認めたくない気持ち――陸前高田市

震災直後、行方不明者を出した遺族が、捜索また身元確認のために遺体安置所へ行った。そんなとき、遺体がない、また、身元確認ができないと、かえってほっとする、そんな遺族もいたという。

普門寺では、合同の四十九日法要を行なったころは、行方不明のままの犠牲者を持つ遺族には、その死を認めたくない気持ちを持つ人が多かったという。それが、合同のヒャッカニチ法要を行なったころには、行方不明のままでも、その死を認める気持ちを持つ遺族が増えてきたという。

しかし、震災から約一〇ヶ月が経ったこの年の年末の時点でも、普門寺を檀那寺とする家で、行方不明のまま、葬儀が出されていない犠牲者が約一〇人いた。遺族にとって、その死を認めたくない気持ちがいまだ強かった。

遺骨の安置――大槌町

岩手県大槌町も、その市街地全体が津波により壊滅した。**写真57**は、震災の年の七月、線路も撤去された大槌駅跡からみた旧市街地のすがたである。

大槌町では、死者・行方不明者の総数が一五〇〇〇人余を数えた。震災時点での町の総人口は約一五〇〇〇人であった。町民の約一割が震災の犠牲になった。震災の年、七月一七日時点の死者・行方不明者の合計は一五六二人であった［大槌町 Website：http://www.town.otsuchi.iwate.jp/gyosei/ 最終閲覧二〇一一年七月一七日］。

○死者　七八九人
身元確認済　五四三人
役場引き取り（身元不明者）　二三三人
安置遺体　一三人
○行方不明者　七七三人

写真57　大槌駅跡からみた旧市街地（岩手県上閉伊郡大槌町）2011年7月27日

震災からすでに四ヶ月余がたっていた。その時点でも、死者（七八九人）と行方不明者（七七三人）がほぼ同数であった。そして、死者のうち約三割（二三三人）がいまだ身元不明であった。この数字をみるだけでも、その津波による被害がいかに甚大であったかをうかがうことができる。大槌町民では、近親者・友人などに犠牲者がいない人、また、家屋・耕地などに被害をこうむらなかった人の方が少ないといってよいだろう。

大槌町は、海岸に面した市街地と、山を越えてその北側の吉里吉里《きりきり》地区とに分かれる。市街地には三ヶ寺ある。そのうちの二ヶ寺が被災した。火災の起こった大槌小学校のすぐ西側にある大念寺《だいねんじ》（浄土宗）だけがかろうじて被災をまぬがれた。もっとも、大念寺を檀那寺とする家々、約六〇〇軒のうち、犠牲者は二〇〇人、震災後、仮設住宅による生活を余儀なくされたのは約九割であった。

避難所また仮設住宅などでの生活により、犠牲者の遺骨を安置する場所がない遺族が多かった。そうした遺族が、遺骨の安置を大念寺に頼むようになった。他寺が被災し、また、住職が犠牲になった寺院もあり、宗派・檀那寺を問わず、大念寺では、犠牲者の遺骨の安置を受け入れた。口コミで広がり、多くの町民から依頼された。もっとも多いときで三〇〇体の遺骨を安置したという。徐々に引き取られていったが、震災から約四ヶ月余がたった七月二七日時点でも、本堂奥には約二〇〇体の遺骨が安置されていた。**写真58**が、本堂奥、位牌堂に並べられた犠牲者の遺骨・遺影・位牌である。上段は大念寺を檀那寺とする家々の寺位牌であるが、その下段には所狭しと震災犠牲者の遺骨・遺影・位牌が安置された。

大槌町は、震災により役場庁舎が壊滅、町長をはじめ三〇人余の役場職員も犠牲になり、四〇人余の消防関係者も犠牲になった。震災犠牲者の遺体は、最初、遺体安置所に収容された。岩手県警による検死が行なわれた。そのあと、犠牲者の遺体の管理は町役場となり、町役場の管理のもとで火葬された。遺族によっては、自力で火葬場を探し火葬を行なう人たちもあった。遺骨は、身元判明者については、遺族に戻されたが、身元不明者については、町役場の管理のままとなる。

しかし、大槌町では、役場庁舎が破壊され、仮庁舎であり、役場職員さえ多くが犠牲になった。大念寺では、町役場からの依頼により、身元不明者の遺骨を引き受け安置した。徐々に身元が判明し引き取られていったが、もっとも多いときで、約二〇〇体、震災から約四ヶ月後の七月二七日時点でも、約一〇〇体の身元不明者の遺骨が安置されていた。写真59が、本堂横に安置された、この身元不明者の遺骨である。DNA鑑定などにより徐々に判明していったが、震災の年の歳末時点でさえも、約四〇体が安置されていた。

身元不明者の判明については、夢による予知、こんな話もあった。

写真58　震災犠牲者の遺骨・遺影・位牌（岩手県上閉伊郡大槌町 大念寺）2011年7月27日

写真59　身元不明者の遺骨（岩手県上閉伊郡大槌町 大念寺）2011年7月27日

夫と父を亡くした女性が、行方不明となった父を探していた。父がトイレに近いところにいる夢をみたという。この方が、父を探して、大念寺にきた。安置された身元不明者の遺骨の上を、順番に手をかざしていった。ひとつの遺骨に対して「ここが暖かい」と言った。DNA鑑定の結果が出た。その結果は、この方が手をかざし「ここが暖かい」と言った遺骨の隣の遺骨であった。遺骨は引き取られた。

確かに、身元不明者の遺骨を安置した、この大念寺本堂横には、トイレがあった。

震災犠牲者の葬儀と法要——大槌町

市街地が壊滅した大槌町では、津波の被害によって、その市街地は瓦礫となった。かろうじて被災をまぬがれた大念寺であってさえも、その東側から市街地にかけて全体が瓦礫となり、道路も不通となった。それがようやく通じたのは、震災から一五日余が経った三月末であった。災害派遣の自衛隊によって、道路の瓦礫が撤去された。

大念寺が、犠牲者の遺骨の安置を頼まれるようになったのも、そのころからであったという。

大念寺では、震災直後は葬儀も少なく、葬儀がもっとも多かったのは、犠牲者の新盆を前にした七月から八月、そして、秋彼岸までのころであった。特に、盆前は、新盆までに区切りをつけようというなのであろう、友引を除き、連日、しかも複数の葬儀が続いた。

通常であるならば行なわれる新盆の家、一軒一軒への棚経も不可能であった。そのために、大念寺では、盆の期間中、八月一三日から一六日までの間、七座、本堂での新盆供養を設定し、犠牲者の遺族はそのうちの都合のよいところへ参加するようにした。

同じ大槌町で被災し住職も犠牲になったある寺院が、大念寺と親戚関係ということもあり、この大念寺を借りる形式で、葬儀を再開した。大念寺では、盆前から、大念寺ともう一ヶ寺が、大念寺で犠牲者の葬儀を行なったことになる。本堂を使い、大念寺ともう一ヶ寺が、一時間ごとに交互に葬儀を行なった。

しかし、この時期の葬儀は、通常の葬儀とは異なり、近親者のみで行なう葬儀が多かった。**写真60**がその様子である。通常であるならば、参列者で占められるイスの大部分が空席である。また、香奠などの贈答を相互に行なわない葬儀も多かった。

写真60　近親者のみによる葬儀（岩手県上閉伊郡大槌町 大念寺）2011年7月27日

通常の葬儀にやや近くなったのは、秋彼岸から一〇月にかけてのことであったという。それまでの、ただ葬儀を行なう、という状態から、参列者には仕出し弁当を出す、料理屋へ行く、墓に納骨する、行方不明のままであっても葬儀を行ない、塔婆だけは立てる、など、通常に近い葬儀が行なわれるようになった。

死を認めたくない気持ち――大槌町

震災からすでに八ヶ月が経った一一月、大槌町の南隣の釜石市で、すでに撤去され片づけられた車体の中から犠牲者の遺体が発見された。そのようなことがあったために、津波で破壊され撤去された車体を一台一台捜索した、行方不明者を持つ近親者があったという。震災の年がおしつまった時期でも、行方不明者を捜索する人がいた。

しかし、震災の年の歳末、遺体が発見され身元確認が済み、遺骨が遺族のもとに戻されても、いまだ、葬儀を行なうことのできない遺族もあった。犠牲者が多く、施主をつとめるのが誰なのか、それがはっきりしない家もあった。行方不明者を持つ人には、周囲・親族から葬儀をすすめられても、葬儀を出していない人もいた。

大槌町でも、陸前高田市と同じように、死を認めることができず、葬儀を出さないという人がいた。

写真61　陸前高田駅跡からみた高田一本松（岩手県陸前高田市）2012年3月11日

写真62　追悼（岩手県陸前高田市）2012年3月11日

一年後の三・一一

二〇一二年（平成二四）三月一一日、震災からちょうど一年後、岩手県陸前高田市をたずねた。夜行バスで早朝についた。雪がちらつく朝であった。震災後一年、かつての市街地は、瓦礫もほぼ撤去され、まっさらになっていた。雪のなか、**写真61**のように、陸前高田駅跡からは、かすかに高田一本松をのぞむことができた。**写真62・写真63**のように、花束をそなえ、手を合わせる人を多くみた。

まっさらになった旧市街地は、写真64・写真65のような、ま新しい花束ばかりであった。

犠牲者の遺骨を安置してきた普門寺をたずねた。午前中の一周忌法要を目立たぬように見守らせていただいた。今日この日から、陸前高田市の犠牲者ひとりひとりの氏名を記したロウソクをともし、供養を続けるという住職のことばが印象的であった。

午後、公的な慰霊祭を見守らせていただいた。震災のおこった時刻、写真66のように、一分間の黙とう。一分間が終わっても、海に向かい目を閉じたままの人を多くみた。

高田一本松は気仙川の河口に近い。瓦礫とかつての高田松原の残骸が積まれたなかにあった。薄暮のなか、高田病院へたどり着いた。真っ暗になってもすわっていることにした。震災直後、病院

写真63　追悼（岩手県陸前高田市）2012年3月11日

写真64　花束（岩手県陸前高田市）2012年3月11日

写真65　花束（岩手県陸前高田市）2012年3月11日

のなか・屋上で、多くの人たちが救助を待ったところである。ニュース映像でみた覚えがあり、それから一年後の同じ時間、暗闇と厳寒のなか、およばずとも同じ時間を共有してみようと思った。

そのあと、壊滅した暗闇のかつての市街地で、方向感覚を失い自分の位置がわからなくなった。懐中電灯とスマホのGPS機能で、かろうじて旧市街地から脱出することができた。

震災と震災後の記憶

東日本大震災から七年になる。

自分の専門領域のひとつ、死者儀礼・墓制調査という大義名分で、被災地をおとずれるうち、調査・取材じたいをするべきではないのではないか、思い悩むようになった。

これまで紹介させていただいた陸前高田市と大槌町の寺院で、身元不明のかたがたの遺骨がならんでいるのをみたとき、宮城県のいくつかの市町で、犠牲になったかたがたの火葬ができず、仮埋葬をみたとき、表現能力をなくすというべきか、ことばを失うとはこういうことかと思った。また、東京で見聞きする報道は、たとえば、高田一本松なら高田一本松だけを映し、周囲の瓦礫、壊滅した街、陥没した土地を映さず、一面的で限定的な報道だけが氾濫していると思うようにもなった。

高田一本松は、陥没したかつての街、瓦礫・高田松原の残骸と破壊された堤防・水門のなかにあっ

写真66　海に向かって黙とう（岩手県陸前高田市）2012年3月11日

た。写真67は、保存のための修復が行なわれる前、震災の年の歳末、すくっと立った高田一本松である。

震災後、原発事故、また、復興に向けての歩みのなかで、メディア、知識人、また、さまざまな研究分野で、東日本大震災についての発言が多かった。特に、最初の一年間はちょっとした流行とでもいうべき状態であった。しかし、この人たち、被災地の地面に足をつけているのか、被災したかたがたとほんとうに接しているのか、そんな疑問を持つことも多かった。

写真67　高田一本松（岩手県陸前高田市）2011年12月8日

ただそれでも、被災地と被災したかたがた、そしてなによりも、犠牲になったかたがたを主人公にして、東日本大震災を記憶にとどめていかなければならないと思う。トラウマのようになり風化など考えられない記憶があまりに多いはずである。かなしみをかかえている人、かなしみがより深くなっている人、精神的バランスを崩した人、いまもそうである人も多いはずである。復興、それは壊滅といっていい打撃をうけた地域社会では優勢課題である。しかし、それとともに、震災から七年近くが経った現在も含めて、尽くせぬほどに存在する東日本大震災の記憶をどう残し共有すればよいのか、いまだ残された課題のように思われてならないのである。

参考文献

赤澤史朗
　二〇〇五　『靖国神社――せめぎあう〈戦没者追悼〉のゆくえ』、東京：岩波書店。

赤松啓介（栗山一夫）

　一九三一a「子供の遊び――兵庫県加西郡下里村」、民俗学会編『民俗学』第三巻第三号、二五頁。

　一九三一b「兵庫県下里村の民俗」、民俗学会編『民俗学』第三巻第四号、四二－四三頁。

　一九三一c「村の記録」、民俗学会編『民俗学』第三巻第五号、二三－四四頁。

　一九三二a「大阪及び附近民間信仰調査報告――その一 生駒山及び附近行場の調査㈠」、民俗学会編『民俗学』第四巻第一〇号、五八－七三頁〔『赤松啓介民俗学選集 第三巻』（一九九八、明石書店）所収〕。

　一九三二b「大阪及び附近民間信仰調査報告――その一 生駒山及び附近行場の調査㈡」、第四巻第一一号、二五－五六頁〔『赤松啓介民俗学選集 第三巻』（一九九八、明石書店）所収〕。

　一九三三「お船玉さま（留置場にて採集せる話）」、民俗学会編『民俗学』第五巻第一一号、三八頁〔『赤松啓介民俗学選集 第三巻』（一九九八、明石書店）所収〕。

　一九三八『民俗学』（三笠全書）、東京：三笠書房〔『赤松啓介民俗学選集 第一巻』（一九九九、明石書店）所収〕。

　一九七三「読書案内㈢」、どんぐり会編『どんぐり』第三五号、一－三四頁〔原文孔版。『赤松啓介民俗学選集 第五巻』（二〇〇〇、明石書店）所収〕。

　一九八〇「地域研究・批判――インタヴュー・赤松啓介」、『季刊 どるめん』第二四・二五合併号、東京：JICC出版局、二一－三三頁〔『赤松啓介民俗学選集 第五巻』（二〇〇〇、明石書店）所収〕。

　一九八六『非常民の民俗文化――生活民俗と差別昔話』、東京：明石書店。

秋本典夫
　一九七五「近世日光東照宮と民衆の参詣――その一考察」、宇都宮大学教養部編『宇都宮大学教養部研究報告』第八号第一部、一－二九頁。

朝尾直弘
　一九九四『将軍権力の創出』、東京：岩波書店〔『朝尾直弘著作集 第三巻』（岩波書店、二〇〇四）所収〕。

蘆田伊人
一九三五「「切支丹改め」開始年代を確定する一史料」、東京：日本歴史地理学会編『歴史地理』第五六巻第二号、七八－八〇頁。
跡部直治
一九三六「位牌」、石田茂作監修『仏教考古学講座 第六巻』、東京：雄山閣出版、一－二八頁。
尼崎市役所編
一九七三『尼崎市史 第四巻』、兵庫：尼崎市役所。
網野善彦
一九七四『日本の歴史 一〇 蒙古襲来』、東京：小学館［『網野善彦著作集 第五巻』（二〇〇八、岩波書店）所収］。
一九七八『無縁・公界・楽――日本中世の自由と平和』（平凡社選書五八）、東京：平凡社［『網野善彦著作集 第一二巻』（二〇〇七、岩波書店）所収］。
一九八四『日本中世の非農業民と天皇』、東京：岩波書店［『網野善彦著作集 第七巻』（二〇〇八、岩波書店）所収］。
一九八六『異形の王権』（イメージ・リーディング叢書）、東京：平凡社［『網野善彦著作集 第六巻』（二〇〇七、岩波書店）所収］。
安良城盛昭
一九五九『幕藩体制社会の成立と構造』東京：御茶の水書房。
有泉貞夫
一九七二「柳田国男考――祖先崇拝と差別」、『展望』、東京：筑摩書房、第一六二号、二〇四－二二四頁。
有賀喜左衞門
一九七六『一つの日本文化論――柳田国男に関連して』、東京：未來社。
池上良正
二〇〇六「靖国神社の個人性」、駒沢大学文学部文化学教室編『文化』第二四号、二五－五五頁。
池田弥三郎
一九五九『日本の幽霊――身辺の民俗と文学』、東京：中央公論社［『池田弥三郎著作集 第五巻』（角川書店、一九七九）所収］。

石井良助編
一九五九a『徳川禁令考 前集第三』、東京：創文社。
一九五九b『徳川禁令考 前集第五』、東京：創文社。
石井良助・高柳眞三編
一九三四『御触書寛保集成』、東京：岩波書店。
石井良助・服藤弘司編
一九九九『諸例撰要 諸家秘聞集 問答集三』、東京：創文社。
石毛忠
二〇〇四「織田信長の自己神格化——織田政権の思想的課題」、石毛忠編『伝統と革新——日本思想史の探究』、東京：ぺりかん社。
石田雄
一九五四『明治政治思想史研究』、東京：未來社。
一九五六『近代日本政治構造の研究』、東京：未來社。
石田瑞麿校注
一九七〇『源信』(日本思想大系六)、東京：岩波書店。
石母田正
一九五二『歴史と民族の発見——歴史学の課題と方法』、東京：東京大学出版会〔『石母田正著作集 第一四巻』(一九八九、岩波書店) 所収〕。
一九五三『続 歴史と民族の発見——人間・抵抗・学風』、東京：東京大学出版会〔『石母田正著作集 第一四巻』(一九八九、岩波書店) 所収〕。
市川雄一郎
一九四一「宗門改の実施と農村構成の内容(一)——信濃佐久地方」、東京：社会経済史学会編『社会経済史学』第一一巻第七巻、七三–九四頁。
伊藤唯真
一九七七「『師守記』にみる中世葬祭仏教——墓・寺・僧の相互関係を中心として」、京都：仏教大学歴史研究所編『鷹陵史学』第三・四合併号、四九九–五二〇頁。

稲田雅洋
一九九〇『日本近代社会成立期の民衆運動――困民党研究序説』、東京：筑摩書房。
井上ひさし
一九七三『青葉茂れる』、東京：文藝春秋社。
一九七九『しみじみ日本・乃木大将』、東京：新潮社。
色川大吉
一九六四『明治精神史』、東京：黄河書房。
岩田重則
二〇〇三『戦死者霊魂のゆくえ――戦争と民俗』、東京：吉川弘文館。
二〇〇六『「お墓」の誕生――死者祭祀の民俗誌』（岩波新書 新赤版一〇五四）、東京：岩波書店。
岩手県農村文化懇談会編
一九六一『戦没農民兵士の手紙』（岩波新書 青版四二四）、東京：岩波書店。
浦山政雄他校注
一九六〇『歌舞伎脚本集 上』（日本古典文学大系五三）、東京：岩波書店。
遠藤孝子
一九七六「マルダンカ・ハンダンカ・ハカダンカ――神奈川県三浦郡葉山町長柄の事例」、東京：社会伝承研究会編『社会伝承研究』第Ⅴ号、八六‐九六頁。
大石慎三郎
一九六八『近世村落の構造と家制度』、東京：御茶の水書房。
大石雅章
一九八五「禅・律・浄土の興隆と葬祭の変化――王家の葬祭を中心として」、黒田俊雄編『昭和五十九年度科学研究費補助金（総合研究A）研究成果報告 中世寺院組織の研究』、大阪：大阪大学、一一五‐一三六頁。
大河直躬
一九八五「仏壇のなりたち」、平凡社編『月刊 百科』第二六八号、八‐一九頁［『住まいの人類学――日本庶民住居再考』（一九八六、平凡社）所収］。

大桑斉
一九六一　「中世末北陸における真宗寺院の本末関係について」、京都：近世仏教研究会編『近世仏教 史料と研究』第四号、二九－四九頁。
一九六八a　「寺檀制度の成立過程（上）」、東京：日本歴史学会編『日本歴史』第二四二号、二三－三六頁。
一九六八b　「寺檀制度の成立過程（下）」、東京：日本歴史学会編『日本歴史』第二四三号、二二－三三頁。
一九七九a　『寺檀の思想』（教育社歴史新書〈日本史〉一七七）、東京：教育社。
一九七九b　「幕藩制国家の仏教統制――新寺禁止令をめぐって」、圭室文雄・大桑斉編『近世仏教の諸問題』、東京：雄山閣、三－二二頁。
一九八六　「半檀家の歴史的展開」、京都：近世仏教研究会編『近世仏教 史料と研究』第六巻第三・第四合併号、一－三三頁。
一九八九　『日本近世の思想と仏教』、京都：法蔵館。
一九九〇　「墓・寺・先祖」、日本村落史講座編集委員会編『日本村落史講座 第七巻 生活二〔近世〕』、東京：雄山閣出版、一八九－二〇四頁。
大柴弘子
一九七六　「複檀家と「家」――長野県水内郡と新潟県上越市の事例を通して」、東京：社会伝承研究会編『社会伝承研究』第V号、六四－八五頁。
大隅和雄編
一九七七　『中世神道論』（日本思想大系一九）、東京：岩波書店。
大竹敏之
二〇一四　『コンクリート魂――浅野祥雲大全』、東京：青月社。
大槌町 Website
大野政治編
一九七八　『地蔵堂通夜物語――佐倉惣五郎一代記』（ふるさと文庫）、千葉：崙書房。
大庭良美
一九八五　『家郷七十年――村の生活誌』（ニュー・フォークロア双書）、東京：未來社。

岡野弘彦
一九六九　『折口信夫の晩年』、東京：中央公論社。
二〇〇〇　『折口信夫伝――その思想と学問』、東京：中央公論新社。
岡本太郎・深沢七郎・宮本常一
一九六〇　「鼎談 残酷ということ――『日本残酷物語』を中心に」、民話の会編『民話』第一八号、八－二五頁。
折口信夫（釈迢空）
一九二五ａ「古代生活の研究――常世の国」、『改造』第七巻第四号、一三一－一四九頁〔『折口信夫全集 第二巻』（中央公論社、一九九五）所収。
一九二五ｂ『自選歌集 海やまのあひだ』、東京：改造社〔『折口信夫全集 第二四巻』（一九九七、中央公論社）所収〕。
一九二九　「常世及び「まれびと」」、岡村千秋編『民族』第四巻第二号、一－六二頁〔「国文学の発生（第三稿）」と改題され『古代研究 第二部 国文学篇』（一九二九、大岡山書店）所収、『折口信夫全集 第一巻』（中央公論社、一九九五）所収〕。
一九三一　「春来る鬼」、『旅と伝説』第四年一月号、二－一一頁〔『折口信夫全集 第一七巻』（中央公論社、一九九六）所収〕。
一九四八　『釈迢空短歌綜集㈢ 水の音』、東京：好学社〔『折口信夫全集 第二四巻』（一九九七、中央公論社）。
一九五二　「民族史観における他界観念」、東京：國學院大学編『創立七十周年記念論文集 古典の新研究』、角川書店、三一四－三六〇頁〔『折口信夫全集 第二〇巻』（一九九六、中央公論社）所収〕。
一九五四　「自歌自註 海やまのあいだ〔遺稿〕――海やまのあひだ」『中央公論』第六九年第一号（二五八－二六七頁）、第六九年第三号（二〇二－二一〇頁）、第六九年第四号（二七六－二八五頁）、第六九年第四号（二三八－二四六頁）、第六九年第六号（二五六－二六六頁）、第六九年第八号（二四六－二五五頁）〔『折口信夫全集 第三一巻』（一九九七、中央公論社）所収〕。
一九五六　『折口信夫全集 第二六巻』（旧版）、東京：中央公論社。
勝五郎生まれ変わり物語探求調査団編
二〇一五　『ほどくぼ小僧 勝五郎生まれ変わり物語 調査報告書』、東京：日野市郷土資料館。
二〇一六　『ほどくぼ小僧（勝五郎）の前世 藤蔵の墓』（日野市郷土資料館発行パンフレット）、東京：日野市郷土資料館。

勝田至
二〇〇三『死者たちの中世』、東京：吉川弘文館。
二〇〇六『日本中世の墓と葬送』、東京：吉川弘文館。
加藤守雄
一九六七『わが師 折口信夫』、東京：文藝春秋社。
角川書店編集部編
一九六〇『日本絵巻物全集 第六巻 地獄草紙・餓鬼草紙・病草紙』、東京：角川書店。
鹿野政直
一九六九『資本主義形成期の秩序意識』、東京：筑摩書房。
蒲池勢至
一九九三『真宗と民俗信仰』（日本歴史民俗叢書）、東京：吉川弘文館。
二〇〇三「尾張の寺檀関係と複檀家（上）」、愛知：同朋大学仏教学会編『同朋仏教』第三九号、一－二三頁。
二〇〇四「尾張の寺檀関係と複檀家（下）」、愛知：同朋大学仏教学会編『同朋仏教』第四〇号、一－二七頁。
神島二郎
一九六一『近代日本の精神構造』、東京：岩波書店。
河内将芳
一九九四「豊国社の成立過程について――秀吉神格化をめぐって」、大阪歴史学会編『ヒストリア』第一六四号、五六－七〇頁。
北川央
一九八九「神に祀られた秀吉と家康――豊国社・東照宮」、佐久間貴士編『よみがえる中世二――本願寺から天下一へ 大坂』平凡社、二二〇－二二五頁。
北島正元
一九七四「徳川家康の神格化について」、国史学会編『国史学』第九四号、一－一三頁。
木村礎
一九六九「小野村の集落移動」、木村礎・高島緑雄編『耕地の集落の歴史―香取社領村落の中世と近世』、東京：文雅堂銀行研究社、三四一－三四五頁［『木村礎著作集Ⅶ』（一九九六、名著出版）所収］。

木村豊
二〇一一「東京大空襲の死者と遺族――〈個別化〉／〈一般化〉の志向性のあいだで」、東京：三田社会学会編『三田社会学』第一六号、七三－八九頁。
二〇一二「東京大空襲死者の記憶と場所――「仮埋葬地」写真という実践を通して」、東京：三田哲学会編『哲学』第一二八集、一〇九－一四三頁。
宮内庁
一九六九『明治天皇紀 第二巻』、東京：吉川弘文館。
黒板勝美編
一九三〇『徳川実紀 第二篇』、東京：吉川弘文館。
児玉幸多
一九五八『佐倉惣五郎』（人物叢書）、東京：吉川弘文館。
後藤丹治他編
一九九三『太平記 二』（日本古典文学大系新装版）、東京：岩波書店。
小松和彦
二〇一〇「安丸良夫の民俗論」、安丸良夫・磯前順一編『安丸思想史への対論』、東京：ぺりかん社、一六五－一八六頁。
斎藤茂吉選
一九三三『長塚節歌集』（岩波文庫緑四〇－二）、東京：岩波書店。
斎藤茂吉他選
一九三六『赤彦歌集』（岩波文庫緑三五－一）、東京：岩波書店。
早乙女勝元
一九七一『東京大空襲――昭和二〇年三月一〇日の記録』（岩波新書 青版七七五）岩波書店。
坂本是丸
二〇一〇「安丸国家神道論から見えるもの・見えないもの」、安丸良夫・磯前順一編『安丸思想史への対論』、東京：ぺりかん社、一一三－一三六頁。
桜田勝徳
一九五三「漁村の古い戸籍から」、漁村文化協会編『漁村』第一九巻第八号、五四－五八頁［『桜田勝徳著作集 第五巻』

（一九八一、名著出版）所収」。
狭川真一
二〇一一　『中世墓の考古学』、東京：高志書院。
佐々木潤之介
一九六三　「近世農村の成立」、家永三郎他編『岩波講座 日本歴史一〇 近世(2)』、東京：岩波書店、一六五－二二一頁。
佐藤弘夫
一九八七　『日本中世の国家と仏教』（中世史研究選書）、東京：吉川弘文館。
一九九八　『神・仏・王権の中世』、京都：法藏館。
塩野雅代
一九七六　「近世中期における越後大面村の寺檀関係」、東京：社会伝承研究会編『社会伝承研究』第Ⅴ号、五〇－六三頁。
静岡県編
一九九三　『静岡県史 資料編一〇 近世二』、静岡：静岡県。
島薗進
二〇一〇　「宗教研究から見た安丸史学――通俗道徳論から文明化論へ」、安丸良夫・磯前順一編『安丸思想史への対論』、東京：ぺりかん社、一三七－一六四頁。
下中邦彦編
一九五九－六二　『日本残酷物語』全七冊、東京：平凡社。
下中弥三郎編
一九五七a　『風土記日本 第一巻 九州・沖縄篇』、東京：平凡社。
一九五七b　『風土記日本 第二巻 中国・四国篇』、東京：平凡社。
一九五八a　『風土記日本 第三巻 近畿篇』、東京：平凡社。
一九五八b　『風土記日本 第五巻 東北・北陸篇』、東京：平凡社。
ジャック・ル・ゴフ（岡崎敦・森本英夫・堀田郷弘訳）
二〇〇一　『聖王ルイ』、東京：新評論［Translation from: Jacques Le Goff (1996) *Saint Louis*, Paris: Éditions Gallimard.］。
女性民俗学研究会編

一九八六 『軌跡と変容――瀬川清子の足あとを追う』、東京：女性民俗学研究会。
神宮司庁編
一九〇一 『古事類苑 神祇部三』、東京：神宮司庁［一九六八年吉川弘文館復刻本による］。
新村出編
二〇〇八 『広辞苑 第六版』、東京：岩波書店。
水藤真
一九九一 『中世の葬送・墓制――石塔を造立すること』（中世史研究叢書）、東京：吉川弘文館。
末木文美士
一九九六 『日本仏教史――思想史としてのアプローチ』（新潮文庫 す－13－1）、東京：新潮社。
二〇〇六 『日本宗教史』（岩波新書 新赤版一〇〇三）、東京：岩波書店。
二〇一〇 『近世の仏教――華ひらく思想と文化』（歴史文化ライブラリー三〇〇）、東京：吉川弘文館。
巣鴨遺書編纂会編
一九五三 『世紀の遺書』、東京：巣鴨遺書編纂会刊行事務所。
杉本尚雄
一九五四 「男女別墓制及び半檀家について」、東京：日本民俗学会編『日本民俗学』（実業之日本社版）第一巻第四号、七五－八〇頁。
鈴木栄太郎
一九四〇 『日本農村社会学原理』、東京：時潮社。
鈴木貫太郎
一九四六 『終戦の表情』、東京：労働文化社。
鈴木良明
一九八二 「半檀家制研究の一方向」、神奈川：相模民俗学会編『民俗』第一〇八・第一〇九合併号、九－一〇頁。
裾野町役場編
一九六〇 『忠霊録』、静岡：裾野町役場。
洲之内徹
一九八二 「きまぐれ美術館一〇四 月ヶ丘軍人墓地（一）」、『芸術新潮』、東京：新潮社、第三三巻八月、六六－七〇頁。

瀬川清子
一九六一　『しきたりの中の女』、東京：三彩社。
続群書類従完成会編
一九七〇　『舜旧記 一』、東京：続群書類従完成会。
一九七九　『舜旧記 四』、東京・続群書類従完成会。
一九八四　『史料纂集 義演准后日記 第二』、東京：続群書類従完成会。
曽根原理
二〇〇八　『神君家康の誕生――東照宮と権現様』（歴史文化ライブラリー二五六）、東京：吉川弘文館。
太政官編
一九二九a　『復古記 第三冊』、東京：内外書籍。
一九二九b　『復古記 第四冊』、東京：内外書籍。
一九二九c　『復古記 第五冊』、東京：内外書籍。
高田衛編校注
一九八九　『江戸怪談集（上）』（岩波文庫黄二五七－一）、東京：岩波書店。
高田陽介
一九八六　「境内墓地の経営と触穢思想――中世末期の京都に見る」、東京：日本歴史学会編『日本歴史』第四五六号、五七－七四頁。
一九九六　「戦国期京都に見る葬送墓制の変容」、京都：日本史研究会編『日本史研究』第四〇九号、二六－四一頁。
高取正男
一九七二　『民俗のこころ』、東京：朝日新聞社。
高橋哲哉
二〇〇五　『靖国問題』（ちくま新書五三二）、東京：筑摩書房。
高柳光寿
一九五三　「日光廟の成立――政治は必ずしも純理で行はれない」、日本歴史学会編『日本歴史』第六〇号、四三－四七頁。
瀧本誠一編
一九一六　『日本経済叢書 巻二十四』、東京：日本経済叢書刊行会。

一九二八　『日本経済大典 第三巻』、東京：史誌出版社。
竹田聴洲
一九五五　「丹波の山村に於ける檀家組織と同族結合」、京都：仏教大学学会編『仏教大学学報』第三〇号、二八－四二頁［「同族村落の寺檀組織」と改題され『村落同族祭祀の研究』（一九七七、吉川弘文館）所収。『竹田聴洲著作集 第五巻』（一九九六、国書刊行会）所収］。
一九六七　「常民という概念について――民俗学批判の批判によせて」、日本民俗学会編『日本民俗学会報』第四九号、一－九頁［『竹田聴洲著作集 第八巻』（一九九三、国書刊行会）所収］。
一九七一　『民俗仏教と祖先信仰』、東京：東京大学出版会［『竹田聴洲著作集 第一巻』（国書刊行会、一九九三）・『竹田聴洲著作集 第二巻』（国書刊行会、一九九三）所収］。
一九七五　「近世社会と仏教」、朝尾直弘他編『岩波講座 日本歴史九』、東京：岩波書店、二六三－三〇二頁［『竹田聴洲著作集 第七巻』（国書刊行会、一九九四）所収］。
一九七六ａ　「持仏堂の発展と収縮」、柴田實先生古稀記念会編『柴田實先生古稀記念 日本文化史論叢』柴田實先生古稀記念会、五〇一－五一三頁［『竹田聴洲著作集 第九巻』（一九九六、国書刊行会）所収］。
一九七六ｂ　『日本人の「家」と宗教』（日本人の行動と思想 二七）、東京：評論社［『竹田聴洲著作集 第六巻』（一九九六、国書刊行会）所収］。
田中伸尚
二〇〇二　『靖国の戦後史』（岩波新書 新赤版七八八）、東京：岩波書店。
圭室諦成
一九四〇　『日本仏教史概説』、東京：理想社出版部。
一九六二　「中世後期仏教の形成――とくに戦国期を中心として」、東京：明治大学人文科学研究所編『明治大学人文科学研究所紀要』第一冊、一－五七頁。
一九七七　『葬式仏教（第七版）』、東京：大法輪閣。
圭室文雄
一九七一　『江戸幕府の宗教統制』（日本人の行動と思想一六）、東京：評論社。
一九七二　「幕藩体制下の仏教」、中村元他編・監修『アジア仏教史 日本編Ⅶ 江戸仏教――体制仏教と地下信仰』、東京：佼成出版社、七－七一頁。

一九八七　『日本仏教史 近世』、東京：吉川弘文館。
一九九九　『葬式と檀家』（歴史文化ライブラリー七〇）、東京：吉川弘文館。
千葉栄
一九五五　「豊国社成立の意義」、東京：東洋大学学術研究会編『東洋大学紀要』第七輯、一七五－一八五頁。
千葉乗隆
一九六〇　「近世真宗教団の本末構造」、京都：近世仏教研究会編『近世仏教 史料と研究』第二号、一五－三七頁。
一九六二　「良如時代における教団機構の整備——真宗制度化教団成立史の一齣」、京都：龍谷学会編『龍谷大学論集』第三七〇号、八〇－一〇二頁。
一九六七　「政治と仏教」、圭室諦成他監修『日本仏教史 Ⅲ』、京都：法蔵館、一九－七二頁。
辻善之助
一九五三　『日本仏教史 第八巻近世篇之二』、東京：岩波書店。
一九五四　『日本仏教史 第九巻 近世篇之三』、東京：岩波書店。
一九五五　『日本仏教史 第一〇巻 近世篇之四』、東京：岩波書店。
角田房子
一九八〇　『一死、大罪を謝す—陸軍大臣阿南惟幾』、東京：新潮社。
坪井洋文
一九七九　『イモと日本人——民俗文化論の課題』（ニュー・フォークロア双書）、東京：未來社。
一九八二　『稲を選んだ日本人——民俗的思考の世界（ニュー・フォークロア双書）、東京：未來社。
鶴巻孝雄
一九九二　『近代化と伝統的民衆世界——転換期の民衆運動とその思想』、東京：東京大学出版会。
鶴屋南北・河竹繁俊校訂
一九五六　『東海道四谷怪談』（岩波文庫黄二一三－一）、東京：岩波書店。
東京空襲を記録する会編
一九七三　『東京大空襲・戦災誌 第一巻』、東京：講談社。
東京都編
一九五三　『東京都戦災誌』、東京：東京都。

二〇一四　『東京空襲犠牲者を追悼し平和を祈念する碑』（東京都発行パンフレット）、東京：東京都。
東京都慰霊堂 Website。
東郷いせ
一九九一　『色無花火《いろなきはなび》――東郷茂徳の娘が語る「昭和」の記憶』、東京：六興出版。
東郷茂徳
一九五二　『時代の一面――大戦外交の手記』、東京：改造社。
遠山茂樹
一九五一　『明治維新』（岩波全書）、東京：岩波書店。
豊田武
一九三八　『日本宗教制度史の研究』、東京：厚生閣。
内閣官報局編
一八八七a　『法令全書 自慶応三年十月至明治元年十二月』、東京：博聞社。
一八八七b　『法令全書 明治二年』、東京：博聞社。
中込睦子
二〇〇五　『位牌祭祀と祖先観』（日本歴史民俗叢書）、東京：吉川弘文館。
長沼賢海
一九二九　「宗旨人別改めの発達」、東京：史学会編『史学雑誌』第四〇編第一一号、一三－六二頁。
中野光浩
二〇〇八　『諸国東照宮の史的研究』、東京：名著刊行会。
中村幸彦校注
一九五九　『上田秋成集』（日本古典文学大系五六）、東京：岩波書店。
中山太郎編
一九四二　『校註諸国風俗問状答』、東京：東洋堂。
西脇修
一九七九　「近世寺檀制度の成立について――幕府法令を中心に」、圭室文雄・大桑斉編『近世仏教の諸問題』、東京：雄山閣、二三一－四五頁。

日本随筆大成編輯部編
一九七八『日本随筆大成 新装版 第三期 第一九巻』、東京：吉川弘文館。
沼津市史編さん委員会編
二〇〇三『沼津市史 史料編 近世三』、静岡：沼津市。
根岸鎮衛・鈴木棠三編注
一九七二a『耳袋 一』（東洋文庫二〇七）、東京：平凡社。
一九七二b『耳袋 二』（東洋文庫二〇八）、東京：平凡社。
野口武徳
一九六六「複檀家制と夫婦別・親子別墓制――日本の親族研究への一視角」、東京：成城大学文芸学部研究室編『成城文芸』第四四号、三四－五三頁。
野村玄
二〇一五『天下人の神格化と天皇』、京都：思文閣出版。
野呂栄太郎
一九三〇『日本資本主義発達史』、東京：鉄塔書院［『野呂栄太郎全集 上』（一九九四、新日本出版社）所収］。
函館護国神社パンフレット
橋口侯之介
一九六八「東上総の半檀家制」、上智大学史学会・史学研究会編『東上総の社会と文化――千葉県長生郡総合調査』上智大学史学会・史学研究会、三七五－三九一頁。
花山信勝
一九四九『平和の発見――巣鴨の生と死の記録』、東京：朝日新聞社。
早川純三郎編
一九一一『明月記 第一』、東京：国書刊行会。
林三郎
一九五一「終戦ごろの阿南さん」、吉野源三郎編『世界』第六八号、一六三－一七一頁。
林幹彌
一九八〇『太子信仰の研究』、東京：吉川弘文館。

尾藤正英
一九九二 『江戸時代とはなにか――日本史上の近世と近代』、東京：岩波書店。
比屋根安定編
一九二六 『切支丹物語』、東京：警醒社書店。
平田篤胤・子安宣邦校注
二〇〇〇 『仙境異聞・勝五郎再生記聞』（岩波文庫青四六－三）、東京：岩波書店。
平野義太郎
一九三四 『日本資本主義社会の機構』、東京：岩波書店。
平山敏治郎
一九四九 「神棚と仏壇」、京都：史学研究会編『史林』第三二巻第二号、四二－七〇頁。
一九五九 「家の神と村の神――氏神の系譜」、大間知篤三他編『日本民俗学大系 第八巻』、東京：平凡社、三九－七四頁。
広島市 Website。
フィリップ・アリエス（伊藤晃・成瀬駒男訳）
一九八三 『死と歴史――西欧中世から現代へ』、東京：みすず書房［Translation from: Philippe Ariès (1975) *Essais sur l'histoire de la mort en Occident du moyen âge à nos jours*, Paris: Èditions du Seuil.］。
フィリップ・アリエス（成瀬駒男訳）
一九九〇a 『死を前にした人間』、東京：みすず書房［Translation from: Philippe Ariès (1977) *L'homme devant la mort*, Paris: Èditions du Seuil.］。
フィリップ・アリエス（福井憲彦訳）
一九九〇b 『図説 死の文化史――ひとは死をどのように生きたか』、東京：日本エディタースクール出版部［Translation from: Philippe Ariès (1983) *Images de l'homme devant la mort*, Paris: Èditions du Seuil.］。
深沢七郎
一九五七 『楢山節考』、東京：中央公論社。
一九五八 『笛吹川』、東京：中央公論社。
福田アジオ
一九七六 「近世寺檀制度の成立と複檀家」、東京：社会伝承研究会編『社会伝承研究』第V号、三二－四九頁［「近世の

一九八三　寺檀制度」と解題され『寺・墓・先祖の民俗学』(二〇〇四、大河書房)所収」。
一九八四　「近世前期美濃の宗門改帳と複檀家」、東京：社会伝承研究会編『社会伝承研究』第Ⅶ号、五〇－五九頁［「美濃の宗門改帳と一家複数寺的寺檀関係」と改題され『寺・墓・先祖の民俗学』(二〇〇四、大河書房)所収」。
一九八八　『日本民俗学方法序説——柳田国男と民俗学』、東京：弘文堂。
一九八八　「寺檀関係と祖先祭祀」、石川利夫他編『シリーズ家族史一　生者と死者——祖先祭祀』、東京：三省堂、一七一－一九六頁。
一九九二　「近世寺檀制度と複檀家」、戸川安章編『仏教民俗学大系　第七巻』、東京：名著出版、四九－六六頁。［「寺檀関係の展開」と改題され『寺・墓・先祖の民俗学』(二〇〇四、大河書房)所収」。
藤井学
一九六七　「江戸幕府の宗教統制」、家永三郎他編『岩波講座　日本歴史一一』、東京：岩波書店、一三三－一七〇頁。
藤澤典彦
一九八九　「中世墓地ノート」、東京：仏教芸術学会編『佛教藝術』第一八二号、一二一－一二六頁。
仏書刊行会編
一九八二a『大日本仏教全書　本光国師日記第二』、東京：名著普及会。
一九八二b『大日本仏教全書　本光国師日記第五』、東京：名著普及会。
朴澤直秀
一九九五　「近世後期における寺檀関係と檀家組織——下越後真宗優勢地帯を事例として」、東京：史学会編『史学雑誌』第一〇四編第六号、五五－八二頁。
二〇〇一　「幕藩権力と寺檀関係——一家一寺制をめぐって」、東京：史学会編『史学雑誌』第一一〇編第四号、一－四〇頁。
保坂智
二〇〇六　『百姓一揆と義民の研究』、東京：吉川弘文館。
細川涼一
一九八七　『中世の律宗寺院と民衆』(中世史研究選書)、東京：吉川弘文館。
堀一郎
一九四四　『遊幸思想——国民信仰之本質論』、東京：育英書院。

一九五三『我が国民間信仰史の研究（二）宗教史編』、東京：東京創元社。

一九五五『我が国民間信仰史の研究（一）序編 伝承説話編』、東京：東京創元社。

本庄栄治郎校訂・奈良本辰也補訂
一九九四『世事見聞録』（岩波文庫青四八－一）、東京：岩波書店（岩波文庫）。

松尾剛次
二〇一〇a『中世律宗と死の文化』、東京：吉川弘文館。

二〇一〇b「仏教者の社会活動」、末木文美士他編『新アジア仏教史 一二日本Ⅱ』、東京：佼成出版社、一四一－一八六頁。

二〇一一『葬式仏教の誕生——中世の仏教革命』（平凡社新書六〇〇）、東京：平凡社。

丸山真男
一九五二『日本政治思想史研究』、東京：東京大学出版会。

一九五七「日本の思想」、岩波雄二郎編『岩波講座 現代思想 第一一巻』、東京：岩波書店、三－四六頁［『日本の思想』（岩波新書 青版四三〇）（一九六一、岩波書店）所収。『丸山真男集 第七巻』（一九九六、岩波書店）所収］。

三鬼清一郎
一九七六「戦国・近世初期における国家と天皇」、歴史科学協議会編『歴史評論』第三二〇号、一五－三〇頁。

一九八七「豊国社の造営に関する一考察」、名古屋大学文学部編『名古屋大学文学部研究論集 史学三三』、一九五－二〇九頁。

水上勉
一九六二『五番町夕霧楼』、東京：文藝春秋新社。

宮田登
一九七〇a『ミロク信仰の研究』、東京：未來社。

一九七〇b『生き神信仰——人を神に祀る習俗』（塙新書）、東京：塙書房。

一九七五『近世の流行神』（日本人の行動と思想一七）、東京：評論社。

一九七七『土の思想』（叢書 身体の思想六）、東京：創文社。

一九七九『神の民俗誌』（岩波新書 黄版九七）、東京：岩波書店。

一九八三『女の霊力と家の神——日本の民俗宗教』、東京：人文書院。

一九九三『ヒメの民俗学』、東京：青土社。

宮地直一
一九二六『神祇と国史』、東京：古今書院。
一九五七『神道史序説』、東京：理想社。
宮本常一
一九五七「庶民の風土記を」、『風土記日本 中国・四国篇 月報』、東京：平凡社、一－三頁。
村上直次郎訳
一九二七『耶蘇会士日本通信 上巻』、東京：雄松堂書店。
一九六九『イエズス会 日本年報 上』、東京：雄松堂書店。
室生犀星
一九五八『我が愛する詩人の伝記』、東京：中央公論社。
最上孝敬
一九五三「男女別墓制ならびに半檀家のこと――男女墓地と寺院を異にする習俗」、東京：日本民俗学会編『日本民俗学』（実業之日本社版）第一巻第二号、八五－八九頁［『霊魂の行方』（一九八四、名著出版）所収］。
一九六七「半檀家制について」、東京：日本民俗学会編『日本民俗学会報』第五〇号、一－一二頁［『霊魂の行方』（一九八四、名著出版）所収］。
一九六八「房州天津の半檀家ならびに男女別墓制」、東京：西郊民俗談話会編『西郊民俗』第四六号、一－五頁［『霊魂の行方』（一九八四、名著出版）所収］。
森正人校注
一九九六『今昔物語集 五』（新日本古典文学大系三七）、東京：岩波書店。
森本一彦
二〇〇二a「複檀家制の社会背景と展開――近世越後における檀論と法令」、伊藤唯真編『宗教民俗論の展開と課題』、京都：法藏館、三二〇－三四〇頁［『先祖祭祀と家の確立』（二〇〇六、ミネルヴァ書房）所収］。
二〇〇二b「複檀家から一家一寺へ――出羽国村山郡山家村の事例」、大阪：清文堂出版、森隆男編『民俗儀礼の世界』、二五〇－二六九頁［『先祖祭祀と家の確立』（二〇〇六、ミネルヴァ書房）所収］。
靖国神社編
一九八三『靖国神社百年史 資料篇上』、東京：靖国神社。

一九八七　『靖国神社百年史 事歴年表』、東京：靖国神社。

安丸良夫
一九六五　「日本の近代化と民衆思想」、日本史研究会編『日本史研究』第七八号（一―一九頁）・第七九号（四〇―五八頁）〔『日本の近代化と民衆思想』（一九七四、青木書店）所収〕。
一九七四　『日本の近代化と民衆思想』、東京：青木書店。
一九七七a　『出口なお』（朝日評伝選一三）、東京：朝日新聞社。
一九七七b　『日本ナショナリズムの前夜』（朝日選書九四）、東京：朝日新聞社。
一九七九　『神々の明治維新――神仏分離と廃仏毀釈』（岩波新書 黄版一〇三）、東京：岩波書店。
一九九二　『近代天皇像の形成』、東京：岩波書店。
一九九六　『〈方法〉としての思想史』、東京：校倉書房。
一九九九　『一揆・監獄・コスモロジー――周縁性の歴史学』、東京：朝日新聞社。
二〇〇四　『現代日本思想論――歴史意識とイデオロギー』、東京：岩波書店。
二〇〇七　『文明化の経験――近代転換期の日本』、東京：岩波書店。
二〇一〇　「回顧と自問」、安丸良夫・磯前順一編『安丸思想史への対論』、東京：ぺりかん社、一九―五〇頁。

柳田国男
一九〇九　「山民の生活（第二回大会席上にて）」、山岳会編『山岳』第四年第三号、九一―九九頁〔『柳田国男全集 第二三巻』（二〇〇六、筑摩書房）所収〕。
一九一一a　「踊の今と昔」、東京人類学会編『人類学雑誌』第二七巻第一号（三―九頁）、第二七巻第二号（七六―八三頁）、第二七巻第三号（一五三―一五九頁）、第二七巻第四号（二〇二―二〇八頁）、第二七巻第五号（二六九―二七七頁）〔『柳田国男全集 第二四巻』（一九九九、筑摩書房）所収〕。
一九一一b　「「イタカ」及び「サンカ」」、東京人類学会編『人類学雑誌』第二七巻第八号、四六五―四七一頁〔『柳田国男全集 第二四巻』（一九九九、筑摩書房）所収〕。
一九一二　「農村問題の二三」、産業組合中央会編『産業組合』第八三号、六七―六八頁〔『柳田国男全集 第二四巻』（一九九九、筑摩書房）所収〕。
一九一三a　「所謂特殊部落ノ種類」、国家学会編『国家学会雑誌』第二七巻第五号、九一―一二〇頁〔『柳田国男全集 第二四巻』（一九九九、筑摩書房）所収〕。

一九一三b「山人外伝資料――山男山女山丈山姥山童山姫の話」、岡村千秋編『郷土研究』第一巻第一号、三九－四五頁［『柳田国男全集 第二四巻』（一九九九、筑摩書房）所収］。

一九一四「筬を持てる女（巫女考の十一）」、岡村千秋編『郷土研究』第一巻第一一号、一－一一頁［『柳田国男全集 第二四巻』（一九九九、筑摩書房）所収］

一九一六「マタギと云ふ部落」、岡村千秋編『郷土研究』第四巻第九号、三〇－三二頁［『柳田国男全集 第二五巻』（二〇〇〇、筑摩書房）所収］。

一九一七「鍛冶屋の話」、岡村千秋編『郷土研究』第四巻第一〇号、六〇頁［『柳田国男全集 第二五巻』（二〇〇〇、筑摩書房）所収］。

一九二一「俗聖沿革史 四」『中央仏教』第五巻第四号、七八－八三頁［『柳田国男全集 第二五巻』（二〇〇〇、筑摩書房）所収］。

一九二六『郷土研究社第二叢書 山の人生』、東京：郷土研究社［『柳田国男全集 第三巻』（一九九七、筑摩書房）所収］。

一九三一『明治大正史 第四巻 世相篇』、東京：朝日新聞社［『柳田国男全集 第五巻』（一九九八、筑摩書房）所収］。

一九三八『服装習俗語彙』、東京：民間伝承の会。

一九四六『先祖の話』、東京：筑摩書房［『柳田国男全集 第一五巻』（一九九八、筑摩書房）所収］。

一九四八『婚姻の話』、東京：岩波書店［『柳田国男全集 第一七巻』（一九九九、筑摩書房）所収］。

山口昌男
一九七五『文化と両義性』（哲学叢書）、東京：岩波書店。

一九七八『知の遠近法』、東京：岩波書店。

一九七九『新編 人類学的思考』、東京：筑摩書房。

山口茂吉他編
一九五八『斎藤茂吉歌集』（岩波文庫録四四－二）、東京：岩波書店。

山代巴
一九五六『荷車の歌』、東京：筑摩書房。

山田盛太郎
一九三四『日本資本主義分析』、東京：岩波書店［『山田盛太郎著作集 第二巻』（一九八四、岩波書店）所収］。

山田邦和
一九九六「京都の都市空間と墓地」、京都：日本史研究会編『日本史研究』第四〇九号、三－二五頁。

山本唯人
二〇〇一「「東京都慰霊堂」の現在――東京空襲と「戦災死没者慰霊制度」の創設」、東京：歴史科学協議会編『歴史評論』、第六一六号、四〇－五二頁。

二〇〇五「「分断の政治」を超えて――東京大空襲・慰霊堂・靖国」、池上善彦編『現代思想』第三三巻第九号、一九九－二〇九頁、東京：青土社。

二〇一〇「ポスト冷戦における東京大空襲と「記憶」の空間をめぐる政治」、東京：歴史学研究会編『歴史学研究』第八七二号、一二二－一三一頁。

横山十四男
一九七三『義民―百姓一揆の指導者たち』（三省堂新書一一八）、東京：三省堂。

一九七七『百姓一揆と義民』（教育社歴史新書〈日本史〉八五）、東京：教育社。

一九八五『義民伝承の研究』、東京：三一書房。

良知力
一九七八『向う岸からの世界史――一つの四八年革命史論』、東京：未來社。

一九八五『青きドナウの乱痴気――ウィーン一八四八年』、東京：平凡社。

一九八六『女が銃をとるまで――若きマルクスとその時代』、東京：日本エディタースクール出版部。

歴史学研究会編
一九四九『世界史の基本法則――歴史学研究会一九四九年度大会報告』、東京：岩波書店。

一九五一『歴史における民族の問題――歴史学研究会一九五一年度大会報告』、東京：岩波書店。

一九五三『民族の文化について――歴史学研究会一九五二年度大会報告』、東京：岩波書店。

脇坂昭夫
一九五九「寛永期の尾道町宗旨人別帳について」、広島：広島大学文学部編『広島大学文学部紀要』第一五号、七二－九〇頁。

『朝日新聞』。

『毎日新聞』。

『読売新聞』。
『AERA』。

あとがき

はじめて、既発表の文章を集めて、一書を編んでみた。

初出が一〇年以上前のもの、また、ある特定の状況を意識して執筆したものもある。再読してみて、ひからびた感じはないのではないかと思った。そのときどき、こんなこと、あんなこと、考えていたんだな、とも思う。同時に、それぞれは独立した文章でも、複数並べてみると、多少なりとも、自分なりの共通項、特定の主張とでもいうべきものがあるかもしれないとも思った。

もっとも、各文章の初出は、書式・形式も異なる。あらためて確認すると、誤植、事実誤認、記載ミスも多い。書式・形式を統一するとともに、明らかな誤りを正し、文章全体に対して、加筆・修正を行なった。

「おわりに」の東日本大震災についてのみ新稿である。これは、二〇一四年（平成二六）、現在の勤務先でウェブサイト記事として書いた短文をベースにしているが、大幅に加筆し、実質的な書下ろしとした。

東日本大震災については、胸底に秘めたままにしておこうとも思っていた。わたしの見てきたものなど、ほんのわずか、かいま見たにすぎない。ただ、あれほどの出来ごとでさえ、世上で話題とされることは減った。

三・一一前後を除けば報道も減った。震災当時、震災と原発事故に対して発言した知識人・研究者・メディアのなかで、いまもそれを継続している人はどれほどいることだろう。

震災から七年が経ち、被災地と被災した方々の状況は、多様になってきているように感じられる。復興が順調な地域や人たちもいるが、そうではない地域や人たちも多い。歳月の経過は、復興ではなく、逆に、困難へ陥らせているケースもあるように思われる。被災地では、外見上は、復興がすすんでいる。しかし、その内側には、多くの矛盾が蓄積しているケースがあるように思われる。思い出したくない記憶である人たちもいまだ多いはずである。

東日本大震災は継続している。事件、特に、戦争を含めた大事件、大きな歴史は、一過性であることはあり得ない。むしろ、事件は、その起きた瞬間、起こった時間ではなく、その後に長く継続する。特に、当事者にとっては。しかし、第三者はそれを瞬間として記憶し、それが継続していることに気づかない。

本書の刊行にあたっては、青土社菱沼達也氏にご尽力をいただいた。執筆した本人が忘れていた文章さえ甦らせてくれた。厚く御礼申し上げる。

二〇一八年新春

岩田重則

初出一覧

はじめに
［書きおろし］

I

第一章　甦る死者
［原題］「甦る死者」、末木文美士他編『岩波講座 日本の思想 第八巻』（二〇一四、岩波書店）一三五－一六三頁。
第二章　「葬式仏教」の形成
［原題］「「葬式仏教」の形成」、末木文美士他編『新アジア仏教史 一三 日本Ⅲ』（二〇一〇、佼成出版社）二七三－三二六、四三五－四四〇頁。
第三章　人格神の形成――「靖国問題」の基層
［原題］「人格神の形成――「靖国問題」の基層」、韓国日語日文学会編『日語日文学研究』（第八八巻第二号、二〇一四年二月）三－一三頁。
　＊二〇一三年（平成二五）一〇月一二日、韓国日語日文学会（於：祥明大学）講演原稿。
第四章　明治政府新造の人格神――墓を抱え込んだ神社と脱落させた靖国神社
［原題］「明治政府新造の人格神――墓を抱え込んだ神社と脱落させた靖国神社」、菱沼達也編『現代思想』（第四五巻第二号、二〇一七年一月）八一－九二頁。

II

第五章　「未完成の霊魂」と大量死――逆縁
［原題］「死と葬送の現在と未来――「未完成の霊魂」と大量死」、伊那民俗学研究所編集委員会編『伊那民俗研究』（第一九号、二〇一一年一〇月）二四－四五頁。
　＊二〇一一年（平成二三）五月二二日、柳田国男記念伊那民俗学研究所総会（於：飯田市美術博物館）記念講演原稿。
第六章　戦争犠牲者と戦死者の個人性

［原題］「近現代日本の葬礼文化――戦争犠牲者と戦死者における個人性」、동북아역사재단・한일문화교류기금편『韓国人과 日本人의 삶과 죽음』（二〇一五、景仁文化社）三三五－三五九頁。

＊二〇一四年（平成二六）一〇月二四日、韓日文化交流基金国際学術シンポジウム「韓国人と日本人の生と死に関する認識比較」（於：韓国ソウル汝矣島レキシントンホテル）発表原稿。

第七章　地域における「英霊」の記憶

［原題］「地域社会における「英霊」の記憶」、池澤優・アンヌ ブッシィ編『非業の死の記憶――大量の死者をめぐる表象のポリティックス』（二〇一〇、東京大学大学院人文社会系研究科）六九－八九頁。

＊二〇〇八年（平成二〇）九月一九日、東京大学グローバルCOEプログラム「死生学の展開と組織化」・フランス国立極東学院・トゥールーズ大学社会人類学研究所共催国際シンポジウム「非業の死の記憶――追悼儀礼のポリティクス」（於：東京大学）発表原稿。

第八章　戦死者多重祭祀論

［原題］「戦死者多重祭祀論」、池上善彦編『現代思想』（第三三巻第九号、二〇〇五年八月）一三八－一四七頁。

第九章　生活のなかの戦死者祭祀

［原題］「生活のなかの戦死者祭祀」、東北文化研究センター編『季刊 東北学』（第四号、二〇〇五年七月）一六二－一六六頁。

III

第一〇章　安丸良夫の文献史学方法論

［原題］「安丸文献史学の方法について」、東京外国語大学海外事情研究所編『QUADRANTE（クァドランテ［四分儀］）』（第一二・第一三合併号、二〇一一年三月）九－二〇頁。

＊二〇一〇年（平成二二）九月二五日、科学研究費基盤（A）「近代世界の自画像形成に作用する《集合的記憶》の学際的研究」プロジェクト・WINC共催「安丸良夫さんと読む安丸民衆思想史」（於：東京外国語大学海外事情研究所）発表原稿。

第一一章　民俗学と差別――柳田民俗学の社会政策的同化思想および「常民」概念

［原題］「民俗学と差別――柳田民俗学の形成および「常民」概念をめぐって」、日本民俗学会編『日本民俗学』（第二五二号、二〇〇七年一一月）一六九－一九二頁。

第一二章　『風土記日本』の現代的課題

［原題］「『風土記日本』の現代的課題」、『KAWADE道の手帖 谷川健一』（二〇一四、河出書房新社）一四四－一五二頁。

おわりに――二〇一一・三・一一 東日本大震災の記憶

［書きおろし］

著者　岩田重則（いわた・しげのり）
1961年静岡県生まれ。専攻は歴史学／民俗学。1994年早稲田大学大学院文学研究科史学（日本史）専攻博士後期課程単位取得退学。2006年博士（社会学。慶應義塾大学社会学研究科）。東京学芸大学教授を経て、現在、中央大学総合政策学部教授。著書に『ムラの若者・くにの若者――民俗と国民統合』（未來社、1996）、『戦死者霊魂のゆくえ――戦争と民俗』（吉川弘文館、2003）、『墓の民俗学』（吉川弘文館、2003）、『「お墓」の誕生――死者祭祀の民俗誌』（岩波新書、2006）、『〈いのち〉をめぐる近代史――堕胎から人工妊娠中絶へ』（吉川弘文館、2009）、『宮本常一――逸脱の民俗学者』（河出書房新社、2013）、『天皇墓の政治民俗史』（有志舎、2017）など。

日本鎮魂考

歴史と民俗の現場から

2018年4月10日　第1刷印刷
2018年4月20日　第1刷発行

著者――岩田重則

発行人――清水一人
発行所――青土社
〒101-0051　東京都千代田区神田神保町1-29　市瀬ビル
［電話］03-3291-9831（編集）　03-3294-7829（営業）
［振替］00190-7-192955

印刷・製本――シナノ印刷

装幀――水戸部功

Printed in Japan
ISBN978-4-7917-7056-4　C0039